著

光与书影

—— 大时代浪潮中的出版人

中国大百科全书出版社

图书在版编目（CIP）数据

流光与书影：大时代浪潮中的出版人 ／ 马晓芸著 . —
北京：中国大百科全书出版社，2019.11

ISBN 978-7-5202-0649-5

Ⅰ . ①流… Ⅱ . ①马… Ⅲ . ①出版工作 – 文集 Ⅳ .
① G23–53

中国版本图书馆 CIP 数据核字 (2019) 第 263378 号

流光与书影：大时代浪潮中的出版人

作　　者　马晓芸

责任编辑　李默耘

装帧设计　观止堂

责任印制　李　鹏

出版发行　中国大百科全书出版社

地　　址　北京阜成门北大街 17 号

邮　　编　100037

网　　址　http://www.ecph.com.cn

电　　话　010-68341984

印　　刷　阳谷毕升印务有限公司

开　　本　787 毫米 ×1092 毫米 1/16

字　　数　350 千字

印　　张　27.25

版　　次　2020 年 1 月第 1 版

印　　次　2021 年 1 月第 2 次印刷

标准书号　ISBN 978-7-5202-0649-5

定　　价　88.00 元

（如发现印装质量问题，影响阅读，请与出版社联系调换）

目录

1995

写在前面

20世纪90年代——准确地说是1995年，我怀着对文学的梦想、对出版的热爱，加入了出版行业。那时我还没有意识到，我将遇到中国出版最多元发展、最狂飙突进、最风云激荡的二十年。如同改革开放后中国其他所有的行业一样，在大时代的浪潮中，图书出版以一种全新的姿态突飞猛进，改变着出版人，改变着传统出版业。这是惊涛骇浪、云谲波诡的二十年，也是传统出版改革创新、探索突破，取得巨大发展的二十年。市场化、数字化、多元化、全球化，排山倒海而来；网络写作、快餐文化、碎片阅读、多媒体呈现，颠覆了人们的理念；转企改制、出版上市、转型升级、多元发展，考验着出版人的意志。其间充满了探索与变革、坚守与舍弃、成功与失败、曲折与艰辛。我和我的同事们有幸参与了出版业改革发展的探索和实践，见证了中国出版的繁荣和发展，我自己也在这个过程中不断地成熟和成长。在这二十多年间，有过彷徨，有过失望，但更多的是希望和梦想，以及经历过苦痛和挫折后收获的喜悦。我希望能够用自己的文字，记录下这一切——都是些点点滴滴的感受，一书一稿的努力，却亲历了这段时光，见证了这个伟大的时代。

在二十多年的出版工作中，我编辑了近200种图书；在二十多年的职业生涯中，我从一个编辑，成长为编辑室主任、市场部主任、社长助理，直至一个专业出版社分管经营的副社长，如今又转岗到集团，负责开展国际合作方面的工作，几乎历经了出版行业中所有的业务岗位。这么多年来，我通过自己编辑的书，参与到民族的文化传承和中国文学的发展中，感受编辑出版职业的价值和荣光。那些编辑过程中的苦与乐、得与失，丰富了我的工作和人生。每一个出版工作者，都是文化传播的一员，对国家、民族、社会，都应该承担历史使命和责任，需要有温暖的情怀，有工作的激情。怎样才能做到"以科学的理论武装人，以正确的舆论引导人，以高尚的精神塑造人，以优秀的作品鼓舞人"？对于一名出版人，这既是一个理论问题，又是一个实践问题，还是一个具体的标准。向着阳光的方向奔跑，需要有文化自觉，需要有对美好事物的向往，也需要有职业素养和脚踏实地的工作精神。我希望自己编辑的每一本书，都有价值，有品位，不浪费宝贵的纸张资源和读者时间，让每一位阅读它的人，都能感受美好的情感、向上的力量，激发对生活的热爱。二十多年的工作经历，让我真切地感受到，有耕耘才有收获，有梦想才有未来，有艰辛才有欢欣。我享受这样的过程，享受过程中的一切，并希望尽可能地把它呈现出来，这也是我写作这本书的初衷。

因此在我的编辑工作和职业生涯中，我尽可能真实而详尽地记录下自己对选题的判断、与作者的沟通、对市场的预期，以及这之中的困惑、焦虑、心得和感悟，记录下我所感受到的社会阅读热点的变化、文学思潮的演进。总之，我所经历的一些人和事，会以真实的面貌呈现，带着我个人的烙印。

而当互联网时代来临，网络传播、数字阅读以一种令人惊骇的力量，改变着我们这个时代和传统出版业。当纸质书被电子书所冲击，纸质阅读被数字阅读所覆盖，我们这个建立在纸质王国上的行业该何去何从？该如何生存与发展？我们一度茫然失措、困惑煎熬，但最终还是走出了困境，将自己和自己的行业，融入了互联网时代。我们重新找回了自信，获得了新生。在承担经营和市场工作期间，我曾近距离地感受市场的压力和行业的危机，日渐萎缩的图书市场，日渐庞大的图书库存，日新月异的文化产品，日益增多的发展难题，对一家地方专业出版社来说，压力巨大。我们的方向是什么？我们的空间在哪里？在市场化的浪潮、数字化的挑战中，我们能不能找到生存发展、转型升级的路径？所有这一切，都困扰着我和我的同行们，挤压着我们，也激励着我们。我们必须完成从传统业态向新型业态的转变，完成从传统图书产品提供者向文化综合服务者的转变；必须实现传统出版和新兴媒体的融合，形成主业挺拔、形态多元、有竞争力的市场主体。我们没有退路，只有咬着牙迎上去，挺过去——

这是一代出版人的历史困境，也是我们的历史使命。

因此，在作为主板块的《编辑手记：我的出版时光》部分，我将重点梳理个人经验和自我感悟；同时，为了展示同时期出版行业的发展变化，以及我的同行们所做的种种努力和探索，我又设置了一个市场调研的板块《访谈札记：他们的探索和思考》。在出版改革大时代浪潮中，有许许多多优秀的出版人，参与了对它的推动。这些文字，力求多角度、多层次地记录和呈现他们中的一些人，在这一期间的所思所想、所见所感和所作所为，以及他们对出版业未来创新发展方向和路径的思考与展望，特别是他们对出版业转型期间重点、热点、难点问题的孜孜探索，分享他们的成功和经验。虽然因为时间关系，我的访谈和记录零星片段，未成体系，但我希望通过对这些出版人个体化叙述的实录，使后来的人们知道，在这二十多年中，传统出版人和出版业经历了什么、感受了什么、失去了什么、得到了什么，有哪些感悟与体验、挫折与成长、收获与成就，从而留存下珍贵的文化记忆。

这是一个出版人的成长史，也是出版行业改革开放的大历史，这使我的记述，有了超出个人的价值和意义。

感谢中宣部对"四个一批"人才课题项目的大力支持；感谢锺叔河先生慨然为我题写书名；感谢潘小平老师、董宁文老师、刘国辉社长、张建平副社长、杨鑫先生以及美丽的责任编辑李默耘等许许多多老师和同仁在本书的文稿统筹、调研访谈、编辑加工过程中给予的大力支持；更感谢那许许多多优秀的出版人，正是他们不懈的努力和对未来执著的探索，为这个行业的持续发展提供了动力和支持，为这个行业未来的成长提供了借鉴和经验，同时，也给这本书，增加了内涵和价值。

2019.10.30 于合肥

TIME

我的出版时光

在二十多年的出版工作中，我编辑了近 200 种图书。那些编辑过程中的苦与乐、得与失，丰富了我的工作和人生。我希望能够用自己的文字，记录下这一切——都是些点点滴滴的感受，一书一稿的努力，却亲历了这段时光，见证了这个伟大的时代。

编辑需要具备发现的慧眼，能从别人不在意的地方，不经意的人和事中，发现保存具有独特文化记忆的东西，发掘出非同寻常的历史内涵和文化价值。

从废纸堆里拣出的书稿

——《二流堂纪事》背后的故事

1

现在回想起来，《二流堂纪事》的编辑出版，充满了一种偶然性。

1995 年 2 月，出于对图书编辑和出版的热爱，我放弃了在安徽大学中文系留校任教的机会，离开了守候近十年的象牙塔，义无反顾地来到了安徽文艺出版社，从事我一直向往的编辑出版工作。

其时，正值 20 世纪 90 年代中期，理想主义和浪漫主义的思潮已经开始消退，但各种社会思潮仍然活跃，文学也仍然被我这样的文学青年所仰慕。我以巨大的热情，投入到出版工作中，从学习编辑基础知识开始，边学边干，加班加点，埋头书稿，很快进入了编辑角色。在前辈们的指导下，一年之内我协助编辑了 5 本书稿，不久就独立组稿，开始了职业出版人的工作和生活。

作为编辑，敏锐发现优质图书的眼光和能力是必备的职业素养，而这一切又都建立在对市场的充分了解和对业内资源的充分掌握上。换句话说，发现比编辑更重要。体会到这一点，是源于我和《二流堂纪事》一书的缘分。那一时期，频繁地去北京、上海这样文化资源丰富、名家汇集的城市调研市场和组稿约谈，是我这个编辑新兵每月的工作常态。90 年代，交通、酒店等服务业还不发达，我常常一个人，坐十几个小时的火车来到北京，然后，再坐公交车和地铁，在北京满大街找住宿的地方。常常一住一个星期，跑书店，跑作协，跑各类文学杂志社和文艺团体，挖掘各种书稿资源和出版人脉；在堆满书稿的简陋办公室和资料室里，或是在快餐店和公园的长椅上，和那些满腹经纶、才华横溢的作家、学者畅谈文学，策划选题。其时，作为一家地方出版社的编辑，我的出差经费极其有限，而北京的快捷酒店还未出现，出差往往不得不住在北京城郊的小旅馆里，在偌大的北京城，常常为了约见一个人，就要跑上一整天。也许是被我的热忱所感染，也许是被我的辛苦所感动，许多好心的朋友帮我出主意、想办法。其中一个朋友，促成了我和北梅竹胡同6 号的缘分，由此促成了《二流堂纪事》的编辑出版。至今，我仍然认为，这是我个人编辑生涯中的"第一本好书"。

北梅竹胡同6 号位于北京的市中心，是一座传统的老四合院，有大小七八间房，宽敞开阔，走进院子，一眼就能看见那棵苍劲茂密的老槐树。据说原房主老夫妇随女儿移居美国了，于是将这个大四合院租给上海一家外贸机构，用作在北京的办事处。真是个好地方！出门百米就是王府井，当时大名鼎鼎、号称全国图书销售风向标之一的王府井书店就在附近，许多大型政府文化机构也都是咫尺之遥。处繁华闹市而居幽静之所，对于我这个来京组稿调研的外地编辑来说，真是一个绝好的住处。因为是朋友介绍，住宿几乎是免费，还可以交极少的伙食费，搭办事处供应的

工作餐。办事处常驻工作人员只有 4 人，大都是北京当地人，都住得很远，加上上海总部来人很多，办事处专门雇了人提供一日三餐。这很好地解决了我这个当时还很清贫的年轻小编辑的许多困难，为我经常跑北京开展编辑工作，提供了极大的便利。征求了我所在出版社领导的意见后，我执意按正常出差住宿标准交纳了住宿和就餐费用，顺利地入住北梅竹胡同 6 号，开始了我经常性的赴京组稿工作。

那是 1995 年的初秋，北京一年中最好的季节，空气清新，秋阳灿烂，秋光老熟。四合院大厅的窗台上，常常摆放着几枚硕大的灯笼柿子，在阳光的照耀下，闪着诱人的橙红色光泽。

那么大的柿子，在南方我从没有见过。

　　很快我就和办事处的人们成为朋友，他们对我这个从遥远的合肥千里迢迢来京组稿的小编辑充满了善意。待我一天奔波回来，仍在工作的办事处人员，会走出来迎接我；吃饭闲暇之余，他们也对我的工作充满好奇，会关心地询问我的工作进展，还常常热情地给我介绍作家资源，提供书稿信息。其中有位王姓副主任，生在北京，长在北京，温文尔雅，见识渊博，也是一位文学爱好者，听说我是文艺出版社的编辑，此行是来北京联系作家，组织稿件，格外热情地和我大谈文学。因为有许多共同的话题，我们相谈甚欢。有一天，说着说着，他突然笑着和我说："你知道吗？我们办事处租用的这家四合院的主人，听说也是个文化名人呢！"

　　原来前期租房是王主任负责的，主人因为在美国，委托亲戚办理的租房手续。交接完毕打扫房屋时，王主任在西厢房角落里，发现了一大堆杂志和文稿等杂物。王主任是个细心人，仔细翻检了这堆"破烂"，居然发现里面有一些信件，署着吴祖光等人的名字。吴祖光这个人，王主任是知道的，他觉得丢了可惜，又想着说不定哪一天，主人还会想起它们来，于是就收拾起来，放在一个塑料编织袋里，摆进了厢房的杂物堆。王主任笑着说："你不是编辑吗？你可以看看，那些破旧的文稿信笺，说不定有什么价值，说不定还能找到好东西呢。"

　　其实刚一听到吴祖光的名字，我就开始兴奋起来。大学时，我读过他的《风雪夜归人》，那是那个年代中文系大学生必读的作品之一。于是，我迫不及待地请求王主任，赶快带我去找那个塑料编织袋。

2

　　寻找的过程并不复杂，那个白色的塑料编织袋就静静地堆在西厢房的角落里，上面落满了厚厚的灰尘。袋口没有扎，一眼就看见是一堆破旧的文稿和信件，凌乱地塞在塑料编织袋里。我一把将它拖出，拖到院子中间，将那些文稿信件倒出来，一页一页地翻看起来。

　　那个初秋的傍晚，在北梅竹胡同那座静谧的四合院里，我翻检着那些久已发黄的文稿和信件，一些尘封的往事慢慢浮现出来。在那些支离破碎、记载着片言只语的纸片中，我偶然发现了"唐瑜"和"二流堂"这两个名字，不禁眼前一亮。作为中文系毕业生和曾经的中文系教师，"二流堂"三个字，对我来说再熟悉不过了，它们和抗战时期中国文化艺术界的许多名人，如夏衍、吴祖光、金山、盛家伦、张瑞芳等等，都曾发生过紧密的关联。

　　那是在抗战时期的重庆，烽火连天。从上海、北京、南京等地辗转而来的文化、戏剧、电影、美术、新闻界人士吴祖光、丁聪、吕恩、张正宇、张光宇、盛家伦、戴浩、高汾、高集等人没有地方落脚，回国参加抗战的爱国华侨唐瑜，就在重庆四德村为他们搭建了一座竹结构的简易住房。房子初名"碧庐"，"碧庐"的"碧"字，应当取自竹的翠色，但也有人说，这个名字来源于大厅里的一只壁炉。受周恩来的指派，在南洋时就与唐瑜的兄长唐大杏很熟悉的夏衍，经常过去关照他们，郭沫若等人也常去探望。这时的黄苗子和郁风，尽管自己都有房子住，也常去和他们混在一起，彻夜聚谈，放言高论。1943 年 1 月，重庆《新华日报》纪念创刊五周年，举办文艺晚会，戏剧家欧阳山尊、李丽莲演出了解放区的著名歌剧《兄妹开荒》：勤劳的妹妹改造好了不爱劳动的"二流子"哥哥。台下坐着的借住在唐瑜简易竹楼里的文化人，大多居无定所，食无常炊，没有固定职业，过着近乎"二流子"一样的流浪生活，看了这个剧，一时兴起，就相互对称"二流子"。有一次，郭沫若又去看望他们，随口玩笑道："你们这些人啊，都是无业无窝，就像'二流子'，我看你们这个地方，干脆叫'二流堂'好了！"

在座的人听了，齐声叫好。郭沫若又兴冲冲地要为"二流堂"题匾，后因纸墨没有准备好，只得作罢。

"二流堂"就这样，于战争的烽火中出现了。

重庆是座山城，四季多雨，冬天更是阴霾，要靠炭火取暖。众人围炉而坐，常常彻夜不眠，针对战局，纵论国事，这在那战火纷飞的岁月，实在是一道奇异的文化景观。夏衍因此而有"一流人物二流堂"的妙论，成为抗战时期文坛的一段佳话。

多年之后，吴祖光在他的《二流堂里外》中回忆说："阿朗造的碧庐，在重庆文艺界是一个引人的去处，朋友们都愿意到这里来坐坐、聊聊，自由自在。"

唐瑜，人称"阿朗"，其时是一个风度翩翩的人物。

但这一段文人佳话，后来却酿成大祸。几十年后的 1967 年，"二流堂"被打成中国的"裴多菲俱乐部"和"反党小集团"，到了"文革"期间，凡在竹楼住过，或是参加过聚会的文化艺术界名人，都受到了牵连。有很多人，一直到十一届三中全会之后，才得以平反。

对于中国文化界这个著名的公案，大概的情形我是知道的，但也只是从夏衍的《懒寻旧梦录》和一些文化名人的回忆文章中，隐约知道一点片段。事情的前前后后究竟是怎样的呢？"二流堂堂主"唐瑜又是一个怎样的人物？他为什么要造"二流堂"？他后来的命运如何？这些似乎迄今为止都没有详细的记载，而那些和"二流堂"产生关联的一代文化精英，因"二流堂"而改变的人生，也对我产生强烈的吸引。在历史的长河中，虽然这些都已经成为过眼云烟，但作为一名出版工作者，一个文学爱好者，我有责任、有义务，用我的工作为他们、为后人，还原历史的真相，留存历史的记忆。我于是萌生了将"二流堂"的故事编辑出版的强烈愿望，并且因此而兴奋不已。

那时我还不知道，这一决定，将促成我和中国现当代文学史上一批才华横溢的学者、作家和文化人士的缘分，使我有幸走进历史深处，听到许多有趣的故事，感受到那一代文化精英的生活态度和精神面貌，仰慕到许多美好高洁的灵魂。

而作为一名文学编辑，这一切也让我获得了宝贵的工作经验，丰富了我的人生。

3

我最迫切希望联系上的，是"二流堂堂主"唐瑜。

很快，通过王主任，也是通过唐老先生的亲戚，我辗转联系上了远在美国的唐瑜先生。当得知我想为"二流堂"的故事出一本书时，他非常高兴，但又感到有些为难，他已经是83岁高龄了，身体一日不如一日，不知道还能不能把这件事最终完成。

唐瑜祖籍福建漳州，其兄早年在缅甸经商，财力雄厚。1927年，15岁的唐瑜读了潘汉年主编的半月刊《幻洲》后，深受潘汉年革命思想的影响，于是给潘汉年写了一封信，表达了对革命的向往。1930 年，由潘汉年推荐，唐瑜参加了左联的筹备工作，成为左联早期重要的盟员之一。他和潘汉年的友谊，此后也持续了一生。唐瑜到上海之后，主编了《电影新地》《银座》《电影艺术周刊》《中国电影日报》《小小画报》《联华画报》《民族呼声》《早报》等众多的进步文艺刊物，是一个不应该被遗忘的左翼文艺战士。但他被人们记住，却是因为"二流堂"，自从出资建造了"二流堂"，从此一生荣辱，皆与之密不可分。

唐瑜晚年，先是和家人居住在中国香港，后又旅居美国和加拿大，一生充满了传奇色彩。

按照老先生的话说，虽然这么多年来，他也陆续写了不少有关"二流堂"的文字，但都是一些零散的片段，是"一时兴致所至，随手的涂鸦"，并未进行完整的梳理和总结，因此对于出版一本书来说，还缺乏系统性和完整性。而且，"二流堂"涉及的人和事纷纭复杂，历经的时间也久远，从 20 世纪三四十年代，一直延续到"文革"之后，如何梳理和整理，对一位 80 多岁的老人来说，也确实是一件负担很重的事情。因此在和他商议这件事时，他既高兴又为难，十分矛盾。

老先生的态度，让我有些担心。得知他在不久后将回国过春节，我请联系人再次转达了我编辑出版"二流堂"故事的决心，并请他转告唐瑜老先生，我一定会全程参与，协助他回忆往事，整理资料，丰富素材，完善书稿，请他放心。

1995 年岁末的一个下午，在北京郊外一处新建的住宅楼里，我第一次见到了"二流堂堂主"唐老先生，以及他的夫人李德秀女士。唐老先生虽已年过八旬，个子矮小，但看起来神清气爽，温文尔雅，有着一双又慈祥又敏锐的眼睛。客厅里温暖而明亮，老先生精神爽朗，侃侃而谈，

以一口带着潮州口音的普通话，讲述着他和"二流堂"的纠葛往事，以及他坎坷多劫的一生。从毅然离开南洋富商之家，进入三四十年代上海滩的《联华画报》，讲到抗战时期，遍地烽烟，他辗转来到重庆，卖掉了半把金梳子，筹钱建造碧庐，收容从内地逃亡来的文艺界人士；从"二流堂"通宵达旦的聚会杂谈，讲到当时他们一批进步文艺青年意气风发、情绪激昂地参加抗日救亡活动；从新中国成立初期，他激情澎湃地参加中国人民解放军，讲到被打入"牛棚"艰难度日；从吴祖光、黄苗子、丁聪、盛家伦、赵丹、戴爱莲、冯亦代等一批文化人的浪漫情怀、峥嵘岁月，讲到他们的人生际遇和始终不变的理想追求。老先生轻声慢语，娓娓而谈。我激动不已，情绪随着老人的讲述跌宕起伏，也更加坚定了要用自己的工作，为这些被历史尘封的美好事物留下文字印迹的决心。

对于一个编辑来说，遇到一本好书，就像遇到一个令你心仪的人，那种满心欢喜，如沐春风，只有自己才能体会到。那个冬天的下午，虽然北京城一如既往地严寒凛冽，但北京郊外那栋住宿楼里，却是温暖如春、繁花似锦。

唐老先生记忆力惊人，谈吐生动，又风趣幽默，很多事情都记忆犹新。他说："'二流堂'本是一句戏言，并不是具体团体、沙龙，更没有什么章程、纲领，不过是我所建造的几间陋室，供战时流亡重庆的文化艺术界朋友临时寄居，因为多是文艺青年，又因为处在抗日救亡的激情之中，就难免高谈阔论，情绪激奋。不想几十年后，1967 年的《人民日报》上，竟然出现了一篇署名卫东、题为《粉碎中国的裴多菲俱乐部'二流堂'》的文章，把'二流堂'、夏衍、吴祖光和王明、赫鲁晓夫并列，后来又陆续牵扯了许多文化名人。我这个'堂主'罪该万死不说，'堂员'们也无一幸免，闹得沸沸扬扬，天下皆知。其中吴祖光夫妇受害最深，一代名角新凤霞受此株连，最终半身不遂，瘫痪在床，断送了一个演员的大好前程。这一历史奇案、文化孽缘，因我而起，我有责任趁自己还活着，趁很多当事人还健在，还原历史的真相，说清楚来龙去脉，也算是告慰与此相关联的所有亲友，告慰那些先我而去的人。"

说过这话之后，老人久久沉默，脸上浮现出怅然的神情。

过了好大一会儿，老人终于再次开口了："今年我 83 岁了，时间不多了。我属鼠，一生历经八个鼠年，人世沧桑，也算看到见到，留一些见闻杂感、所知所思，聊作后人饭后闲谈的话资，也是一种贡献吧。"

那个冬日的下午，老人完整地讲述了他的一生。作为南洋富商子弟，他的青少年时期，过得很是安逸平静。七七卢沟桥事变，抗战爆发，南洋的华人华侨纷纷回国，支援国内抗战，有钱出钱，有力出力。年轻的唐瑜满怀爱国热情，告别了海外富足安逸的生活，带着家里给的钱财，回到烽烟四起的祖国，加入抗日救亡的队伍中。他到上海后的第三天，就在潘汉年的介绍下，到进步书局西门书店做了伙计；又因为编辑《联华画报》《电影新地》《小小画报》《电影艺术周刊》《中国电影日报》《民族呼声》等进步刊物，结交了蔡楚生、孙瑜、郑应时、厉慧良、盛家伦、金焰、周璇、赵慧深、赵丹、叶浅予等一大批当时闻名全国的电影文艺界人士，尽自己所能，资助他们开展进步活动。他结识夏衍之后，经常出入位于上海南京路更新舞台后楼的左翼作家联盟总部，从此追随夏衍、茅盾、钱杏邨（阿英）、阳翰笙等革命者，参加了一系列左联进步活动。他曾因为参加五卅运动，遭到国民党抓捕；也曾在日寇的大轰炸中，在重庆坚持印刷《救亡日报》；他支持蔡楚生拍《一江春水向东流》，成就了中国电影史上一部重量级佳作，自己也成为名重一时的影评人。新中国成立后，他还担任过文化部电影局的官员，为八一电影制片厂的创建，做出了不可磨灭的贡献。从选址到厂房设计，从网罗电影制作人才到购置电影制作器材，他都不遗余力，甚至捐出了自己早年收藏的电影器材。更重要的是，他在文化界、文艺界、出版界的朋友遍布天下，夏衍、郭沫若、潘汉年、范用、赵丹、黄苗子、胡风、陈波儿、应云卫、袁牧之、孙瑜、冯亦代、戴爱莲这些中国现当代的文化人士，都曾是他的座上客。而他本人也多才多艺，兴趣广泛，能写随笔、杂文、影评，能搞美术设计；他虽是个文化商人，却又是个慈善家，乐善好施，不仅捐助进步文艺事业，还建立儿童基金会，在朋友中有"现代小孟尝"的美称。吴祖光的《阿朗书序》，起句就是"距今两千多年以前的战国时代，齐国出了一个著名的孟尝君，以好客知名于世。据史书记载，他供养的食客多达数千人之众",称誉唐瑜"重现孟尝君之风度于当世"。他一生经历丰富又命运坎坷,却始终豁达乐观,而且重情义,重然诺,有肩胛,有风骨。

唐瑜与潘汉年的交往,最是令人动容:"文革"前夕,潘汉年从监狱里被放出来,唯一去拜访的人是唐瑜。潘不怕连累唐,唐也不怕受牵连于潘,二人都很坦然,这不单单是患难见真情,更是患难见人品。左联时期,潘汉年对唐瑜有知遇之恩,是他踏入社会、走上革命道路的引路人。1963 年,潘汉年与夫人董慧暂时住在北京南郊一个农场里。他们怕连累朋友,自觉不与他们来往;过去的朋友和熟人慑于政治压力,也对他们夫妇避之唯恐不及。唯唐瑜一家一如既往,每到周日,必邀请潘汉年夫妇到城里聚会。1982 年 8 月,潘汉年平反昭雪,唐瑜为他编印了最早的纪念文集《零落成泥香如故》,还在潘汉年的家乡江苏宜兴,创办了两个少儿艺术机构,并努力促成"潘汉年希望小学"的建立。他不断地为潘汉年做事:收集潘汉年手稿,编书撰文,呼吁在宜兴建立纪念馆、塑潘汉年铜像……为潘汉年做事,一度几乎成为他生活的全部内容。他说这些时,也是平淡如水,我却数次被感动得热泪盈眶。《二流堂纪事》出版以后,唐瑜把全部稿费,都捐赠给了"潘汉年希望小学"。

那个下午,随着老人的讲述,我的情绪不断大起大落,对即将编辑出版的书稿有一种强烈的冲动,也充满了信心。但老人似乎有些犹豫,在侃侃而谈的同时,也表示自己年岁大了,加上常年旅居海外,联系起来不太方便,也不知能不能把这个书稿很好地完成。我当即自告奋勇,表示愿意做他的助手,帮助他整理相关资料,理出写作脉络,确定内容框架,列出写作大纲,包括整理相关文字。因为"二流堂"涉及人物众多,我建议采用随笔的形式,围绕"二流堂"的人与事,来记述相关的世事百态。这个编辑思路，得到了唐老先生的认同。那个下午，我们一老一少，虽是第一次见面，却如同多年不见的老朋友，每一句话，都仿佛说到彼此的心中。

那个下午，北京的冬季，不再寒冷。

4

告别北京冬日那个温暖的黄昏，我抱着一堆散乱的文稿和资料，回到了合肥。

我的心情久久不能平静，长时间沉浸在唐老先生一生的坎坷遭际之中。我想无论多么困难，都要把这本书做出来，给被"二流堂"定义的那一批文化人一个交代，给历史一个交代。

我将这本书暂时定名为《二流堂纪事》，并很快进入前期杂乱繁重的资料收集与整理工作。

1979 年 8 月 19 日，《人民日报》在醒目的位置，刊登了文化部为"二流堂"问题彻底平反的消息。"二流堂"事件作为中国当代文化史上仅次于"胡风事件"的一段冤案，也是极轰动的一出悲剧或闹剧，对它了解得越深，越能感到它的荒谬绝伦。而通过对资料一点一点的收集与整理，我对"二流堂堂主"唐瑜的为人也愈加敬佩，很庆幸自己的编辑生涯，甚至自己的一生，能遇见这样一个品质高洁的人。很多细节令人感动，令人难以忘怀。抗战期间，滇缅公路通车后，唐瑜曾到仰光去。返回重庆时，胞兄唐大杏送给他两部大卡车和一部小轿车，一部卡车上装有当时的畅销物资，另一部卡车上装有食品，供重庆的朋友们食用。每当大家需要用钱时，唐瑜就拿出一部分物资出售，到最后连车都卖了。

吴祖光讲过这么一件事：他和唐瑜一起上街，走到重庆一个路口，远远看见开来一辆豪华轿车，唐瑜一见，便停步不走了。大雨初晴，积水很深，汽车飞驰而过，溅了他们一身污水，连唐瑜的脸上也溅上了泥点。但他没有反应，只是呆呆地注目轿车远去的踪影，然后说："这车是我的。"

站在重庆街头的阿朗，有一种千金散尽的潇洒与气度。

在战时那段艰难的岁月里，唐瑜几乎成了重庆一批文人的主要"生活来源"。当时从上海、北京、南京流亡到重庆的文人，大多穷困潦倒，吃住都是大问题。最开始，夏衍带着妻子儿女一家四口来到重庆，住在重庆中一路下坡，唐瑜盖的两间"捆绑房子"里，那是战时重庆穷人住的一种泥墙竹架的临时性建筑。唐瑜和夏衍各住一间，没有门牌。为了寄信方便，夏衍在屋前竖了一块木板，上面写着"依庐"这样一个典雅的名字。后来，到重庆来的朋友越来越多，唐瑜干脆在"依庐"的坡下租了一块地，自己绘图设计，自己监工建造，盖起了一排两层的大竹楼，这就是"碧庐"。用夏衍的话说，唐瑜"呼朋引类"，让没有房子住的朋友都住了进去，让风雨飘摇中的文化人，在战时有一个栖身之所。他们谈笑风生，纵论国事，嬉笑怒骂，皆成文章。他们做梦也想不到，他们会在二十多年后，因为这段"二流堂"的日子，付出生活、家庭、工作甚至生命的代价。在国难当头、战火纷飞的年代，他们无法也无暇预测到以后，他们甚至觉得，"二流堂"是一个文化人的乌托邦，寄托了战时重庆文人们的情感和理想。以至 1948 年在香港，乔冠华还说："将来在北京，'二流堂'可以再搞起来的，继续做团结文艺界人士的工作。可以搞成一个文艺沙龙式的场所，让文艺界的人有一个休闲的地方。"

后来也果如才子乔冠华所言，新中国成立后北京的"栖凤楼"，住

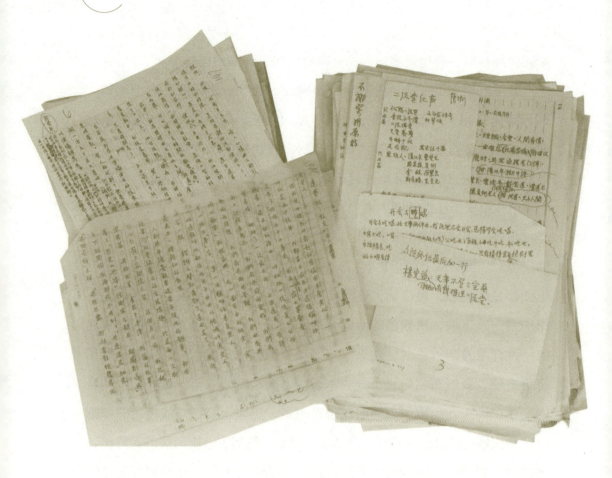

着黄苗子和郁风夫妇、吴祖光和新凤霞夫妇以及盛家伦、戴浩等文化名人，齐白石、老舍、梅兰芳、洪深、叶恭绰等名人高士来往不绝，连上海、广州、香港各处来人，如潘汉年、黄佐临、柯灵、于伶等人到了北京，也都往这儿跑，也因此"栖凤楼"被盛家伦戏称为北京"二流堂"。

在整个编辑过程中，我感到我的精神和情感，在慢慢接近中国文人的内心，接近中国传统士大夫文化中最高洁的部分——家国情怀与文人情操。那段日子里，我不断地在北京与合肥两地之间往来奔波，与暂居北京的唐老先生保持着热线联系。那个时候，电话还不畅通，网络远没出现，交通也不便利，特别是与海外的联系，尤其困难。因此，我必须在唐老先生回美国之前，和他确定书稿的内容和脉络，最好能够列出写作大纲。很快，我把选题思路和内容框架整理成文字交给了唐瑜先生，书名就是我与他商定的《二流堂纪事》，内容主要有四部分：第一部分是有关"二流堂"及与之相关的人与事，从"何物二流堂"说起，讲到"文革"浩劫，再到众人的劫后余生；第二部分是老人谈自己一生的世事沧桑和人生际遇；第三部分是忆旧怀人、故人故事；最后一部分则是唐老先生自己的各类随笔杂谈，内容驳杂，有饮食男女，也有南鸿北雁，并按照唐老先生的意愿，收集他与夏衍、陈荒煤、吴祖光、新凤霞、黄苗子、郁风、龚之方、黄宗英等老朋友的往来书信，意在"留存更多历史的痕迹"。

提纲寄去后，很快得到老人的回信，老人还随信寄来了他整理的部分书稿。他甚至写了前言，行文一如他的风格，生动诙谐，题目也别具一格：《鼠年回忆录——代前言》。1996 年正当鼠年，也是老先生的本命年。在信中老人说他即将回美，后期会整理写作出更多的内容，还答应为了本书的出版，"今年将多回国写字交差"。信末他兴致勃勃地告诉我，他已经将我准备为他出一本有关"二流堂"图书的事，告诉老朋友们了，特别是被"二流堂"牵连到的难兄难弟们。大家都觉得是一件大好事，都想讲讲真实的"二流堂"，已经有吴祖光、黄苗子等好几个人，自告奋勇要为他的书写序了。

这让我大受鼓舞，也大大松了一口气。

之后的一年多时间里，唐瑜老先生果然如他所承诺的，两次回国，每次都带来新的稿件和旧的资料。这期间我们书信往来、电话交流十分频繁。因为老人耳朵不灵，讲话也比较吃力，所以每次他回国，我都立刻赶去北京，与他当面交流，或是用笔沟通。这样，到 1996 年的年底，《二流堂纪事》书稿就基本成形了。

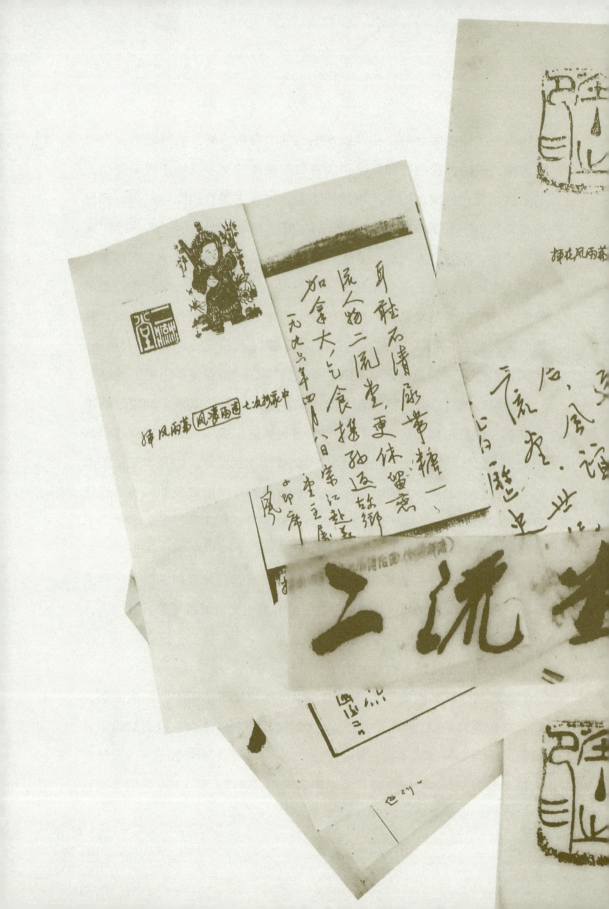

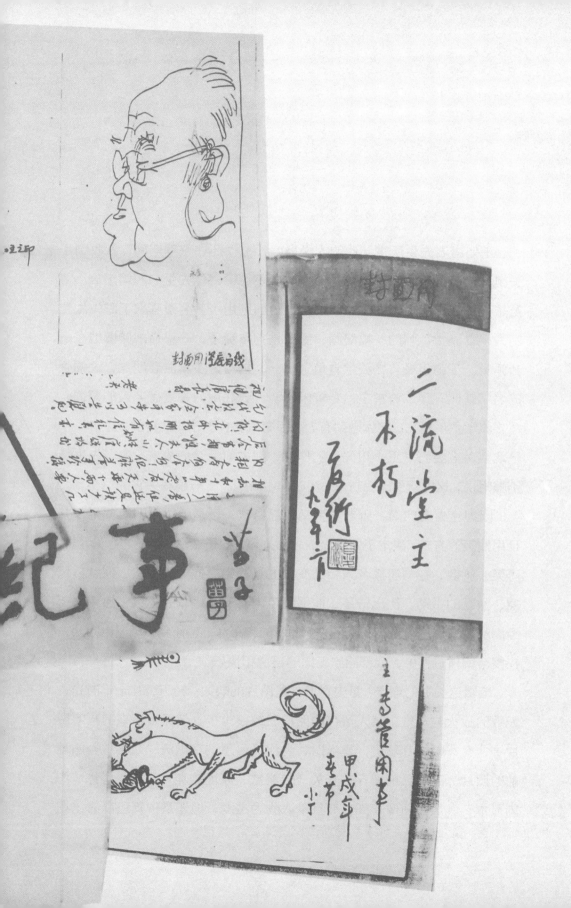

5

　　正如唐老先生所言，他的人缘极好，书稿还在整理期间，就收到了吴祖光、黄苗子与郁风夫妇、邵燕祥、姜德明诸位先生的四篇序言。黄苗子先生还专门为本书题写了书名。封面则用了著名漫画家丁聪先生专门为"二流堂"画的一幅漫画，画的是狗拿耗子，一只猫却懒懒地在一旁睡觉。丁聪也是"二流堂堂员"之一，是唐瑜多年的老朋友，这幅画的名字就叫：《二流堂主，专管闲事》。封底用的是夏衍老人的题词："二流堂主不朽"。字体遒劲有力，很有气势！至于"二流堂主之印"，是北京著名金石家王十川先生的作品，因为前后有些故事，唐老先生特别嘱咐说，这方章要印在封二，还在书中专门写了一篇有关它的小文章。

　　因为序言有四篇，唐老先生又篇篇喜欢，于是就决定四篇都用，并且用抽签的方式，决定了四篇序的先后排序。稚子之举，赤子之心，可爱，可笑，可敬。在与唐瑜老人相处交流的过程中，他这种率性、随意、风趣、幽默的举动，比比皆是；他那发自内心的对生命的善意和热爱，历经磨难后的通达和包容，以及心境的单纯和干净，都让我感动。也因此，在整个编辑过程中，我都感到无比的喜悦和快乐。

　　编辑这类书的难点，是史料尤其是图片的缺失。经历了几十年时光，无数的战火与劫难，老人留存的图片已经很少了。仅保留下来的几幅图片中，有一幅极其珍贵，是当时著名演员吕恩站在重庆"二流堂"旧址前的照片。这是目前留存的有关"二流堂"原址的唯一图片，可称"海内孤本"。虽然图像模糊，而且以人物为主题，但还是依稀可以看出重庆中一路下坡"二流堂"的整体面貌，居然是一座漂亮的二层小洋楼，宽敞的花园，有着上海滩的气息。楼下窗口所在的房屋，是金山和张瑞芳的卧房，左边是正门，里面据说是一间 20 余平方米的大厅，那就是战时文化名人常常聚谈的地方。楼上左边一间，是"堂主"唐瑜的住房；接下来依次是吴祖光、吕恩、高集、高汾的住房；靠北边是烧饭、洗脸的地方，以及通往地下室的楼梯。一楼有骑楼，二楼有大阳台，并非我之前从资料里得来的印象，所谓"简易的竹楼"，而是非常排场，带有大城市的时尚。据唐老先生说，他后来还在旁边建了一座小洋房，有比"二流堂"更大的大厅，因为没有钱用，卖掉了。

　　而著名的夏衍的"依庐"，就在上坡处距离"二流堂"200 米的地方。

　　夏衍曾说过：像唐瑜这样的好人，今后再也找不到了！而我在一步步接近"二流堂"，一点点感受唐老先生人格魅力的过程中，也在不断发问：这样的文人，这样的好人，今后还会有吗？

　　也因此，我一定要把这本书编辑出来，把这段珍贵的历史留存下来，分享给世人。

　　除了这张"二流堂"旧址的照片，另外一张珍贵照片，是当时寄居在"二流堂"的部分文化界人士的合影。那是一些身穿上海滩洋装的文艺界人士：著名音乐家和歌唱家盛家伦，因为演唱《夜半歌声》而闻名遐迩；中国艺术剧社灯光师沈琰；《大公报》记者高集；《新蜀报》记者高汾；著名演员、中国艺术剧社负责人金山；四大名旦之一的电影明星张瑞芳；新中国成立后曾任民革中央副秘书长的才子沈求我；民盟要员之一萨空了；著名女画家方菁，她是著名导演贺孟斧的遗孀。戴浩虽然不住在"二流堂"，但因为常来聚会，也出现在合影中。

　　还有一张，是唐瑜老先生年轻时的留影：他身着长衫，站在篮球场边，风华正茂，气宇轩昂。

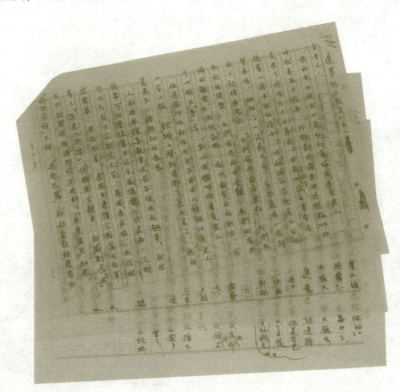

　　这些久远的面孔，从发黄的照片上，从历史的长河中浮现出来，依然熠熠生辉，穿越时光。

　　1997年4月，《二流堂纪事》终于正式出版了。全书由"风雨篇、沧桑篇、忆旧篇、神仙篇、补白篇"五个部分组成，分别从"文革"劫难、革命经历、旧友新知、见闻感想等几个方面，叙述了唐瑜一生的经历和与"二流堂"有关的文化人的遭际，力求最大限度地保留历史真实。当我把第一本散发着油墨气息的样书寄给唐瑜先生时，我的心中充满了喜悦。样书得到了老人极大的认可，这让我有了一种如释重负的感觉。老人开了一个长长的名单，委托我把书送给他的每一位好友。而老人的很多朋友：吴祖光、新凤霞、冯亦代、黄宗英、邵燕祥、丁聪等人，我都是怀着无比景仰的心情，专程登门，一本一本送到他们的手上。

　　至今记得去吴祖光先生家的情景。那是一个初春的夜晚，吴祖光先生在他的书房里，一遍遍抚摸着、翻看着《二流堂纪事》，回忆有关"二流堂"的往事，感慨万端。在那静静的夜晚，吴先生的讲述迟缓而悲伤。种种飞来横祸，瞬间将他的平静生活打破，接下来是不断的侮辱打骂，被流放北大荒，殃及子女不能正常上学，特别是身为评剧名角的妻子新凤霞，竟在遭受一连串打击后，突发脑血栓瘫痪了。讲到这里，吴祖光忽然沉默了。过了很久，他轻声对我说："去看看新老师吧。"说着，他把我引进新凤霞老师的卧室。那是我第一次见到评剧名家新凤霞，她安静地躺在床上，灯光下面色柔和。聊起往事，她声音轻柔，神色平静。我无法想象，这就是那个在漫天政治风暴中，依然坚定走向吴祖光的女子，这就是那个瘫痪在床，依然教戏、作画、写作出书、办画展的坚强女子。她病弱的身体，和她坚强的内心，形成了巨大的反差。我注意到，吴祖光的书房里，挂着新凤霞画的梅花，上面有吴祖光的题诗："春风骀荡

好吟诗，绿遍天涯两地知；看取团圆终有日，安排重过少年时。"形与神兼备，书与画俱佳。

　　在我告别的时候，吴先生把他们夫妻合作的新书《绝唱》赠送给我。在橘黄色的灯光下，吴祖光和新凤霞两位先生分别签下他们的名字，并郑重地写上"小芸女士惠存"。这本书我一直珍藏着。因为《二流堂纪事》，也因为"堂主"唐瑜的重托，我结识了冯亦代、黄宗英、邵燕祥、黄苗子、郁风、丁聪、范用等一代文化精英，至今我还保留着他们赠给我的书，以及一封封具有珍贵史料价值的信件。而出版前辈范用的赠书，更是在很长时间里，都成为我案头学习的教材。

6

《二流堂纪事》的出版，在当时的文化艺术界引起极大的反响，尤其是在文艺圈内，一时成为谈论的热点。这当然一方面是因为"二流堂"的名声太大；另一方面也是因为，"二流堂"所牵扯的许多人都是现当代文艺界的学者名流，他们每一个人，都是一颗投向水面的石子，激起一层又一层波澜。

中年烦恼少年狂，南北东西当故乡。
血雨腥风浑细事，荆天棘地作寻常。
年查岁审都成罪，细语闲谈尽上纲。
寄意儿孙戒玩笑，一生误我"二流堂"。

吴祖光的这首诗，最能反映"二流堂"对一代文化人的人生所产生的巨大影响。而《二流堂纪事》之所以能够从一系列的怀人忆旧文章、专题性回忆录和人物传记中凸现出来，固然与当时的社会情绪和历史语境有关，但放到中国现当代文学史中去考察，则更能看出它所具有的特殊价值和文化建构意义。时代的转换、政治的动荡，使不谙世事的"二流堂"自由知识分子，面临现实生存与精神独立的艰难抉择，《二流堂纪事》折射出了一代知识分子的心路历程。"二流堂"的文艺思想及其与主流文艺思想之间的关系，也丰富了我们对于历史复杂性的感知。通过"二流堂"的历史流变，我们不仅能够清晰地梳理出 1949 年前后，它与左翼文学传统之间的关系，也可以看到它对新时期文学乃至 20 世纪 90 年代以来文学格局的影响，揭示出改革开放以来的新时期文学，与 20 世纪 50 年代乃至更早的左翼文学之间的连接和呼应。而这，也正是"二流堂"之于中国现当代社会乃至文学研究所具有的特殊意义。

若干年后，三联书店的编辑辗转联系到我，希望获得此书的再版版权。其时三联书店负责此事的副总编辑汪家明先生，是在山东画报出版社编辑过《老照片》的著名出版人，我们并不认识，也没有直接联系，只是通过朋友交流。当时因为地方出版社的种种局限，《二流堂纪事》首版后未能再版。为了不埋没这本好书，也是出于对三联书店的信任，社里考虑再三，最终忍痛割爱，转让了再版版权。三联书店很快以极精美的装帧再版了《二流堂纪事》。唐瑜先生拿到样书后，专门签赠了一本给我，书中还附上他最新的照片。在三联书店再版新书中的《二流堂主自传》中，唐老先生写到他的"出版大事记"时，特别写了三件事："范用嘱编潘汉年纪念册《零落成泥香如故》，魏绍昌为我编《阿朗小品》，马晓芸为我编《二流堂纪事》。"

能得到唐瑜先生这样的赞许，我激动不已；而能在三联书店再版《二流堂纪事》，更算是这本书的一种美好归宿吧。很多年后，我和汪家明先生在一次会议上相逢，那时他已经调任人民美术出版社社长，而我也离开了编辑岗位，来到安徽美术出版社从事经营工作。席间交谈起来，才恍然知道，因为一本书的缘分，我们其实多年前就早已相逢，不禁感慨万分。为了纪念这次相逢，也因为都是文学编辑出身，汪家明先生后来在人民美术出版社策划编辑了丁午先生的畅销书《小艾，爸爸特别特别地想你！》，还特地签赠了一本给我。得到这样的馈赠，让我欣喜万分，总觉得这不仅是一本书的赠送，更多的是出版人之间的认可，就像我当年相信三联书店不会埋没《二流堂纪事》，汪先生也一定知道我会珍惜《小艾》的故事，这让我感到无比的欣慰。

《二流堂纪事》的编辑出版，不仅为我们出版社赢得了良好的社会声誉，也使我这个当时初出茅庐的年轻出版人，建立了较强的行业自信，也因此感受了编辑出版事业的美好内涵。

编辑的快乐在于可以穿过时光的隧道，和你喜爱的作家和文字邂逅，这种体验常常令人欣喜，有时又让人感慨万千。

编辑《萧红文集》，对我而言，不仅是一次文学体验，还深度触动了我的心灵。我希望通过我的编辑和努力，让读者更全面地了解真实完整的萧红，不仅是她文字的美，更是她人生的痛。

萧红：在凋零中怒放

一次令人感慨万千的编辑体验

1

　　20 世纪 90 年代初期，由于其时旅居美国的著名学者夏志清对中国现代文学史的重新梳理，张爱玲、苏青等一批现代文学女性作家被发掘出来，她们的作品被大量出版，引起了文学评论界的极大关注，也迅速积攒起了一个庞大的阅读群体。在 20 世纪的中国文学史上，就中国内地而言，出现过两次"张爱玲热"：一次是在 40 年代的上海；一次是在长期的沉寂之后，改革开放初的 80 年代。1979 年，夏志清的《中国现代小说史》中译繁体字本在香港出版，对张爱玲有专章讨论，将她誉为 20 世纪中国最重要的作家之一。之后，《中国现代小说史》的中文简体版传入内地，借着夏志清的"慧眼"，张爱玲从此进入中国现代文学研究者和爱好者的视野，而此后近半个世纪中，张爱玲的"神话"因着"张学"和"张迷"的推波助澜不断被强化，早已超出了文学的疆界。我其时所

在的出版社，因为在国内最先出版了《张爱玲文集》，而在当时获得了巨大的社会声誉和经济效益。

这让我想起现代文学史上另一位独具魅力的女作家萧红。与张爱玲相比，萧红一样才华横溢；与苏青相比，萧红更是卓然其上；而她所独有的北方女性的坚忍和辽阔，更是同一时代其他任何一位女性作家无可企及的。遗憾的是，夏志清并未在他的《中国现代小说史》中提及萧红的作品。有关这件事，夏志清后来在《中文小说与华人的英文小说》一文中说："《中国现代小说史》未提萧红，因为当年我尚未读到她的作品。后来我在中译本《原作者序》里对自己的疏忽大表后悔。"并在另一篇文章里对《呼兰河传》予以高度的评价："我相信萧红的书，将成为此后世世代代都有人阅读的经典之作。"

　　学生时代就读过萧红的《呼兰河传》，被她笔下瑰丽奇异的东北乡村生活和散文诗般的优美文字所打动，也为她的悲惨命运而不平。在最青春烂漫的岁月里，她过着居无定所、众叛亲离的生活；而她的一生又是如此短暂，如流星一般划过中国文学的夜空。我想为什么不编辑出版一套萧红的作品呢？作为一个文艺社的编辑，我应该让我的读者知道，在中国现代文学史上，曾经有过这样一位才华横溢的女作家，这样一个寂寞孤独的女性，她曾经怎样挣扎、怎样生活，她拥有怎样的灵魂、怎样的人生。

　　这个念头一旦产生，就如野马脱缰一般不可遏制，它让我寝食难安，坐卧不宁。其时，已经有出版社陆续在出萧红作品的单行本，但还没有一家出版社系统整理出版她的文集。

　　作为一名编辑，能够把自己喜欢的作品分享给读者，是一件美好的事情；但同样是作为一名编辑，个人喜好固然可以激发职业的冲动和热情，真正要实现出版，还需要进行充分的市场调研和选题论证。这不仅是对作者负责，对读者负责，也是一个编辑的职责所在。

2

　　萧红作品首次面世是在 1933 年 10 月，在舒群等人的帮助下，萧红、萧军合著的小说散文集《跋涉》，得以自费在哈尔滨出版，萧红署名"悄吟"，萧军署名"三郎"。之后她的《生死场》《商市街》《呼兰河传》等也陆续出版。新中国成立后，萧红的作品时有出版，但一直没有得到较为完整的整理，多是以单行本、代表作合集的形式出现，出版较多的是她的《商市街》《呼兰河传》《生死场》《马伯乐》等代表作。这为我的创意，提供了巨大的运作空间。虽然很多文学批评者认为，萧红是中国现代文学史上非常优秀的作家，但在这之前的许多文学史叙述中，萧红又被严重地边缘化。她经常被放到东北作家群中，或是放到一群女性作家中，比如民国四大才女等等，这使得萧红面目模糊，失去个性，被抽象成一个概念化的女作家，而主流文学史又常常把她当作抗战作家，把《生死场》中萧红对人性的表现、对土地的热爱，都转移到民族斗争上去，消解了她对人性、对社会的深度批判。

通过三个多月对萧红作品再一次全面系统的阅读，我相信，萧红对文学的理解，还有她更丰富的层面。

著名学者季红真在给北大学生所做的一次讲座中，曾对萧红与张爱玲做过比较，她认为：萧红和张爱玲都是接受了新文化教育的女性，这是她们传奇式人生道路的开始。她们两人一生都经历着逃亡，辗转各地，艰辛漂泊，且逃亡之路都以失败而告终。她们都始终坚持自由主义的政治立场，基本上都靠写作维持生活。但这并不意味着她们超脱于世，她们都以个人化的方式关注着时代宏大的主题：文明的荒凉。萧红后期的作品中充满了孤独寂寞之感，正因为她是思想的先行者，不为他人所理解。就像萧红曾说的那样，"作家不是属于阶级的，作家是属于人类的"，所以她们的思考是对人生的质问，是超越她们自己所处时代的。季红真认为，萧、张二人的写作都确立了女性的主体地位，并与鲁迅所倡导的五四新文学传统相吻合，而她们的写作，也都为 20 世纪汉语写作提供了成功范例。

确实，萧红与张爱玲，虽然生在不同的年代，但她们所处的社会环境却基本一致。萧红出生于 1911 年，张爱玲出生于 1920 年，二人相差

9 岁，一北一南。她们有着惊人相似的传奇经历，都出生在旧式家庭，却接受了新式教育；少小都经历了家庭变故，内心有深度的创伤；都与父亲有过直接的对抗，在少女时代就开始了逃亡之路。她们一个继承了古典诗文的传统，一个继承了白话小说的传统，都绽放出灿烂的文学才华，成为现代文学史上的经典作家。因为爱情和婚姻不幸，她们的作品中都深潜着巨大的悲哀和悲凉。张爱玲的小说虽不能简单归于通俗文学之列，但其通俗品格在通俗文学思潮中引发的广泛影响，却不可否认，商业操作也为"张爱玲热"推波助澜。而萧红的文字几乎不具备通俗性，相反，她以柔弱多病的身躯面对整个世俗生活，在个人苦难和民族灾难中一次次搏击，经历着一次次的反叛、觉醒和抗争，其作品在女性觉悟的层面上，对人性和社会有着更为深刻的理解。她把"人类的愚昧"和"改造国民的灵魂"作为自己的艺术追求，在"对传统意识和文化心态的无情解剖中，向着民主精神与个性意识发出深情的呼唤"。

换句话说，萧红更"大我"，更激荡，更辽阔，更具有人类关怀。

但这样一位作家，她的作品在当时的读者中，究竟有多少受众呢？我需要用数据说话。像每一个图书选题申报前，每一个编辑所做的那样，我开始了市场和读者调研。在三个多月的时间里，我在图书馆、新华书店、现代文学研究专家、读者和市场之间辗转奔波，寻找着选题策划的灵感和创意，考察着萧红作品的阅读群体和市场空间。我首先利用出差时间，来到北京、上海、南京、沈阳等地的多家书店调研，拜访了近百位萧红作品的研究者、爱好者和图书市场一线工作者；这期间，又分别去年度各类图书展会参展，尽可能全面了解萧红作品的出版和市场情况。与 20世纪 80 年代相比，此时的中国社会已经发生了很大变化。人们兴奋地谈论商品，谈论股票，谈论社会转型、文化转轨；纷至沓来的形形色色的商业文化：通俗的、大众的、消费的文化，以一种席卷泛滥之势，铺陈起一个蕴含无限生机的文化市场，触目是卡拉 OK、MTV、文化衫、追星族、有线电视、 新武侠以及上百种报纸周末版…… 但尽管如此，90年代的中国图书出版，此时仍然处在一个精雕细琢的年代，一个高产的编辑，一年最多也只能编辑 10 多本书，不像后来，一个编辑动辄一年可以编辑几十本甚至上百本书，没有时间做充分的市场调研。而当时我的时间还足够充足，让我有耐心、有精力，去调研和论证这一关于萧红的选题。

在这三个多月的时间里，我遇到了许许多多热爱萧红的人，发现在市场经济大潮汹涌而至时，萧红的作品居然还拥有如此广阔的读者群和市场前景。读者的热情、市场的热望，坚定了我编辑出版《萧红文集》的决心，也激励了我编辑出版《萧红文集》的信心。而在《萧红文集》编辑出版的过程中，我也再一次穿越时光的隧道，与我喜爱的作家、喜爱的文字邂逅，营造出一种文学上的"大欢喜"。

3

1996 年隆冬里的一天，我乘坐十多个小时的绿皮火车，哐当哐当地来到了沈阳，开始了对萧红成长背景的调研和有关文集主编的约请工作。萧红落难时所住的东兴顺旅馆还在，只是当时成了一个卖服装的商场。萧红住过的屋子也还保留着，里面陈列着几幅照片，是一个非常简陋的"萧红纪念馆"。作为一个东北作家，萧红的作品在北方拥有广泛的读者和热爱者，而研究者也比关内专家更有优势，更具有文化的同一性。我约

请的编者，是萧红作品的研究专家张毓茂，他是我读研究生时导师的大学同学、萧红研究的资深学者。其时他已经从大学调至沈阳某政府部门担任领导工作，但对萧红的研究并未停止，仍然笔耕不辍，并且出版有《萧军传》等著作，对萧红及其作品了解至深。

那是我第一次踏上东北的土地，因为地理和文化的差异性，也因为高纬度的严寒，我深切地感受到了白山黑水的冷峻和壮阔，感受到了萧红生长的 20 世纪 30 年代，中国东北乡村的闭塞与贫瘠。在那些日子里，有关萧红的各种资讯始终在我的耳边萦绕。在张毓茂老师宽敞的办公室里，我端坐在桌前，听他讲述关于萧红的故事，讲述他去呼兰河萧红家乡时，所看到的一草一木，所体会到的一点一滴。作为学者，他对萧红和东北关系的描述尤其深刻："萧红是属于东北这块土地的才女，她的一切都能从东北这块土地上找到渊源。"

在与张毓茂老师接触交流的日子里，我越来越意识到，我找对了《萧红文集》的编者。后来，当我伏案编辑张毓茂老师寄来的《萧红文集》书稿时，我常常会想起他说过的话。那些散发着油墨气息的书稿，那些动人的叙述，完整地还原了 30 年代的萧红在呼兰河畔那一段寂寞叛逆的生活。"我家是荒凉的。我家的院子是很荒凉的"，萧红在她的作品中这样描述着，"花开了，就像花睡醒了似的。鸟飞了，就像鸟上天了似的。虫子叫了，就像虫子在说话似的。一切都活了，都有无限的本领，要做什么，就做什么；要怎么样，就怎么样，都是自由的。倭瓜愿意爬上架就爬上架，愿意爬上房就爬上房。黄瓜愿意开一朵谎花，就开一朵谎花，愿意结一个黄瓜，就结一个黄瓜。若都不愿意，就是一个黄瓜也不结，一朵花也不开，也没有人问它。玉米愿意长多高就长多高，它若愿意长上天去，也没有人管；蝴蝶随意地飞，一会从墙头上飞来一对黄蝴蝶，一会又从墙头上飞走了一只白蝴蝶。它们是从谁家来的，又飞到谁家去？太阳也不知道这个"。

阅读这样的句子，我常常会停下来，长时间地陷入沉默。

在许多作品中，萧红用一种极散淡极细腻的文字，讲述自己的童年，讲述她所见到的呼兰河小镇上人们的歌与哭、爱与痛、生与死："天黑了就睡觉，天亮了就起来工作。一年四季，春暖花开、秋雨、冬雪，也不过是随着季节，穿起棉衣来，脱下单衣地去过着，生老病死也都是一声不吭地默默地办理。"他们的生活是那样安静而无趣，那样卑琐而单调："老，老了也没有什么关系。眼花了，就不看；耳聋了，就不听；牙掉了，就整吞；走不动了，就瘫着。""病，人吃五谷杂粮，谁不生病呢？"死了，哭一场，"埋了之后，那活着的仍旧得回家照旧地过着日子。该吃饭，吃饭；该睡觉，睡觉"。人们麻木而蒙昧地活着，一天又一天，偶有的喧闹，是

呼兰河城中跳大神、放河灯的"盛会"，而小团圆媳妇、二伯、冯歪嘴子等人的悲剧，也波澜不惊地在这一环境中上演着。虽然有善良和宽厚的祖父陪伴，萧红的童年才有了一丝亮光和暖色，但敏感的萧红还是强烈地感受到那些人生中深层次的无以诉说的悲哀，她用细腻而唯美的语句，描述她所感受到的一切，呈现一个天才作家特有的敏感和深刻。

　　而这一切，深深地打动了我。

　　我一直以为，编辑工作是需要对书稿有热烈的情感和参与的激情的，需要注入编者自己对书稿深刻的理解和思考的光辉，这大概是同一部书稿在不同的编辑手中会焕发不同光彩的原因所在，也是我们常常说的"编辑含量"的表现所在吧！简单地收集、整理、编辑、出版，不仅愧对职业，也愧对作者与读者。萧红文字所描述、所呈现的，是 20 世纪 30 年代东北土地上人们的生活，单调而寂寥，悲凉而沉默。作为一个出版人，一个编辑者，我该如何去对待这些文字呢？我将如何编辑它们，或者说，我将赋予它们什么？

4

在一遍又一遍翻阅萧红作品的过程中，我深深地感受到，和许多女性作家一样，萧红的创作多取材于自己的周边生活，表达的是个人的感受和体会。她的成长经历、人生遭际和情感挫伤，都深深地烙印在她的作品中，影响着她作品的走向和艺术风格。因此，我觉得要了解萧红的作品，首先要了解萧红的生活和个性。于是，在选题策划的过程中，我提出了以"当代人心目中的萧红""萧红本人的作品"和"同时代人眼中的萧红"这三条主线交相呼应的方式，构架《萧红文集》的编辑思路。并以此为方向，设计了《萧红文集》的整体内容框架，建议编者在编选萧红创作中精品佳作的同时，增加编者总序，全面介绍评述萧红的身世、生活和创作，并特别选收与萧红同时代的著名作家的回忆和评论文章，从三个维度，多视角、全方位地向读者展示萧红其人其作。

我把自己的想法整理成文稿寄给张毓茂老师，这一建议被他完整采纳。后来，我也将这个编辑思路以《出版说明》的形式，在《萧红文集》的卷首呈现，以便阅读者了解该文集的出版创意和内容体例，收到了良好效果。

最终完成的《萧红文集》三卷本，按文体分为《中短篇小说集》《长篇小说集》《散文诗歌及其他》，共计100万字，每卷作品大致以发表时间为序，基本囊括了萧红短暂一生中所创作的代表性作品，包括零散发表在报刊上的散文、诗歌等等；同时还选收了萧红致萧军、华岗、白朗、弟弟及东北流亡者等书信15封，较全面地展示了萧红的创作成就。

　　在第一卷的编者总序中，张毓茂老师以《伤残的花》为题，用了近 2 万字的篇幅，着重介绍了萧红传奇性的身世经历和曲折多变的心理轨迹，以及她短暂一生的创作成就。萧红一生寂寞坎坷，情感上屡受挫折，这些都对她的创作产生了深刻影响，同时也激发她，"以自己的血泪和生命，绽开出奇异艳丽的花朵——优秀的文学作品，贡献给自己多灾多难的祖国和人民"。萧红用她那凄美诗意的语句，用她压抑的失望与痛苦，描述着她生活中的一切，那些她无法忍耐的生活的愚昧，无法做到的苟且和妥协。

　　萧红无疑是那个时代最有才华的女作家之一，她的作品具有独特的艺术风格。有评论家认为："在中国现代小说史上，从《商市街》《生死场》到《呼兰河传》，萧红打破了传统小说单一的叙事模式，创造了一种介于小说、散文和诗之间的边缘文体。"萧红以自己悲剧性的人生体验，

观照她所熟悉的乡土社会生命形态，书写着人的悲剧、女性的悲剧；独特的个人气质和生活际遇，使她的作品具有一种浓烈而深沉的悲剧意蕴，她的语言直率而自然，而又极具诗歌的韵律和美感，蕴含着一种稚拙浑朴的情调。而这一切，也被评论家们称为"'萧红体'小说叙述风格的重要特征"。

我一直以为女性作家的创作，大多和她们的生活、情感息息相关。为此，我在设计《萧红文集》内容架构时特别提出要增设一个附录："同时代人眼中的萧红"。后来，这也确实成为这个版本有别于其他萧红作品集的特色和亮点之一。

这些和她同时代的友人的文章，呈现了萧红情感、生活、个性的诸多细节。许广平的《追忆萧红》记述了萧红和萧军逃难至上海期间的生活以及他们交往的往事，写到她和鲁迅先生第一次在上海北四川路一间小咖啡店与萧红、萧军的见面。鲁迅先生非常欣赏萧红的才华，"每逢和朋友谈起，总听到鲁迅先生的推荐，认为在写作前途上看起来，萧红先生是更有希望些"。在许广平先生眼里，萧红身世坎坷但个性倔强，颇有侠义之心，是日本友人鹿地亘夫妇被监视的时候敢于去探视的少数人之一，但"不可否认，萧红先生文章上表现得相当英武，而实际上多少还赋予女性的柔和，所以在处理一个问题时，也许感情胜过理智。有一个时期，烦闷、失望、哀愁笼罩了她整个的生命力"。在著名作家丁玲的眼里，萧红"少于世故"，显得有些"稚嫩和软弱"。丁玲在《风雨中忆萧红》中描写她们在山西的相遇，写萧红"那苍白的脸，紧紧闭起的嘴唇，敏捷的动作和神经质的笑声"，使她觉得很特别，认为萧红是"容易保有纯洁和幻想"的女人。绿川英子的《忆萧红》记述了她眼中的萧红，那是在"微雨蒙蒙的武昌码头上夹在蚂蚁一般逃难人群"中的萧红，她身怀萧军的孩子，却同着自己新的爱人端木蕻良一起逃难，"大腹便便，两手撑着雨伞和笨重行李，步履为难"。萧军的《我们第一次应邀参加鲁迅先生的宴会》呈现了二萧在上海时期的生活，以及他们和鲁迅先生、聂绀弩、叶紫等人的交往故事，并描述了他和萧红那张著名合影的拍摄始末——在拍摄那张旨在纪念参加鲁迅先生宴会的合影时，萧红"竟从照相馆的小道具箱中捡出一只烟斗叼在了嘴边，其实平时她是不抽烟的"。那时的萧红是快乐的，他们的生活是美好的——这张照片最终被我找到，我特地请美编设计版式时用在《萧红文集》第二卷的封面上。聂绀弩的《在西安》记录了萧红在西安、临汾和萧军的生活以及他们分手时的情景，写萧红面对萧军的大男子主义和背叛的痛苦、不舍与伤痛。靳以的《悼萧红》则描述了那个著名的情节：萧红眼圈被 S 君（萧军）打得乌青，还试着在朋友面前替他遮掩，而萧军则满不在乎

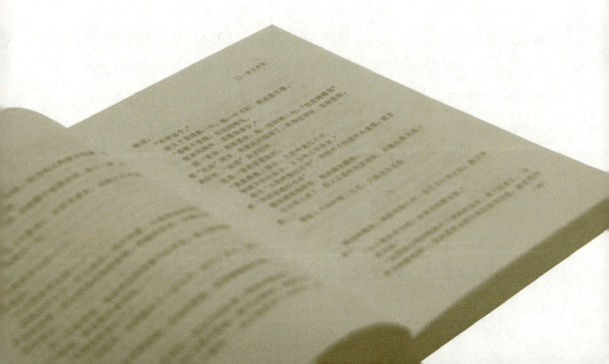

地当面揭穿这一切，"只是她的眼睛立刻就蕴
满盈盈的泪水了"。骆宾基在《太平洋战争爆
发之后》中详细记载了萧红最后流亡香港，直
至病死在圣玛丽医院的生活，我们今天所知道
的有关萧红最后岁月的生活细节基本出于此文。
端木蕻良的《鲁迅先生和萧红二三事》讲述了
萧红和鲁迅先生的交往故事。而梅志先生的《爱
的悲剧》，我以为是迄今最全面客观评述萧红

个性和情感生活的文章。在"第一次见面"时，梅志说她完全把萧红当
作"一个普通的但很能干的家庭主妇"。在梅志先生眼中，萧红富有才
华，单纯敏感，渴望温暖，却总是成为情感的受伤者。萧红发表《生死场》
而成名，但与萧军的生活却裂痕越来越多；面对爱人的粗鲁冷淡和背叛，
萧红寂寞无助地生活着。她似乎总在颠沛，总在被伤害，无论身体，还
是情感，这大概是她的作品中总有一种伤感寂寞之气的缘由吧。这些友
人的回忆文章，有利于让读者多角度地了解萧红的身世和个性，也为后
来的研究者提供了较为完整的资料。

　　在编辑过程中，这项工作花费了我大量的时间和精力，我需要一个
一个联系以上的作家或是他们的家人。其时丁玲、端木蕻良、聂绀弩等
先生已经仙逝，通过朋友介绍，我辗转找到了梅志先生、陈明先生以及
端木蕻良、聂绀弩等先生的家人，请他们授权选收相关回忆文章，得到
了极大的支持，梅志先生还给我写来热情洋溢的信。为了收录已经过世
的丁玲先生的文章，我专程去拜访了陈明先生。至今记得，我坐在丁玲
先生家硕大的客厅里，听陈明先生轻声讲述丁玲的故事，给我留下了极
深刻的印象，让我非常感动。正是有了这些作家前辈的支持，使得《萧

红文集》的附录卷，成为萧红作品集各个版本中独有的内容，彰显了这个版本的独特价值，虽然过程艰辛，却也让我感受到一分耕耘一分收获的意义。因为篇幅所限，《萧红文集》未能收入她的《生死场》，但迄今为止，这套《萧红文集》，仍然被人们当作研究和阅读萧红作品最完整、最系统的版本之一。

5

多年的编辑工作让我体会到，编辑出版一本图书的过程，对编辑个人也常常是一个学习提高、丰富知识、滋养精神的过程。在编辑《萧红文集》的过程中，我有幸第一次这么近距离、多方位地走进了萧红的文字和世界里，第一次全面深入地了解了真实复杂的萧红，她的才华，以及她所经历的一切。

萧红的作品多取材于个人的生活际遇和情感经历。《呼兰河传》基本上就是她的自传体小说，她童年的生活和遭遇，她所处的东北闭塞乡村所发生的一切，真实生动地折射出了 20 世纪 30 年代中国社会的世间百态和人情世故；而在《商市街》《失眠之夜》等许多作品中，我们都清晰地看到颠沛流离的生活带给她的坎坷与伤痛；《饿》中的萧红身无分文，那种饿到极致的感受，只有切身体验过的人，才能够真实地描述。她的文字是悲凉的，因为她的生活是悲凉的；她的心境是绝望的，虽然她挣扎着走出了桎梏自己的家庭，但走不出桎梏自己的社会。

萧红的悲剧是社会的悲剧，在那个时代，女性无论多么优秀，多么不甘，都无力追求自己的幸福。也因此萧红感叹："女性的天空是低矮的，羽翼是轻薄的。"这是那个时代所有女性的历史境遇。萧红的悲剧又是个人的，她渴望自由独立，可终其一生，也摆脱不了对男性的依赖和追求。

年轻的皖籍女作家闫红，在她的《从神保町到饭田桥——被萧红丢在日本的"黄金时代"》中说："不惯于冷清，不能享受寂寞，也许才是萧红的致命伤，也是从前的女人共同的命运，她们习惯于左顾右盼，希望有人接住自己的目光。"多年以后，我读到这一段文字，不由得惊诧于闫红的敏锐和深刻。如她在文中所感叹的，萧红在与萧军的关系中卑微而隐忍，为了萧军，她甚至放弃了留在日本写作，过一种全新的生活的机会。萧红不是"两次踏进同一条河流"，而是每一次都踏进同一条河流，每一次都是万劫不复。

究竟是什么，让萧红在两性情感关系中，一次次遭受背叛？究竟是什么，让她的一切挣扎，一切向往，一切追求，都如同飞蛾扑火？

也许是从小失去母亲，饱受继母的白眼和生父的粗暴，所以从童年起，她的内心就充满了荒凉和寂寞。她在《呼兰河传》中不止一次写道："我家是荒凉的，我家的院子是很荒凉的。"荒凉的岂止是院子，还有生活。唯一的暖意是老祖父的慈爱，可是祖父也无法保护她免受欺凌，只有在她委屈伤心时一次次摸着她的头，说："快点长大吧，快点长大，长大了一切就好了。"

而当她长大成人后，迎接她的是更大的风暴。

萧红的一生是不幸的，虽然她被鲁迅认为是"当今中国最有前途的女作家"，但她柔弱多病的身躯，几乎承受了那个动荡时代全部的屈辱和苦难：社会的、民族的、性别的、精神的和肉体的。印象中她总是在路上漂泊，在战火纷飞中从中国的最北方，来到中国的最南方，而在颠沛流离的路上，过往的、留下的，失去的、获得的，皆是悲伤而寥落的风景。

这种悲凉和无助、寂寞与孤单，深深地渗透在萧红的作品中、文字里。她的代表作《呼兰河传》，写作的时间跨度很大，从七七抗战爆发时开始酝酿，在上海抗战失败后开始动笔写作，直到 1940 年 12 月，才在香港最后完成。而这一时期，也是萧红一生最不幸的人生阶段，因战乱，因疾病，因贫穷，因背叛，她一直都在挣扎。故乡早已沦入敌手，感情也是深陷泥淖，她四顾茫然，踽踽独行。从《呼兰河传》的字里行间，我们能够深深地感受到萧红的孤独与寂寞，感受到她濒临崩溃的内心。她曾对老朋友白朗说："未来的远景已摆在我的面前，我将孤寂、忧郁以终生！"

很难描述我在编辑《萧红文集》时的复杂感受，我同时也难以理解她那复杂错综的情感关系，难以理解她高傲到卑微的人格。为了逃离家乡，她先是逃婚，继而却又和逃婚的对象汪殿甲同居；汪殿甲最后一去不返，将怀孕的萧红一个人留在旅店，因欠账太多，她甚至遭到威胁，要被人送到妓院里去。

最终，还是她的文字救了她自己——一封给报馆的信，引起了编辑们的同情和注意，她也因此与报馆的萧军相识。他们迅速地相爱了，她爱萧军，一直把萧军当成自己的恩人和救星，感激他在最困难的时候，解救自己于危难。她对萧军的爱是那样卑微，那样屈辱，梅志、聂绀弩、靳以等人的文章都细致记录了萧红在与萧军关系中的依赖、卑怯，据说他们走路都很少有并排的时候，总是萧军在前，萧红在后。即使分开之后，萧红还说："我爱萧军，今天还爱。"

萧红的一生孤独寂寞，也许正是这种人生的寂寞无助，使得她对萧军给予的些许温暖如此珍惜、依恋。她爱他，像张爱玲说的，是那种低到尘埃里的爱。那些缺乏温暖和安全感的女性在爱情中的姿态都是这样卑微吧，即使她们的才华、财力并不逊色于她们的爱人。即使被萧军一次次出轨伤害，被他轻蔑地嘲笑自己的才华，甚至被他打青了眼睛，萧红也还是强颜欢笑着。这颗敏感的心不是没有感受到屈辱，萧红不止一次在文章、书信中写道："我的心就像被浸在毒汁里那么黑暗，浸得久了，或者我的心会被淹死的。"只是，在荒凉无助的人生长河中，她能抓住的，也就是这根救命绳索了，就像卖火柴的小女孩一样，在冰天雪地里，能依靠的，也只有这一点温暖了。

遇到萧军后，萧红曾经生了一个孩子，父亲是汪殿甲，但这个孩子很快就被送人，不知所终。而与萧军分手之时，萧红也是怀了他的孩子，投入端木蕻良的怀抱。是怎样的残酷人生，让一个女人，遭遇如此畸形的情感生活？

已经无法用"遇人不淑"来解释。成功将《生死场》搬上话剧舞台的女导演田沁鑫，曾经痛心地发问：那么有才华有成就的萧红，为什么总是把自己的生活搞得乱七八糟？

有一件事情特别令人难以释怀：当日军逼近武汉，人心惶惶，一票难求之时，萧红把唯一的一张票给了端木蕻良，自己挺着大肚子留下来。后来，在拥堵的渡口，萧红仰面跌倒，因为身怀六甲，怎么挣扎也爬不起来。不知那时，躺在泥泞里的萧红在想些什么？是无法独自面对漂泊的苦难，以致饥不择食，慌不择路？还是被抛弃的恐惧，让她把遇见的每一个男人，都当作最后一根稻草？我们无从揣测，我们只是心疼，心疼才华横溢如萧红，也会在爱情中迷失自我。作为一个追求自由的叛逆女性，她一生都在追求爱情和婚姻的幸福，却一次次陷入人生的泥沼，以致她在临终前说："我一生最大的痛苦和不幸，都是因为我是个女人。"

很多人不太理解萧红和端木蕻良的结合，我想那是她在与萧军的生活中对自己的又一次救赎吧，就像当初要找个人带她离开呼兰河一样，哪怕这个人是汪殿甲——她需要找个人带她离开萧军，不管这个人是谁，哪怕这种关系并不可靠。

通过编辑《萧红文集》，研读萧红的作品和她生前好友的回忆文章，我进入了历史的隧道，深切地感受到了萧红的真实生活，感受到在那个凄风冷雨的社会，她所遭遇的一切。萧红的一生是如此孤独，她的灵魂是如此寂寞，覆盖她整个人生的寂寞无助，也使她的作品和文字呈现其特有的悲剧内涵和悲凉基调。

但无疑，萧红是那个时代最有才华的女作家之一，她的作品呈现出一种诗化的倾向。这种诗意的表达，诗性的小说，在抗战全面爆发以后就被隔断了，因此她的写作，在中国现代文学史上有着承上启下的意义。

她之前有沈从文，之后有汪曾祺，她是一位更接近文学本质的作家。遗憾的是，她的创作，还远没有被完整地还原和评价。被影视带动的"萧红热"，更多的是停留在情爱和传奇的层面上。当初萧红《生死场》出版时，前有鲁迅的序，后有胡风的后记；《呼兰河传》出版时，则得到了茅盾的褒扬。鲁迅曾预言，说创作上萧红超过丁玲，比丁玲超过冰心还要快一些。从文学品质上看，她比冰心有力度，比丁玲更纯粹，比张爱玲更温暖，更有悲悯的情怀。至于那些与她有情感交集的男作家，无论是萧军还是端木蕻良，萧红已然远远超越他们了。每读她的临死绝笔："我将与蓝天碧水永处，留得那半部'红楼'给别人写了。半生尽遭白眼冷遇……身先死，不甘，不甘"，我都有一种直抵心扉的疼痛，唯有竭尽全力，做好《萧红文集》的整理出版工作。

萧红的一生不断地在希望中毁灭，在毁灭中重生；她以飞蛾扑火的决绝扑向理想，扑向文学；她年仅31岁就客死他乡；她是文学的洛神，永远的萧红。

编辑《萧红文集》，对我而言，是一次令人感慨万千的编辑体验，在挖掘整理资料、编辑书稿的过程中，我和编者一起，努力拼接呈现有关萧红的历史影像。拂去时光的尘埃，我自己得以重新审视这个中国现代文学史上才女作家的生活和创作，第一次全面了解她独特的个性、出众的才华以及人生的悲剧；同时，我也希望通过我的编辑和努力，让读者更全面充分地了解真实完整的萧红，不仅是她文字的美，更是她人生的痛。

这或许，也是编辑工作莫大的意义之一。

　　编辑要有"野心"，要有以"编辑话语"进入文学史的勇气。20世纪80—90年代，是中国当代文学史上思潮最澎湃、形态最纷繁、名家最辈出的年代，"当代百家小说精品集成"正是在这样一种蓬勃开放的思想文化氛围中编辑出版的。

名家选名作，开卷阅百家

—— "当代百家小说精品集成"的选与编

1

20 世纪 80—90 年代，是中国社会蓬勃发展的年代。

首先，"80 年代"是一个迟来的命名。当经历者们用怀旧的口吻谈论它时，最留恋的还是它理想主义的精神指向和全民仰望星空的激情与浪漫。彼时国家刚刚恢复元气，国门也刚刚打开，外部世界和新鲜事物扑面而至，整个国家和人民都沉浸在一种变革的氛围中。哲学热、美学热、方法论热，主体性讨论、国民性批判，以顾城、舒婷作品为代表的朦胧诗，以《黄土地》为代表的第五代电影，改革文学、寻根文学、实验小说等等，共同营造出一种自由开放、昂扬向上的文化景观。

20 世纪 90 年代是一个复杂的文化转型期，也是各种文学思潮孕育、萌动、嬗变、碰撞的年代，它既延续了 80 年代以来的文学思潮，也有着新的涌动与勃发。东西方思潮的交汇，文学与世俗的复合，全球化和市场化语境，使90年代的中国文学呈现出空前的开放性和多元性。改革开放初期开始写作的作家：新写实主义的刘震云、池莉、方方，新历史主义的莫言、余华、苏童，私语叙事的鲁羊、林白、陈染，后现代主义的变体王朔、王小波，文化保守主义的陈忠实，等等，此时都先后进入创作的井喷期。而随着市场经济主体的确立，人们的价值观念、行为方式和文学立场也发生了变化。由于大众传媒的发达和生活节奏的加快，文学的人文主义精神价值被逐步淡化，文学日益边缘化和商品化，诉诸生活流和原生态的日常化叙事，注重文体实验的形式探索，包括文学的世俗化倾向，都与80年代有了明显的不同。女性主义思潮也开始出现，并很快以汹涌之势席卷文坛，这个我们在下面的章节中将有所涉及。

2

　　这是新中国历史上具有特别意义的二十年，也是新时期小说集中爆发、蓬勃发展的二十年，被人称为中国当代文学的"黄金时代"。一方面，历经浩劫的一批老作家如巴金、汪曾祺、林斤澜等人劫后重生，焕发写作的激情；另一方面，生机勃勃的新时代，百花齐放的新思潮，日新月异的新气象，改革开放的大氛围，激发起人们写作的欲望，一大批年轻作家脱颖而出，百花齐放，千帆竞发。文学创作尤其是小说创作，佳作迭出，流派纷呈，呈现出绚丽多彩的局面。在滚滚而来的大时代潮流中，中国的图书出版在1985年也达到了高峰，总印数是66亿册，为新中国成立以来最高水平。作为出版人，如何为这一时期的文坛，留下时代的印迹？如何以"编辑话语"，为文学史做出自己应有的贡献？反复思考之后，我萌发了编辑

一套荟萃这一时期优秀中短篇小说精品选本的念头，以展示这二十年间中国中短篇小说的创作成就，呈现新时期中短篇小说发展变化的轨迹。

以一家地方出版社编辑的一己之力，来完成这样一个宏大的工程，无疑是一件困难的事情。但作为编辑要有"野心"，要有以"编辑话语"进入文学史的勇气。凭着一份初生牛犊不怕虎的闯劲和对文学的热爱，我开始了频频前往北京的旅程。因为，一名职业编辑的经验告诉我，这样一个重大选题要真正实现，成为一套立得住、叫得响的丛书，需要一个有眼光、有学识的权威主编，需要一个对当代文学熟悉、对当代作家了解的专业编选团队。

而北京是全国文学创作和研究的中心与高地，是群英荟萃的地方。

我的目标首先是中国作家协会，这是当代中国最优秀作家汇聚云集的地方，其时作协主席是德高望重的巴金先生。因为我意识到，要想编辑一套高品质的当代中国文学丛书，必须得到最权威文学机构的支持，充分发掘中国作协系统最优质的作家资源。

在朋友、学长的支持下，几经辗转，我终于找到了当时在中国作家协会工作的张曰凯先生。张曰凯早年毕业于北京大学中文系，历任《人民文学》《小说选刊》编辑，其时在作协工作多年，熟悉文坛情况，有着广泛的人脉和丰富的作者资源；加上他本人是中国作家协会会员和中国当代文学研究会会员，创作发表了多篇中短篇小说，对当代文学也有着深入的观察和研究。这些，都使他成为我心目中这套丛书最合适的主编人选。

和张曰凯先生的交流格外顺畅，因为他本人一直对当代文学的发展现状非常关注，对我提出的编辑一套全面展示二十年间中短篇小说成就的丛书的编辑思路十分认可，几乎是第一次见面，我们就达成了合作的意向。之后，凭借着电话和通信，我们开始了编辑这套大型丛书的艰难历程。

面对浩如烟海的作品，如何披沙拣金，擢其精华，真正体现出新时期中短篇小说的文学成就、审美价值和历史地位，同时呈现其百花齐放、流派纷呈的整体风貌，是编选这套丛书首先需要面对的问题。文学鉴赏是一门学问，它考量的是选家的眼光和甄别的能力，要确保选本成为一流品质的版本，专业、权威、全面是编选的基础。通过和张曰凯先生反复商量，我们决定组织一个高品质的顾问委员会，集中更多专家学者的智慧，以期更好地完成对作家和篇目的甄选，以及后期的编辑工作。

很快，我们联系上了时任中国作协党组成员、书记处书记的陈昌本，著名作家李国文，著名评论家雷达，著名编辑家崔道怡等中国当代文学界一流学者名家，得到他们热情的支持。而让我们大喜过望的是，时任中国作协主席的巴金老人，对我们的编辑创意非常认同，欣然答应出任丛书的名誉顾问，这让我们在感动之余，也感受到了更多的责任和压力。

有了如此强大阵容的顾问委员会指导把关，我们对选本的品质，也因而充满了信心。

但真正做起来，过程还是艰难。整个编选工作历经了两年多的时间。在这期间，我配合张曰凯先生遍访上百位名家，搜罗数千本期刊，采集了上万件作品，才最终完成了选本书目初步的甄选编排。之后我们又广泛征求当代知名作家、评论家的意见，和顾问委员会的各位名家反复磋商，仔细推敲入选的作家和篇目。经过近600个日夜的辛苦努力，近100位学者名家的通力支持，我们十易其稿，才将入选书目确定下来。最后定稿的丛书命名为"当代百家小说精品集成"，分为六卷，选编了1977—1996年二十年间在小说创作领域卓有成就的110位作家的110篇作品。入选作家和篇目确定后，呈报巴金主席审阅，巴老对个别选目提出了调整意见，我们认真修改后经巴老再次确认，才最终定稿付印。

本着对历史负责、对作者负责、对读者负责的精神，所有参与选编者无不谨慎从事，费尽心血，以"精、新、全、准"为原则，以富于时代精神和推进小说艺术发展为标准，对同一时期的入选作者反复推敲，对同一作者的代表作品反复甄选，在"求精"的同时"求新"，做到选精集萃，拔优择善。往往是一个作家确定了，为了确认能代表其创作成就和独特风格的典型性作品，既考虑其成熟期的代表作，又兼顾其发展期的新作，又要历经无数次的审读、筛选、甄别和论证。其间，不仅要多方面征求作家、评论家、研究学者的意见，还要和入选作家本人反复沟通，因此整个编选过程耗时良久，推进缓慢，让我深深体会到打磨精品图书的万种艰辛。

然而正如李国文先生在总序中所言，这是一部付出一番心血的选本，因而也是"一部接近完善的选本，是无论对于读者，对于作者都称得上是负责的选本"。整套丛书囊括了当代文坛各种题材、各种风格的名篇佳作，集新时期百余位名家小说精品之大成，充分展示了 1977—1996 年二十年间，当代中国中短篇小说创作的成就和艺术发展演变的轨迹，实现了"给读者提供一个既精粹又全面的选本"的编辑目标。

3

作为新时期中短篇小说的精品荟萃，"当代百家小说精品集成"的选目标准首先是经典性，所以入选作品都曾在社会上产生过深远影响，在新时期文学史上有着独特的地位。如池莉的《烦恼人生》、刘震云的《一地鸡毛》、方方的《风景》等，皆为新时期文学新写实流派的开山之作；莫言的《红高粱》、苏童的《妻妾成群》、刘醒龙的《凤凰琴》、陈源斌的《万家诉讼》等，则因被搬上银屏，而成为广大读者熟悉和喜爱的作品。

其次是权威性。为此，对于所有入选作品，都反复咨询当代小说研究权威专家学者的意见，同时也征得众多作家的认同。经著名的作家、评论家、编辑家鼎力合作，整个选目定稿工作才最终完成。

再次是代表性。所选篇目强调具有流派、风格和个人特色，多为作家成名作或代表作，兼顾作家的近作、新作。与同类的出版物相比，展示文坛最新成果，也是这套丛书最大的特色之一。丛书对文学新生代给予了更多的关注，所选作品截至 1997 年初，陈染、韩东、刁斗、邱华栋等新锐作家的作品，以自由的心灵、新异的笔法、超前的意识和喧嚣的现代生活，给选本注入了新的元素、新的气息。

因为篇幅所限，每个作家只选一篇，因而许多佳作不能尽收，虽然有

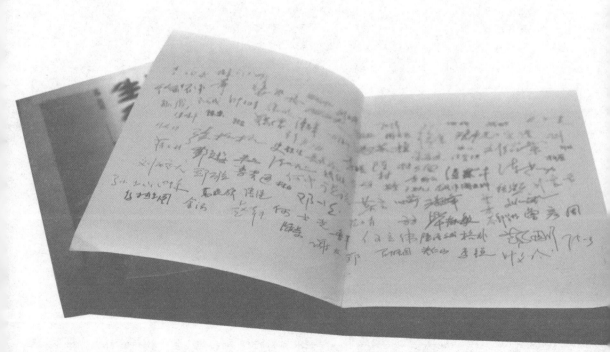

遗珠之憾，但也确保了丛书经典一流的品质。丛书分为六卷，近300万字，每卷以其中一篇小说的名字命名。为了体现本套丛书的史料价值和典藏意义，我提议在丛书扉页上展示百名作家的签名手迹，这一创意得到主编张曰凯先生的热烈响应和李国文先生的充分肯定。很快，我们就收集到了入选的百余位作家专门为本套丛书题写的签名手迹，这些或飘逸或敦厚，或蕴藉或奔放，散发着墨香的名家手迹，彰显着这些文学名家各自的性情风采，侧映其不同的精神气质，丰富了丛书的文化内涵和艺术雅趣。其中冰心、汪曾祺、刘绍棠等先生的手迹，成为这些文学大师留给文坛最后的印记，更给本套丛书增添了特别的意义。

功夫不负辛苦人，经过两年多的孜孜以求，不懈努力，1998年初，这套丛书选本定稿。李国文先生为丛书写了热情洋溢的序言，称赞丛书"选精集萃、全面准确"，囊括了二十年来在小说领域做出卓越贡献的当代最优秀作家的经典性作品，"在即将进入21世纪的今天，这部集百家精华的小说选本，可以看作是一个文学时代的小说大军的总检阅"。而在整个编选过程中，我们也得到入选的百余位作家的鼎力支持，他们不仅慨然签字认可自己的作品入选，而且积极支持手书签名，许多作家还寄来了专页签字。特别是巴金之子李晓先生，不仅慨然应许入选他的作品《继续操练》，还在编辑选目上给予我们许多指导；著名评论家李敬泽、阎延文等人也热情地为我们提供了许多候选篇目。这些，都让我们感奋不已。

正如李国文先生所言，在中国文学史上，从80年代初开始，截至90年代末的小说创作，是一个高峰突起的兴旺发达时期，"其势如万川归海，流派纷呈；其景如万舸争流，花团锦簇"。在编辑"当代百家小说精品集成"的过程中，作为本书的编辑和策划人，我也有幸全面系统地重温了新时期文学的缤纷绚丽，领略了各种风格流派的异彩纷呈，感受到了二十年间中国当代文学的辉煌繁盛，以及二十年间中国当代社会发展的波澜壮阔，这给了我职业生涯最丰富多彩的美好体验。

4

110 位作家的 110 篇作品，大体以艺术风格或流派分类。

《名士》卷选收了具有中国古典审美风格的作品。其中孙犁的《亡人逸事》、汪曾祺的《桥边小说三篇》、林斤澜的《溪鳗》、马峰的《结婚现场会》、刘绍棠的《黄花闺女池塘》等等，集中展示了一批劫后余生的

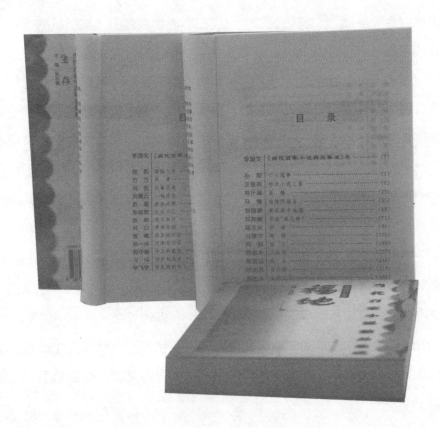

老作家的文学成就；而陆文夫的《围墙》、冯骥才的《神鞭》、阿城的《棋王》、陈昌本的《八仙图》、叶兆言的《追月楼》、陈建功的《放生》等，则是当时蜚声文坛的名篇佳作。这些文学大家以优雅从容的文字书写世事沧桑、人情冷暖，把读者带向广博深厚的艺术空间。苗长水的《染坊之子》、阿成的《良娼》、赵本夫的《绝唱》、吴若增的《翡翠烟嘴》、叶广岑的《本是同根生》、李锐的《厚土》、公衡的《市井琐闻》等，也都极具中国传统小说的风韵，代表了经历"假大空"的"文革叙事"之后，人们对真实人生和审美品格的追求。这一卷所收录的小说，从题材和叙事上，显然继承了中国古典小说的传统，这一传统经由宋元话本和明清小说而得以确定。从题材上说，它们多取材于市民阶层的日常生活；从主题上说，它们主要反映普通人的理想和愿望；而在叙事上，它们采用的是传统的经验化手法，在一定意义上代表了汉语小说的文化品格。

孙犁的《亡人逸事》也可以说是一篇散文，但很多选刊作为小说选载。主要叙述与亡妻生前如何认识、如何成亲以及婚姻生活中的点点滴滴，虽不是"十年生死两茫茫，不思量，自难忘"，却如小桥流水，委婉动人，在平淡的叙述中，给人以无限的心灵触动，是孙犁晚年最具代表性的作品。汪曾祺的小说有着强烈的散文化倾向，不重情节，不重故事，不直接描写人物的性格、心理，滤去了"浮躁凌厉"之气，恬淡、飘逸，娓娓道来。他的作品大多写故乡高邮的风土人情、市井生活，属于远离现实的早年记忆，氤氲着童年的温馨和世俗的欢愉，给我们带来截然不同的审美体验。汪氏既出，天下传诵，流风所至，撼动了整个文坛。阿城的小说在人物塑造、情节设置、叙事风格和语言运用等方面，都呈现出别具一格的艺术特色。他用一种近乎古汉语的语言，替代了日常化的口语，不但把汉语言运用得炉火纯青，在叙事风格上也与中国传统笔记小说一脉相承，而且营造出来的意境，特别恬静高远。中国元素、中国趣味、中国审美，是这一卷的总体特点。

展示现实生活，描写大时代个人经历、生存状态、命运遭际的小说，是新时期中国文学的主流，所以丛书用了《福地》《生存》《继续操练》三卷本，选收了在新时期文学创作中卓有成就的一批现实主义作家的作品。如王安忆的《本次列车终点》、邓刚的《迷人的海》、张承志的《辉煌的波马》、张抗抗的《非仇》、史铁生的《老屋手记》、范小青的《平凡的爱情》、谌容的《献上一束夜来香》、梁晓声的《母亲》、陈源斌的《万家诉讼》、刘醒龙的《凤凰琴》、朱苏进的《第三只眼》、尤凤伟的《生存》、徐怀中的《西线轶事》、贾平凹的《黑氏》、高晓声的《陈奂生上城》、蒋子龙的《拜年》、李国文的《危楼记事之八》、铁凝的《麦秸垛》、从维熙的《野浮萍》等等。这些作品在日常生活场景的描写中，展示了世事沧桑和人生巨变，更重要的是展示了作家鲜明的批判现实立场和理想主义情怀，显示出传统现实主义创作，仍然是新时期文学的主流。

然而我们仍然能够明显地感受到，传统现实主义在新时期小说中的变化，从封闭到开放，从单一到繁复，开始了它的自我超越。我们不仅能够从中听到遥远的五四启蒙主义的历史回响，清楚地看到极左思潮对人们精神的戕害，而且能够感受到人性觉醒的光芒。80年代中国文学界的现实主义创作，被很多史家看作是现实主义精神的回归。这种回归既有对十年"文革"创痛的揭示，也有对极左错误路线的反思；既有对现实社会各种矛盾的批判，也有对新时代美好生活的讴歌；有着强烈的批判现实色彩和理想主义光芒，显示了传统现实主义文学创作在新时期艰难的流变过程。

在《这里的天空》卷中，我们选收了在这一时期声名鹊起的新写实主义作家的作品。80年代后期，政治借助于现代传媒，有了自己的话语方

式和话语空间，文学承载政治所附加的非审美使命与功能被弱化。社会生活的变革，思想观念的自由，文学创新的内驱，都促使作家们开始有别于传统现实主义的创作，新写实主义应时而生，追求对现实生活的原生态还原，注重描写小人物的生存境况。1989 年，《钟山》与《上海文学》杂志共同推出"新写实小说大联展"，一批新写实小说作家以极精细的笔触，展示普通人的生活状态、生存际遇以及对生命的态度，让文学以平民化的身份和对生活原生态的再现姿态出现在大众视野中，在当时的文坛轰动一时。《这里的天空》卷收入了一系列新写实小说代表作家的代表作品，如池莉的《烦恼人生》、方方的《风景》、刘恒的《伏羲伏羲》、刘震云的《一地鸡毛》、苏童的《妻妾成群》、毕淑敏的《生生不已》、林白的《英雄丹娅》、邓一光的《父亲是个兵》、邱华栋的《手上的星光》、刁斗的《伪币制造者》等等，触及当代生活中种种令人焦灼困惑的话题、情感和事件，呈现了新时期文学史上一道独特绚丽的风景。而这些优秀的作家，在后来的中国文坛上大放异彩，声名日盛，以他们卓尔不群的才华和生动有力的作品，一次次给当代文坛带来惊喜和震撼。

池莉作为新写实主义的掌门人之一，她的《烦恼人生》被公认为新写实小说的开山之作。凭借自身的文化底蕴和对复杂人性的深刻理解，池莉立足大众市井生活，呈现普通人的"烦恼人生"，力求深入生活的底蕴，真实还原市民阶层的日常生存状况和精神状态，展现了对生活点滴细节惊人的观察与把握能力。池莉热衷于描写"烦恼"，也擅长表现"烦恼"，"烦恼"几乎成为她的一种风格，同时也成为新写实主义的一个标签。商品经济大潮带来的市民文化的勃兴，文学的趋于市场化、消费化，都为池莉小说提供了充分的土壤，而它强烈的世俗性，也很好地迎合了社会飞速变化之际人们急于抓住当下的心理和情绪。但池莉过多地认同市民生活的价值观念，而不太关注当代精神生活的提升，多年以后，评论家刘川鄂以《小市民、名作家——池莉论》为题，做了池莉小说专论，指出："她是一个市民型作家，不是一个启蒙型作家；是一个名作家，不是一个大作家。"池莉市民小说的贡献，在于对市井生活做了细致入微的描绘，她的作品题材趋新趋时，情节曲折离奇，细节琐碎平实，有着直击人心的力量，深受市民读者尤其是女性读者的喜爱。从《烦恼人生》开始，池莉在之后的岁月中笔耕不辍，以自己独特的风格保持着创作的活力，掀起了文坛长达十多年的"池莉热"。

新写实主义另外一位重要作家刘震云，以柴米油盐、老婆孩子等"一地鸡毛"的日常生活，构成小说叙事的主体，真实、琐屑、无助、无奈，表现了生活的困顿和烦恼，透露出情感和精神的疲惫。新写实小说最大的特点，是注重对日常生活原生态的展现，以生活的艰窘消磨政治理想。这是一个诗意日益崩溃的时代，人们在走向世俗的同时，越来越远离精神的世界。新写实小说的实践，显示出了在一个思想窘迫的时代，叙事主体的转变和审美视角的调整。

日后的刘震云，一直保持着对现实的敏感，以精细的笔触描摹日常生活中最真实、最深处的东西，并因为一系列作品先后被改编成电视剧或电影，而成为当代文坛最受欢迎的畅销书作家之一。

在《痕》卷中，收录了一批深受西方文学思潮影响的探索之作。如王蒙的《春之声》、徐星的《无主题变奏》、韩少功的《爸爸爸》、宗璞的《泥沼中的头颅》、莫言的《红高粱》、陈村的《一天》、洪峰的《瀚海》、刘心武的《白牙》、余华的《四月三日事件》、蒋子丹的《左手》、张贤亮的《无法苏醒》、格非的《傻瓜的诗篇》、残雪的《痕》、陈染的《沙漏街的卜语》、韩东的《反标》、阿来的《月光里的银匠》、朱文的《达马的语气》等等。这些极具先锋意味的作品，描绘现代人局促的处境、幽闭的情势和隔阂的心态，展示了现代派作家强烈的艺术个性和文本意识，是新时期小说最重要的收获之一。

文学的现代化从某种意义上说，是对西方文化的认同或接轨。新时期文学结束了以往一元发展的封闭状态，步入开放的多元发展阶段。在这样的背景下，当代文坛出现了深受象征主义、荒诞派、魔幻现实主义、黑色幽默、超现实主义、意识流等西方文化思潮影响的现代主义文学创作倾向。伴随着现代主义文学思潮的到来，统一的创作理念或手法没有了，文学创作的"主流"逐渐淡化和分化，一个多元繁茂的局面开始形成。一大批作家远离传统现实主义，尝试用西方现代主义的文学手法进行创作，动摇了传统小说的地位，涌现出王蒙、莫言、余华、韩少功、残雪等一批文学名家。它是恢宏的、浩荡的、引人注目的，但同时也带来了一定程度的喧嚣与嘈杂。莫言受到福克纳的启示，将"高密东北乡"写到了纸上，这使他的创作超越了一般乡土文学的狭隘性和局限性，达到了人的普遍性存在的高度。在莫言的小说中，很容易就发现西方现代主义文学的影响：意识流小说的内心独白、感觉印象、幻觉梦境、时空颠倒，魔幻现实主义的隐喻、象征、预言、神秘，荒诞派戏剧的夸张、变形，还有结构主义、感觉主义、象征主义等写作元素。在西方作家中，莫言最推崇威廉·福克纳和加西亚·马尔克斯，而在他的作品中，能够清楚地看到他们的影子。余华被誉为中国先锋派文学的代表性人物，在 20 世纪 80 年代，和徐星、格非、孙甘露等人的创作，合成一股先锋文学的潮流，其《活着》和《许三观卖血记》被认为是新时期文学中最具有影响力的作品之一。先锋派的余华在语言、结构、叙事等方面，为中国当代文学做出了特别的贡献，同时以他强烈的批判性和洞察力，显示了一个作家的人文关怀和人道主义。残雪以先锋派的

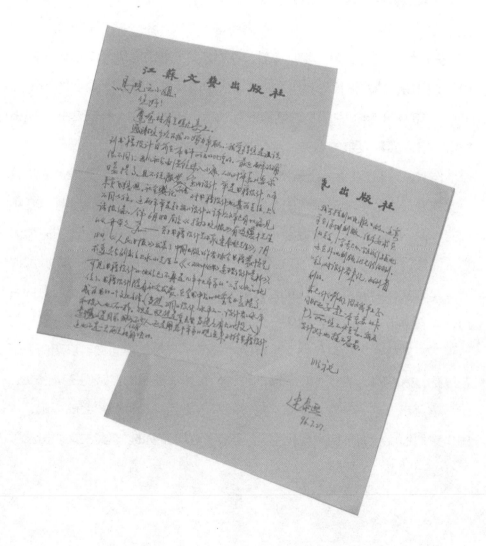

姿态走上文坛后，用她的小说展示了一个充满荒诞感、梦魇般的世界，呈现人物心理的阴郁、焦虑以及人性某种本质性的缺陷。本套丛书选收的《痕》被公认为残雪的代表性作品，从中可以窥见其独特的艺术气质与奇异的表述方式。残雪的作品颇具陀思妥耶夫斯基和卡夫卡的风格，充满变异的感觉和天马行空般的想象，梦呓一般，在对恶的正视和解剖中，表现出对善和美的向往，她亦被评论家认为是"当代中国最具先锋派气质的女作家"。

从 1977 年起，中国小说潮流此起彼伏，一波未平一波又起，呈现出异常丰富、异常复杂的态势，从而产生了各种各样的小说，涌现出一批又一批作家。这是 20 世纪经五四时期至 30 年代小说大变革、大发展之后，一次规模最大、影响最深远的小说蓬勃发展的时期，其中尤以 80—90 年代的小说为最，不仅纷繁复杂，而且迅猛多变。同时 80 年代比较清晰的小说潮流，到了 90 年代，又在倏忽之间被多元共生的小说形态，以及混沌共存的文化语境所替代。新时期文学的二十年，几乎是中国文坛对西方两百年文学历史的浓缩性模仿，尤其是东方大陆在后工业文明还未到来的前提下，超前进入后现代主义孕育期的模仿；蔚为大观的文学思潮使人眼花缭乱，应接不暇。在西方现代派的种种创作技法被中国作家们统统"试验"了一遍之后，这一浪潮才渐趋平复。随着市场经济和世俗社会的崛起，中国作家们很快就摒弃西方现代主义，迎来了更加强劲的"现实主义冲击波"。

5

"当代百家小说精品集成"以"精、新、全、准"四字方针为准则，如李国文先生所言，"以全面、准确为坐标"，"以讲究质量为己任"，是诸位选家"谨慎从事、未敢稍懈，付出一番心血的选本"。我希望通过这套丛书，对新时期小说的发生、发展、演变有一个大致的梳理，尽量做到一册在手，尽观二十年小说之汪洋、艺术之精妙。生活的节奏越来越快，网络的发展带来信息的繁杂，我希望通过"当代百家小说精品集成"的选编，为当代读者提供一个精粹全面的选本；同时又从文学史的角度，大致梳理出新时期小说从伤痕文学、反思文学、改革文学、文化寻根文学到新写实小说和先锋派小说的发展脉络，集中展示这一时期文学思潮在小说文本上的实践，使这个选本具备自己独特的版本价值和文学史意义。

"当代百家小说精品集成"六卷本于1998年9月出版后，获得了文化界、读书界的广泛好评，被称为研究新时期文学"一卷在手，纵览二十年小说之精华；百家集成，尽知二十年思潮之变化"的权威读本之一，并获得了多种国家图书奖励，这让我们的努力，获得了可喜的"酬劳"。

因为这套丛书的编辑，我也得以结识冯骥才、李国文、方方、刘醒龙、苏童等一大批优秀的当代文学名家，在后来的编辑生涯中得到了他们许多的帮助。冯骥才先生签赠的1996年版《一百个人的十年》一直是我珍爱的作品，因为这本书，我对口述实录的文体有了浓厚的兴趣。很多年后，我尝试编辑了一部口述实录体的有关农村税费改革题材的作品《一步跨过两千年》，也算是实现了做一本口述实录体图书的职业梦想。

唯一的遗憾是，当时我已经联系了著名的图书设计师速泰熙先生，约请他为这套丛书进行版式和封面设计，可惜因为种种原因，最终和这位当代书籍设计大师失之交臂。虽然最终这套丛书的封面和设计也获得多方好评，但在我的编辑生涯中，错过了与速泰熙先生的合作，终究觉得是莫大的憾事。

　　编辑公有版权的外国经典文学作品，一流的编选专家、原始版本和翻译作者，是成就其一流文化品位和文本价值的基础。

　　文本经典性、版本独有性、史料完整性，是《果戈理全集》的编辑目标，也是其能够从众多的选本中脱颖而出，具备传承价值和典藏意义的缘由之所在。

感受大师的风采

—— 外国经典阅读热与《果戈理全集》的出版

1

外国经典阅读热始于 20 世纪 80 年代，改革开放，国门打开，带来了外国文学译介和阅读的"井喷"现象。社会的变化发展带给人们喜悦和激动，也带来迷茫和困惑。人们渴望了解外面的世界，对西方现代社会充满憧憬，渴望借鉴西方的经验解决社会现代化发展中遇到的问题；同时，也开始重估人类文明成果的价值，渴望从中汲取力量，涵养心灵。阅读外国文学和文化作品成为当时大部分读者了解外部世界的丰富多彩、寻找现代文化精神最便捷的路径。

国门大开，西风浩荡，使西方哲学、文学、思想文化类图书备受读者的喜爱。思想解放，多年来被压抑的人性、被禁锢的精神一旦被放开，首先集中到了阅读上，形成了一个巨大的精神突破口。人们如饥似渴地探索着、了解着有关西方的一切，西方经典文学读物，作为人类历史长期沉淀下来并且经过时间检验的优质精神资源，也因此成为当时全民阅读的一大热点。那时在下班的路上，在许多人的自行车篮筐里，都能看见一本外国诗歌或小说。其时湖南人民出版社和岳麓书社出版的"走向世界丛书"、商务印书馆出版的"汉译世界学术名著丛书"等，都是非常庞大的书系，系统介绍西方社会生活和文化思想，引进西方先进理念，以呼应改革开放的大时代，成为中国新时期出版史上标杆性的著作，出版后引起文化界和读书界的巨大反响。

五四运动以来，中国历史上曾有过三次西方文学译介的高潮：五四时期是第一个高潮，新中国成立初期是第二个高潮，改革开放时期是第三个高潮。80 年代的外国文学译介已经开始建构不同于以往传统的新秩序，在这一秩序中，经典认定与评价标准，都从阶级或革命话语转向了对西方价值观念的认同、肯定和关注，显示出一种经典性、普及性、世界性的倾向。漓江出版社的"获诺贝尔文学奖作家丛书"、上海译文出版社的"外国文艺丛书"和"二十世纪外国文学丛书"、湖南人民出版社的"诗苑译林"以及那套被爱书人称为"网格本"的由人民文学出版社和上海译文出版社共同出版的"外国文学名著丛书"等等，都风靡一时。我们今天能够读到的人民文学版的《迪伦马特剧作选》《布莱希特剧作选》《屠格涅夫中短篇小说选》和《静静的顿河》，上海译文版的《梅特林克戏剧选》《喧哗与骚动》《陀思妥耶夫斯基中短篇小说选》，三联版的《梦的释义》《第三次浪潮》等等经典名著，绝大多数都是 80 年代的出版物，让我们不得不惊叹那一时期出版界的眼光与学识，更由衷地敬佩那一代出版人的胆量和气魄。

而那时的图书印数和销量也实在疯狂：上海文艺出版社的《外国现代派作品选》，1981 年首印 4 万册；漓江出版社的《爱的荒漠——莫里亚克小说选》，1983 年开机就是 9 万册；人民文学出版社的《席勒诗选》，1984 年首印 7 万多册，1990 年第三次印刷达 8 万多册；上海译文出版社的黑塞《荒野狼》《纳尔齐斯与歌尔德蒙》《在轮下》，首印都在 4 万册以上。后来出版界经常提到的"周国平的那本尼采"，即周国平翻译的《悲剧的诞生》，1986 年首版 5 万册，1987 年第二次印刷 10 万册。此外，海德格尔的《存在与时间》、萨特的《存在与虚无》印数也都是 10 万册以上。曾经主编出版了 80 年代标志性文化读本之一"当代西方学术文库"的甘阳，他所翻译的卡西尔的《人论》，是当年全国的头号畅销书，一年之内就印了 24 万册。

那是一个全民诗歌、全民文学、全民哲学的时代，也是一个全民阅读的时代，更是外国文学出版的黄金时代，至今每一念及，都心潮难平，感慨万端。

2

根据著名学者、文艺评论家钱中文先生的研究资料，果戈理的作品被介绍到中国来，是 20 世纪 20 年代初的事。中国最早注意到果戈理并对其有所评述的文字记录，见于鲁迅 1907 年所著《摩罗诗力说》。那时，鲁迅还在日本求学，在论述俄国文学时写道："19 世纪前叶，果有鄂戈理者起，以不可见之泪痕悲色，振其邦人……"鲁迅后来曾经在《我怎么做起小说来》里提到，在海外读书时，"记得当时最爱看的作者，是俄国的果戈理"。从翻译《鼻子》开始，到发表与果戈理作品同名的小说《狂人日记》，直至去世前译完《死魂灵》，鲁迅对果戈理的钟爱终生不渝。纵观鲁迅小说，其最突出的一点就是"冷静的力量"，而这也正是果戈理小说的审美特色。

　　果戈理作为 19 世纪批判现实主义代表作家之一， 我国最早翻译进来的多是他的后期作品。1920 年 7 月北京新中国杂志社出版的《俄罗斯名家小说》第一集，收录了耿济之译的《马车》，这可能是最早的中文本果戈理作品；之后，《京都副刊》上刊出了李秉之译的《结婚》；1926 年，出版了《外套》，译者是韦素园；20 年代出版的果戈理作品，还有 1921 年上海商务印书馆的贺启明译《巡按》(即《钦差大臣》)，这部剧很好地呼应了五四运动前夕， 中国文坛掀起的一股戏剧改革风潮。傅斯年曾说过："使得中国人有贯彻的觉悟， 总要借重戏剧的力量；所以旧戏不能不推翻， 新戏不能不创造。"胡适则呼吁"国内真懂得西洋文学的学者"，"共同选定若干种不可不译的第一流文学名著"，其中包括"三百种戏剧"，译来"做我们的模范"。20 年代初期，上海神州女校就曾排演过《钦差大臣》，这是中国舞台上首次出现果戈理的戏剧，以其切中时弊的思想内容、观众喜闻乐见的艺术形式，推动了上海的戏剧运动。当时，著名导演史东山先生还把《钦差大臣》改编为电影，更名为《狂欢之夜》，影片上映后，很受观众欢迎。

　　20 世纪三四十年代，是果戈理作品在中国集中出版的第二阶段。 这一时期，果戈理的主要作品，包括他早期的作品，全部被译成了中文。其中重要的中文译本有李秉之译《俄罗斯名著》第二集"果戈理专集"， 收了《维依》《鼻子》《二田主争吵的故事》《结婚》和《赌家》等；萧华清译《郭果尔短篇小说集》，收了《死灵》(即《死魂灵》) 第二章及《狂人日记 》《画像》《马车》等；鲁迅译《 死魂灵》第一部和第二部残稿；孟十还译《狄亢加近乡的夜》《密尔格拉得》；以及 1941 年文化生活出版社出版的耿济之译《巡按使及其他》等。

及至 20 世纪 50—70 年代，这二十年间，果戈理的主要作品都得以重新翻译或重新出版，译文的质量之高显然是之前所无法相比的，发行的数量之大也是前一个时期所难以想象的。同时，50 年代还出现过一个果戈理研究的高潮。据不完全统计，这一时期中国的报刊上，出现了近百篇评介果戈理的文章，就其数量而言，同一时期的俄国作家，只有托尔斯泰和高尔基能与之媲美。1952 年是果戈理逝世一百周年纪念，1959 年是果戈理诞生一百五十周年纪念，这显然是掀起"果戈理热"的两个重要契机。1952 年，鲁迅译的《死魂灵》由人民文学出版社重新出版，同时满涛译的《别林斯基选集》由时代出版社出版，其中包括大量论述果戈理的文章；1956 年，辛未艾译的《车尔尼雪夫斯基论文学》上卷《俄国文学果戈理时期概观》由新文艺出版社出版，洋洋 40 万字，蔚为大观。当时，别林斯基、车尔尼雪夫斯基是中国人最为信服的外国文艺批评家，这无疑强化了中国人对果戈理的重视感。1957 年，满涛译出《狄康卡近乡夜话》和《彼得堡的故事》，至此，果戈理的小说和戏剧，基本上都被译成了中文。

1983 年，满涛主译的《果戈理选集》三卷本由人民文学出版社出版，发行 10 余万册，可以说是对果戈理作品的又一次有力的普及。但之后，中国文坛很快进入了现代阶段，人们从久已见惯的现实主义文学中走出来，或惊奇或深情地瞩望云谲波诡的欧美现代主义文学，果戈理在中国，不再作为一面批判现实主义的旗帜受到格外的青睐。

3

　　策划《果戈理全集》的编辑出版，是在 20 世纪 90 年代中后期。虽然，在上一轮的外国文学出版热潮中，主要针对的是欧美现代主义文学作品，传统的俄罗斯文学并不是出版界关注的重点，但因为一直以来特殊的历史缘由，俄罗斯文学对中国文学和中国读者都影响巨大。自五四新文化运动开始，中国文学就一直受到俄罗斯文学的启迪和滋养，普希金、托尔斯泰、果戈理、契诃夫、屠格涅夫等俄罗斯文学大师的作品，中国读者都耳熟能详。早在新文化运动时期，俄罗斯文学就在革命潮流的推动下，席卷了整个中国。80 年代中国新时期文学之初，许多从"文革"浩劫中走出来的老作家，以及读着《钢铁是怎样炼成的》《青年近卫军》等苏联小说成长起来的中青年作家，最初受到的海外文化滋养，就是来自俄罗斯文学。因为两国在社会、文化、生活方面诸多的相似之处，中国读者对俄罗斯文学有一种天然的亲近感；而伴随着改革开放，中央电视台播放的《安娜·卡列尼娜》《办公室的故事》和《这里的黎明静悄悄》等苏联电影和电视剧，更是在中国掀起了一股俄罗斯文学的阅读和研究热潮。满涛译果戈理《小说戏剧选》，满涛、许庆道译果戈理《死魂灵》，齐蜀夫译冈察洛夫《奥勃洛摩夫》，草婴译莱蒙托夫《当代英雄》，丰子恺译屠格涅夫《猎人笔记》，丽尼、巴金译屠格涅夫《前夜》和《父与子》，岳麟译陀思妥耶夫斯基《罪与罚》，蒋路译车尔尼雪夫斯基《怎么办？》，周扬、谢素台译列夫·托尔斯泰《安娜·卡列尼娜》，草婴译列夫·托尔斯泰《复活》等名家译本相继出版，拥有了包括研究者在内的一批稳定的读者群。

　　1996 年，我所在的安徽文艺出版社，组织出版了汝龙先生所译的七卷本《契诃夫小说集》。这套丛书所收作品，依据的是汝龙先生 50 年代在上海平明出版社出版的平明版，被认为是迄今最好、"最为酣畅淋漓"的契诃夫中文译本。在中国文学翻译界，汝龙先生翻译的契诃夫作品，被公认最为传神地呈现了原著的精髓，而对于中国的文学爱好者来说，一提到契诃夫，就会自然而然想到汝龙。因此丛书出版后获得良好的市场声誉和社会影响，也成为许多契诃夫小说爱好者竞相收藏的珍品。

　　受《契诃夫小说集》出版成功的启迪和激励，我在想，能否通过有系统、成系列地策划出版俄罗斯文学大师的经典作品，打造一个俄罗斯文学名著系列出版品牌，通过集群出版，持续营销，使安徽文艺出版社成为一块俄罗斯文学名著出版的高地。这一想法得到社领导的充分认可和大力支持，在时任文艺社副总编的裴善明先生的带领下，我们开始了《果戈理全集》的策划和编辑工作。

之所以首先选择果戈理，一是因为他的作品所呈现的贴近生活、拷问灵魂、鞭挞鄙俗、弹劾腐败的独特力量，"着眼于平凡的生活而净化庸俗的性灵"的审美视野，以及其独特的"含泪的微笑"与幽默讽刺的艺术手法，契合中国现实主义文学的审美理想；二是源于 1999 年是果戈理一百九十周年诞辰这一时间节点。学生时代的我，就非常喜欢果戈理，读大学时，他的《外套》《钦差大臣》《死魂灵》《旧式地主》《伊凡·伊凡洛维奇和伊凡·尼基福洛维奇吵架的故事》曾给我留下了深刻的印象；后来留校在外国文学教研室，我还曾经从事过果戈理作品的教学与研究，对果戈理的创作和成就有一定的熟悉和了解。

作为 19 世纪俄罗斯现实主义文学最伟大的作家之一，果戈理以其作品开创了俄罗斯文学史上的"果戈理时代"，奠定了其批判现实主义的基石。他作品中所展现的对小人物生活的关注、"极度忠于生活"的现实主义精神、鲜明生动的典型形象和"笑中含泪"的讽刺手法，对世界文学尤其是中国文学，产生了持久而巨大的影响。如前所述，早在 20 世纪初，果戈理的作品就引起鲁迅的注意，在鲁迅的许多作品中，从其对旧制度弊端和国民性弱点的尖锐批判和无情讽刺，其笔下社会和人生浓郁的悲剧色彩，都能够看出果戈理的影响，甚至鲁迅的《狂人日记》，就是直接取用果戈理作品之名。80 年代至 90 年代初期，中国当代文学呈现出强烈的批判现实主义色彩，走出"文革"阴霾，沐浴改革阳光的人们，用一种锐利的眼光审视着现实和人生。那是一个充满人文主义、理想主义的时代，人们一方面憧憬着外面的世界，另一方面对现实生活感到不满；他们雄心勃勃，

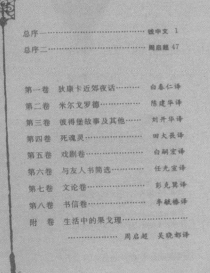

……的世界长些一些，司长出人意外地发给
卡·阿卡基耶维奇整整六十卢布，而不是四十或四十
……长预感到阿卡基·阿卡基耶维奇需要做一件外……
……意识地发给了这么些，反正这样一来，就多出了……
……情况加快了事情的进展，又饿了两三个月，阿……
……耶维奇真的攒下了大约八十个卢布。他那颗永……
……才剧烈地跳动起来。钱凑齐后的第一天他就和……
……到商店去了。他们买了一块非常好的呢子，而……
……格，因为半年前他们就开始琢磨这件事，很……
……没到各家商店去比较价格。据彼得罗维奇本……
……块呢料更好的了。至于衬里，他们挑了一块……
……块质地非常好的结实的细棉布，用彼得罗维……
……更耐好，外观上更好看，更光洁。他们没买……
……这了，他们挑了店铺里最好的一块猫皮。……
……一块衬应呢，彼得罗维奇……
……的质，它早就……

每个月他至少去彼得罗维奇家一次，跟裁缝谈
谈外套，询问最好在什么地方买呢料，买什么颜色
的，什么价格的。

渴望改变生活，规划更美好的未来。果戈理小说中的批判现实主义精神、讽刺艺术，契合其时的社会需求，对中国新时期现实主义以及新写实主义都产生了深刻影响，池莉的《烦恼人生》、方方的《风景》、刘震云的《一地鸡毛》等描写普通中国人生活和处境的作品，都或多或少受到果戈理艺术风格的影响。

　　但在当时，果戈理作品虽然不时有零星出版，但都未经过系统整理。三四十年代，鲁迅先生曾经有过要对果戈理遗产予以系统开发的宏愿，试图组译六卷本的《果戈理选集》，即《狄康卡近乡夜话》《密尔格拉得》《死魂灵》，以及短篇小说集、小品集、戏剧集，可惜最终未能如愿。1952年，果戈理逝世一百周年，联合国教科文组织将果戈理列为世界文化名人，但国内出版界没有对果戈理做深度开发，这不能不说是个遗憾，但也给1999年，果戈理一百九十周年诞辰，预留了一个绝好的时机。果戈理作为"俄罗斯这个国度上曾经孕育出来的最不平凡的诗人和小说家"（纳博科夫语），为世界文学艺术的发展提供过巨大的文化能量；如何对其进行更为系统、更为全面的梳理，让我国读者能够全方位地感受果戈理在小说、戏剧、散文、理论批评等诸多领域的卓越风采，弥补俄罗斯优秀文学经典开采中这一旷日持久的缺憾，是摆在中国出版人面前的一大课题，也是我们决定出版《果戈理全集》的初衷。

　　当然，因为果戈理作品进入公有版权期，近几十年来，各类译本层出不穷。如何对进入公有版权期的世界文学经典作品进行深度开发，编辑一套具备传承价值和典藏意义的中文版《果戈理全集》，使其成为果戈理作品研究者和爱好者案头必备的权威版本，在获得良好社会效益的同时，获得最大的经济效益，也是我们要考虑的问题。

4

文学经典的魅力就在于它的经典性、世界性、历史性。以这个标准衡量，果戈理的许多作品是跨越世界，不分国家和民族的，它可以穿越时空，在更广泛的人类概念上，引起东西方读者的共鸣，而且，即使是在今天，经历了改革开放和西方现代主义文学思潮，19 世纪的果戈理也仍然具有很强的现实意义。而这也正是文学经典的魅力，穿过岁月的隧道，那些经典作品所呈现的情感和人生，所传递的思想和内涵，让若干年后的我们仍然怦然心动，对我们的现实人生有所启迪和指引。

为此，我们将呈现文本经典性、版本独有性、史料完整性，定位为编辑《果戈理全集》的目标，并具体制定了"三个精选"的编辑原则，即"精选编者""精选版本""精选译者"。

首先是精选编者。编辑经典作品，首先考量的是选家的眼光，这将决定《果戈理全集》的品质。我们开始遍访俄罗斯文学研究领域一流的学者和专家。在中国社科院大楼一间堆满图书杂志的办公室里，裴善明老总带我拜见了中国第一位俄语文学博士、中国社科院外国文学研究所研究员周启超先生。我们的想法得到了周启超先生的积极响应，作为俄罗斯文学的研究者和挚爱者，他一直希望能对果戈理的艺术世界进行全面系统的开发，于是，欣然答应了承担这套丛书的主编工作。

这为确保《果戈理全集》的出版品质和文化品位，奠定了良好的基础。

原始版本的选择，是我们要解决的另一个问题。就外国文学作品引进和译介而言，原始母语版本的质量，在很大程度上决定了中文版本的质量，这需要专业的经验和眼光。周启超先生经过反复比较和研读，最终决定本次《果戈理全集》重译出版，采用由苏联国家出版社1986年出版的九卷本《果戈理全集》俄文原版。这是学术界公认的果戈理作品最全面系统的俄语版本，汇集了这个俄罗斯天才作家创作的全部精华，囊括了其小说、戏剧、散文、政论、文论、书信等不同文体的全部作品，既有其成名作《狄康卡近乡夜话》、揭示"庸俗人的庸俗"的《米尔戈罗德》、"从一个侧面表现整个俄罗斯"的《死魂灵》，又有以《钦差大臣》为代表的戏剧作品集《戏剧卷》，还有记录果戈理贯通文史哲，融诗文评点、艺术评论、美学思考为一体的评论文字的《文论卷》。《书信卷》则收入了果戈理生前书信130封，这是果戈理作品中最具争议的部分，但却真实地记录了果戈理创作中晚期思想的变化，特别是他的宗教思想演变的过程。附卷《生活中的果戈理》，是俄国作家魏列沙耶夫创作的一本有关果戈理的传记文学作品，从果戈理自述、其亲朋好友的回忆、研究者的评介三个角度，立体地展示了果戈理其人其作，给人以丰厚全面的感觉。苏联国家出版社的这个版本，吸收了近年来果戈理遗产发掘中的新发现和研究新成果，给《果戈理全集》在我国的翻译出版提供了许多新的资料和素材，如《文论卷》《书信卷》中许多文字都为国内首次出版，这些无疑更有利于中国读者了解果戈理生平和创作的整体性风貌。

与别的版本不同，这个原著俄文版本的每部作品还配有具备浓郁俄罗斯风味的铜版画插图，令人耳目一新，给读者以更丰富的艺术享受，增加了这套丛书的特别魅力。

对译者的选择也是一个极其繁复的工程。翻译常常被认为是赋予原著第二次生命，高质量的译者对原版图书的精准理解和完美翻译，不单单是呈现原版本的思想精髓和风格美感，更丰富了图书的艺术内涵，所以余光中认为："真有灵感的译文，像投胎重生的灵魂一般，令人觉得是一种'再创作'。"好的翻译，如朱生豪之于莎士比亚，傅雷之于巴尔扎克，草婴之于托尔斯泰，汝龙之于契诃夫，俱是锦上添花；糟糕的翻译，则会直接毁掉一部优秀作品。作为中国出版业第一次对果戈理作品的全面汇总和出版，如何以精准、精美的译文对其文学成就进行全面的呈现和完美的展示，最为传神地表达原著的精髓，是编辑这套全集的重中之重。在周启超先生的指导和协助下，我们遍访俄语翻译方面的一流专家，几经调研和商榷，最终选择了田大畏、白嗣宏、彭克巽、白春仁、刘开华、陈建华、李毓榛、任光宣、周启超、吴晓都这 10 位译者，组成了《果戈理全集》的优质翻译队伍。

　　10 位译者分别来自中国社科院、北京大学、北京外国语大学等权威专业单位，都是我国俄罗斯文学研究领域的一流学者专家，精通俄罗斯文学，具有丰富的翻译经验：田大畏先生是著名作家田汉之子，母亲安娥是著名作家和作曲家，曾留学苏联，其本人是著名俄语翻译家，不仅俄语水平高，而且非常熟悉俄国文化和社会生活，以翻译索尔仁尼琴《古拉格群岛》而闻名业内；白嗣宏先生是著名俄国文学、戏剧研究专家和翻译家，也曾在俄国长期生活，翻译有《列夫·托尔斯泰戏剧集》《阿尔布卓夫戏剧选》《万比洛夫戏剧集》及长篇小说《一年四季》《三伙伴》《浆果处处》等；彭克巽先生时任北京大学俄语语言文学系教授，是中国外国文学学会理事，常年从事俄罗斯文学及陀思妥耶夫斯基专题教学和研究；李毓榛先生则是北京大学俄语系主任、教授，同时也是中国俄罗斯文学学会理事、中国翻译工作者协会理事，译有《父与子》等；任光宣先生时为北京大学从事俄罗斯文学教学与研究的知名学者，翻译有大名鼎鼎的《安娜·卡列尼娜》；白春仁先生在北京外国语大学从事俄语专业教学和研究，兼长修辞学、诗学、文论、汉俄语文比较、口译、文学翻译等学科，译作有《巴赫金全集》等；陈建华先生就职于华东师范大学中文系，著译有《20 世纪中俄文学关系》《托尔斯泰传》《陌生人》等多种俄罗斯文学和理论作品；刘开华先生其时供职于人民文学出版社外国文学编辑室，译有《地下室手记》《克拉瓦奇卡》等；而这套丛书的主编周启超先生，也积极参与了全集的翻译工作。这些当代中国最优秀的俄罗斯文学研究学者和翻译家的加盟，增强了我们将《果戈理全集》打造成一套经典、权威、高品质译本的信心。

　　1996—1999 年，历时三年，经过 10 位学者、翻译家的辛苦努力和精雕细琢，《果戈理全集》得以翻译出版，一流的译者队伍，一如我们所期待的，确保了《果戈理全集》的出版品质。田大畏先生所译《死魂灵》，被公认为所有中译本中最忠实于原著，又"避免了原著行文略显冗长的弊端，使之更符合当代读者的口味"的经典译本，一经出版，立刻享誉业内外。白嗣宏所译《戏剧卷》、彭克巽所译《文论卷》、白春仁所译《狄康卡近郊夜话》、刘开华所译《彼得堡故事及其他》、陈建华所译《米尔戈罗德》，不仅忠实地传达了原著的精神风貌，展示了果戈理作品的文化意蕴和审美内涵，而且译文优美雅致，语言生动传神，属于精品中的精品。李毓榛所译《书信卷》，任光宣所译《与友人书简选》，周启超、吴晓都所译《生活中的果戈理》，作为首次翻译，难度极大，译成后皆成为果戈理研究的宝贵文献。这些优秀的翻译家不仅是语言翻译大师，而且都是俄罗斯文学资深研究者和著名学者，他们高超的专业水准和深厚的艺术修养，确保了《果戈理全集》成为"向生活于世纪之交文化转型历史转折时期中国读者整体展示果戈理艺术风采"的权威、经典、完整的文化读本。

5

在《果戈理全集》的编辑工作中，我们有幸遇到了主编周启超先生。这是一个对俄罗斯文学充满了挚爱的学者，具备严谨治学的精神和认真负责的态度。作为主编，在整个编辑过程中，他不但为我们约请了高品质的译者，精选了高品质的原著版本，还亲自承担了《生活中的果戈理》在中国的首次翻译工作。此外，他还为九卷本《果戈理全集》所选的每部作品，撰写了极其精辟的题解和说明，对每部作品的思想内涵、艺术价值、写作背景进行了深入的解读；同时，在每卷书的最后，周启超先生又根据所收作品的体裁，对果戈理在这一体裁上的艺术成就和贡献一一进行综述和评介。除了彭克巽《文论卷》、白春仁《狄康卡近郊夜话》卷末的总题解是译者所写外，周启超先生凭借自己对俄罗斯文学研究的深厚理论功底和学术能力，对果戈理的小说、戏剧、书信等作品的艺术特色和文学价值，均进行了深入而全面的个人化解读。这些评论、题解文字凝聚着其对果戈理研究的全部成果，有助于帮助读者理解果戈理创作艺术的博大精深，也因而成为这套丛书的一大亮点。在《总序二》和《果戈理生平与创作年表》中，周启超先生还对果戈理一生的创作成就进行了梳理和评论。这些精彩文字，既有对果戈理创作风貌的概述，也有对其不同阶段作品的精读，若将这些题解和评述文字单独提取出来，无异于又一部果戈理文学的研究专著。

为确保《果戈理全集》的学术品位和权威水准，周启超先生为我们约请了当代中国研究俄罗斯文学的著名学者钱中文、陈燊、张羽三位先生担任顾问委员。在《果戈理全集》首卷，钱中文先生撰写了长达 3 万字的总序，从"果戈理的创作与俄罗斯新文学的产生""怪诞现实主义""思想、宗教探索与焚稿悲剧""果戈理和中国"四个方面，对果戈理的身世经历、生活创作、性格形成、思想探索、艺术成就及其对中国文学和社会的巨大影响，做了全面而系统的评述，增添了《果戈理全集》的文史趣味和学术价值，为中国读者深刻地理解和了解果戈理，提供了极其丰富的资料。

我们还有幸请到了当代中国最优秀的书籍设计大师之一张守义先生承担《果戈理全集》的装帧设计，其简洁雅致、大气辽阔的设计风格，加上后期在印制工艺上的考究精致和力求高端，出版后获得了学界和读者的一致赞誉。

正是这些当代一流学者、编辑家、设计家的共同努力，使得中文版《果戈理全集》成为果戈理文学创作、思想和精神风貌得以全面、系统、完整

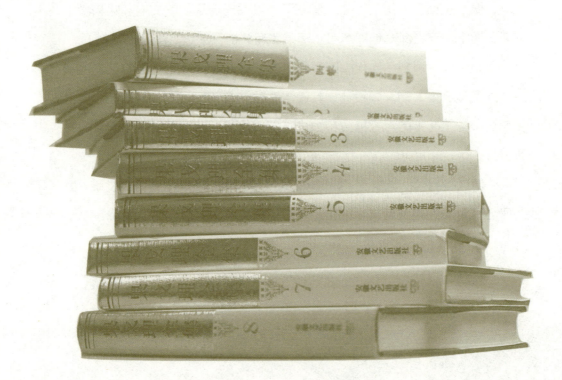

呈现的文本，具备了丰富的文化内涵、史料意义，以及特别的美学韵味和版本价值。

1999年6月，果戈理一百九十周年诞辰之际，经过编辑、译者、选家、设计师近三年的努力，九卷本近300万字的《果戈理全集》正式出版了。作为当时国内唯一全面展示俄罗斯现实主义大师果戈理小说、戏剧、书信、文论成就整体风貌的作品集，这套丛书的出版，既是对这个伟大作家的致敬，也弥补了中国出版业在世界优秀文学经典开采中的一个缺憾；同时，也因其经典、独有、完整的版本价值，从众多果戈理作品集中脱颖而出，成为全面展示和系统研究果戈理创作成就的最佳读本。

2001年，《果戈理全集》荣获了全国第五届优秀外国文学图书奖，这让我在辛劳编辑之余也收获了满满的成就感。

　　是被社会思潮所裹挟，也是对文化
转型的投入与响应，90 年代的女性文学
热，开启了一个商业出版的新时代。

　　如何跟进社会热点，把握市场需求，
策划既契合时尚，又具有内涵的大众文
化读物，是每个出版人需要面对的课题。
"都市女性话语"丛书的出版尝试，带
给我全新的编辑体验和感受。

裹挟与响应

女性文学热和"都市女性话语"丛书

1

中国文学进入 20 世纪 90 年代之后，评论界有所谓的"后新时期"之说，用以标识 90 年代文学与 80 年代文学的区别。女性主义文学就是在这一背景下产生，并最终形成一股强劲的女性文学热潮。

随着市场经济的发展和商业时代的到来，传统的文学理念迅速淡化与蜕变，文学的多元化和世俗化特征越来越明显。在 90 年代，人们已经很难找到文化和非文化的界限，文学不再具有轰动效应，不再负有启蒙的使命，而作家生存本身，也面临着巨大的考验。学术界普遍认为，"随着文化的分流和知识分子群体的分化，90 年代文学形成了主流意识形态文学、知识分子精英文学、大众通俗文学三分天下的局面"，而女性文学在大众通俗文学中风头最为强劲，最具有话题性，对出版理念的冲击也最大。

女性文学这一概念，是 20 世纪 80 年代从西方当代女性主义批评理论中引出的，而西方的女性文学，又与其60—70年代轰轰烈烈的女权主义运动有关。女性文学以话语颠覆和反抗男权文化，形成一股汹涌的社会思潮。中国文学在进入90年代以后，挣脱了政治的束缚，进入了个性化写作时期，女性作家开始大胆书写个人经验，包括情感、欲望和女性的身体，其中最具代表性的有林白、陈染、海男等等，以及更年轻一代被称作"美女作家"的卫慧和棉棉等。

此时的图书市场，已经充分地市场化和商业化，"美女经济"和文化消费成为一种现实，对传统文学界和出版业形成猛烈的冲击。90年代末期，面对社会的日新月异、市场的千变万化，中国的文化界弥漫着一种慌乱迷茫的情绪，尤其是文化、生活、艺术、资讯类的期刊纷纷改版，或追求时尚，或做大开本，或部分摒弃文化，或彻底改头换面。面对市场的压力，甚至连纯文学期刊也加入了改版的行列。著名的文学期刊《收获》，一改多年来以发表名家之作、作家名作为主的高端定位，辟出了一半的版面，重磅推出新生代女作家棉棉的长篇小说《糖》，以及通俗文学大师金庸的自传体散文《月云》，这被看作是中国纯文学走向世俗化的一大标志。人民文学出版社主办的《中华文学选刊》，也一改只刊发小说、散文、诗歌等纯文学、纯文体的做法，而把民谣、漫画、墙头标语等等，统统纳入选载的视野。当时在地方期刊中颇有影响的《湖南文学》，则不但将地域性刊名《湖南文学》，改为完全无地域标识的《母语》，还把组稿中心由长沙转移到北京，将目标对准从时尚族群中分化出来的都市"新新人类"，号称要做"国内第一本倾听新人类声音，展现新生活，再现新艺术的大众文化杂志"。《母语》的读者群，定位为年龄在16—25岁之间的年轻读者。在他们那里，余华、苏童、邱华栋等等，都已经太老太老了。《母语》设定的新概念财富、新概念生活、新概念艺术的三分法，也可以说是针对这一群体提出的办刊新概念。在社会栏目中，它关注的对象是 IT 行业的巨子如张朝阳、王志东；在生活栏目中，它展现的是都市"新新人类"摇滚一般的生活方式；在艺术栏目中，它报道的是电影人中的贾樟柯、张扬，音乐人中的张楚、张亚东等。当它以绝对另类的面孔进军京城的时候，在北京地铁站内的墙柱上，贴满了关于它的广告。《母语》偏重社会文化艺术，一期只刊发 1—2 篇小说，以至于许多人质疑它已经不再是一个文学刊物了。

如何面向市场、面向读者、面向变化着的文化环境，使当时的文学界普遍焦躁。创办了二十多年的传统大型文学期刊《百花洲》决定改版为单纯的女性文学专刊，并且在高举女性文学旗帜的当天，拉了一大帮著名的男性评论家去为美女作家们站台。在"女性文学暨《百花洲》改版恳谈会"上，雷达、陈俊涛、崔卫平、季红真、张抗抗等著名学者、评论家、作家纷纷慷慨陈词，纵谈女性文学的现在和未来。几乎所有人都认为，女性文学已经成了气候，即将掀起新的高潮了。

改版后的《百花洲》自称，"不做男性中心的玩偶，也不提倡女性霸权主义"，追求的是一种真正的人的平等的文学。栏目将只刊登女作家的小说和男性作家反映女性生活和女性命运的"且不含男权思想"的小说。说到底，它所采取的还是一种性别视角，或者说是一种商业策略。

所有这一切，都构成一种氛围和语境，将传统出版人的注意力，从纯文学领域，引向喧腾的女性文学。

而这一切，自然吸引了我的关注，让我萌发了跟进社会文化热点现象，编辑出版一套女性文学丛书的强烈念头。

2

此时，一批生于 20 世纪 60—70 年代被称作"新生代"的女作家，
成为各种急需卖点的纯文学期刊的新宠，像是一场风暴，迅速席卷了
出版界。几乎在我策划"都市女性话语"丛书的同时，青年评论家谢
友顺主编的一套"文学新人类"丛书悄然上市，立刻引起了文坛的震
动和媒体的热评。周洁茹、卫慧、金仁顺、朱文颖等一批 70 年代出
生的女作家以咄咄逼人之势闯入大众读者的视野，步伐迷乱而坚定。
她们的小说中充满了城市生活的符号和元素：酒吧、迪厅、摇滚、西餐、
染发、时尚杂志、繁华街市以及自由叛逆的情感状态等等。如同丛书
主编谢友顺所说：她们混乱，她们时尚，她们无所畏惧，她们最大的
资本，就是年轻。

谢友顺也是出生于 70 年代，中国文坛的"70 后"时代开始到来。

急剧推进的市场化进程，使经济指标成为考量图书选题的重要价值
尺度，出版人不得不思考，如何去应对这一局面。当然，在女性文学一
时风头无两之际，一个职业的出版人不可能对其熟视无睹，但也犹疑，
也顾虑，也徘徊。一方面，女性文学巨大的市场空间和它所带来的经济
效益，对出版形成巨大的吸引；另一方面，由于其时女性写作被定义为
"私语写作""欲望写作""身体写作"，社会对一些女性作家的种种
负面评价，又给传统出版人造成很大的道德压力和思想负担。

在这一选题的策划之初，我确实陷入了"两难"。

与出生于 50 年代的王安忆、铁凝、赵玫等女作家相比，许多新生代
女作家在写作中不再注重精神的丰富和发展，而更加放纵情感和欲望，

特别是热衷于对情爱关系的描写。在传统女作家的写作中，无论是王安忆的《小城之恋》《荒山之恋》，还是铁凝的《麦秸垛》《棉花垛》《大浴女》，大都是站在人性的立场上，强调的是"爱的权利"，凸显的是"人之大欲"的合理性，通过爱情描写把叙事视角转向女性自我的心灵深处；而一些新生代女作家，则是从女性立场出发，把"情爱书写"推向一种极端的自由状态，呈现出对以男权为中心的传统社会的一种颠覆和叛逆。

　　然而，深入的阅读也使我体会到，虽然个别新生代女作家写作中有着"极端的生活，颓废的精神"，虽然商业时代文化消费"博人眼球"的结果夸大了女性写作的"离经叛道"，但大部分新生代女作家还是把性别角度作为文学创作的切入点，以女性特有的敏锐细腻的笔触，抒发情感，思考人生。她们的文本中蕴藏着巨大的艺术创作的潜力，题材和表现手法也变得多种多样，女性的生命体验和欲望表达表现得比过去更为突出。尽管许多作家回避了重大题材，更多地从个体故事切入，但她们的小说也为我们提供了现代生活的另一面，其意义在于反抗既定的经验世界，把不为人知的隐秘世界展露出来；而且她们的文字极其感性，极具个性，看上去灿烂夺目。她们妥协的青春、挣扎的灵魂，她们的自我放逐和自我放纵，既是一代人的真实，也是一代人的生活。她们在作品中所展现的极度孤绝和强烈自恋，并不仅仅与享乐和消费有关，她们的文本同样并不仅仅是"个人性"的文化见证，也是一个时代的记录。

小说是一个民族的秘史，虽然新生代女性写作无法独立承担这样的重负，但她们的写作是大时代的"女性史"，以坦率的文字与私密的感受，展露了她们的喜怒哀乐。她们带有个人体温和印记的叙事，不断打破经验世界与想象世界的界限，以迥异于此前所有女性写作的文本，完成了对一个时代的"女性书写"，其价值和意义十分独特。

而更为重要的是，90 年代末期，文化转型是当务之急，需要更多的严肃出版人投身到社会的现实文化中去，以发展世俗的文化素养，引导培育积极的大众阅读市场。改革已经运行在中国社会的结构深处，出版人应该勇于突破，勇于探索。

3

中国文坛掀起的这股女性主义文学浪潮，引起了多家出版社的注意。在市场调研中我发现，当时已有不少家出版社，开始策划有关女性文学的选题。

其实早在 1995 年，第四届世界妇女大会在北京顺义召开之际，就有许多出版社把目光瞄准女性文学出版。以林白、陈染、徐坤、海男等为代表的女性作家，以不同于男性的情感体验和文学表达，卓然于文坛之上，以至多家出版社都在关注她们的作品。1995 年之后，"女性话题"处在一种越来越热的状态，在出版市场所占据的份额也越来越大。在女性文学出版一哄而上的局面下，如何既跟时代风尚，又不步人后尘，是选题策划首先需要面对的问题。

女性文学的创作浪潮，自身携带很充分的商业运营和文化消费的市场元素，关键是如何跟进市场热点、读者需求，策划出版具有丰富内涵和传播价值的优质图书，因此，作者和文本的选择非常重要。我随即开始了广泛的市场调研，发现女性文学中的小说资源，已经被多家出版社广泛开发甚至是争抢，我们作为一家内陆省份的出版社，无法像北京、上海、广州的出版社那样，拥有优质的作家资源，比较讨巧的办法，是策划出版一套新生代女性作家的散文丛书，避开选题同质化带来的重复和冲突，制造新的市场阅读热点。

方向既定，我随即迅速汇聚人脉资源，很快就通过业内的朋友，和当时声名鹊起的女作家林白、海男、张梅、杜丽、程鹥眉等建立了联系。这5 位女作家，她们的共同特征是，在新生代作家族群中，她们的创作更注重对女性情感生命的深刻体验，以及对女性精神内涵的深度呈现。因此，她们的作品也更具备人文精神和审美意味，表现出对现代社会中女性的尊严、价值、命运的维护、追求和关切。

在这 5 位女作家中，林白是资深作家，凭借《子弹穿过苹果》，在90 年代的文坛迅速建立起了自己的地位；海男则以大胆直率的表述成为当时文坛引人注目的另类；张梅、程鹥眉所展现的女性温婉气息和精致文风，得到的主要是女性读者的追捧；而杜丽虽然在当时还名不见经传，但

北京大学中文系毕业的她身上所散发的知识女性气息，对我具有特别的吸引力。若干年后，她编辑出版的许多"小众"且纯粹的文化图书，在业内和书界颇受好评，也间接证明了我对这个作家的判断。

与几位作家的交流和联系，最初是通过程鳌眉进行的，她那时在一家很有名的青年报社工作，和我一样是编辑身份，交流格外顺畅自然。当我告诉程鳌眉，自己想编一套反映当代女性情感状态及生活态度的散文丛书时，她非常赞同，并很快联系上了林白、海男等人。90年代的通讯，还不像今天这样方便，我们之间主要是通过电话和信件联系。我们天南海北，频繁交流。我把我的编辑思路，大致和她们沟通，表示主要想通过这套丛书，表达当代女性的理念和情绪，当然更重要的是，我强调了必须是原创新作。我们很快达成了初步的合作意向，之后的半年多时间里，我陆续收到几位作家寄来的书稿。这些稿件，正如她们之前所承诺的，70% 为首发新作。

　　我为丛书起名为"都市女性话语"，以凸显女性文学鲜明的个人化写作特色。

　　90 年代，图文本刚刚兴起，被认为是新潮的理念。为了展现都市女性时尚前卫的气质，我建议在文中穿插具有现代气息的大量插图，并请每个女作家在插图上配上各具风采的手写体文字，以增加文本的个性色彩和审美效果。通过林白，我们邀请了车厘子先生等现代派画家为本套丛书创作插图。其中车厘子先生的画风，清奇前卫，独具一格，尤其契合丛书想传递的时尚女性的潮流气息。另外，如何用别出心裁的封面设计和内文版式，来呈现这套丛书的女性气质和内涵，也是我重点关注的问题。为此，我特别约请了当时安徽大学出版社年轻的设计师孟献辉担任丛书的美术编辑，前期我看过他的设计，契合我对"都市女性话语"设计风格的想象。为了确保丛书设计理念的实施，我积极参与了装帧设计的全部流程。在进行封面设计和版式制作的日子里，我们加班加点，守在电脑前，进行了无数次的交流沟通，修改了无数份的设计方案。为了呈现女性文学纯粹的气质和优雅的情调，我们特别选用了哑光白色为封面基调，以女性的精美影像为主题，并以红与黑的色彩对比，凸显女性作家热烈的情感和追求。经过近一个月的沟通打磨，当最后的封面和版式效果呈现在电脑屏幕上时，我和美编几乎是一致通过。

　　编辑是一本书的灵魂塑造者，同样的书稿在不同的编辑手里，会焕发出不一样的光芒。在编辑"都市女性话语"丛书的过程中，我努力从多个方面打磨它的文本和形式，希望让它内容丰盈，装帧惊艳；而这套丛书最终的版式和封面，也是我编辑生涯中较为满意的一套。

4

　　"都市女性话语"丛书共有五册，分别为林白的《在幻想中爆破》、杜丽的《谁比谁活得更长》、海男的《请男人干杯》、张梅的《肚皮上的宝贝》和程鹥眉的《我的神秘之花》，以散文随笔的形式展示了当代都市女性的生活状态和情感追求。20世纪90年代，全球化浪潮席卷中国，面对日新月异的世界，刚刚从80年代理想主义和浪漫情怀中走出的人们，一时难以找回自信，社会上各种思潮涌动，弥漫着一种世纪末的迷茫。身处大时代的女性作家们，比常人更加敏锐地感受到了这些变化，正如林白在她的作品中所说："90年代，那是我缓慢地恢复生活感觉的十年，我身体的感觉一点点地从书本中浮出，我的皮肤开始苏醒，嗅觉和味蕾像花一样开放。"这些极具才华的女作家以敏感的触角和细腻的笔法，书写一代都市女性的怅惘、追求和期望，许多时候，甚至表现出一种叛逆和极端的情绪。特别是在对两性关系中女性地位和尊严的描述上，5位作家均流露出强烈的性别意识和女性主义。她们不仅追求男女平等，甚至追求超越男性。她们在作品中大胆地剖析社会，傲视男权的世界，嘲讽男人的平庸，毫无顾忌地表达自己的欲望，语气直率，言辞激烈。海南的《请男人干杯》、张梅的《肚皮上的宝贝》，痛快淋漓，直抒胸臆。林白的《在幻想中爆破》、程鹥眉的《我的神秘之花》则充溢着都市白领女性对自我生活的自得和欣赏：她们充满自信，特立独行；她们青春美丽，从不掩饰自己的魅力；她们依靠自己的能力，也能够独闯天下。而杜丽的《谁比谁活得更长》则以平实的笔触描写女性成长的点点滴滴，展示日常生活中的诗意，在平铺直叙中充满了打动人的力量。

在女性写作中，林白的作品极具个人风格。一方面，她前卫的姿态与叛逆的勇气，对男权文化构成一种挑战；另一方面，她张扬的反传统理念、反道德指向，也使自己迅速成为商业文化关注的焦点。林白的小说，多以女性为主角，她们大多异乎常人，敏感孤僻，行为怪诞，与社会格格不入。她们在男权社会中备受伤害，又在自我迷失中深陷恐惧。作为一名女性作家，林白把女性的感受和情感经验表达得淋漓尽致。她的小说叙事轻盈散漫，信马由缰，有时甚至不着边际，却能瞬间打开幽暗的记忆，飞越平庸的现实。这是一个风格奇异的作家，她在写作中所呈现的迷人姿态，开启了迥异于他人写作的"私语"写作模式，以细腻而出轨的笔致，勾勒出了复杂的个人情感世界。相较于她的小说，她的散文语言更加诗意，感知更加纤美，意识更加现代，更加恣意纵横，尽情挥洒。海男是当代最具争议的女性主义作家之一，虽然她出生在一个群山环绕的小县城，但闭塞的环境非但没有阻挡她情感和思想的飞扬，反而激发了她的艺术想象力，激发了她心灵流浪的风情。海男的文字，总是从让人意想不到的地方直插人心的深处，让人在疼痛中享受阅读的快感。杜丽的散文则是知识女性智慧的彰显，她用文字与自己的心灵对话，阐述自己对这个世界的看法。她在散文中显现出的内敛、超脱、智慧和冷峻，因为文字的细密和角度的迥异，而具有一种与众不同的光彩。

像所有的文学作品都是所处时代的镜子一样，90 年代文坛兴起的女性文学热，展示了那个时代女性生活和视野的变化、理念和情感的发展，同样，也彰显着社会和时代的进步。

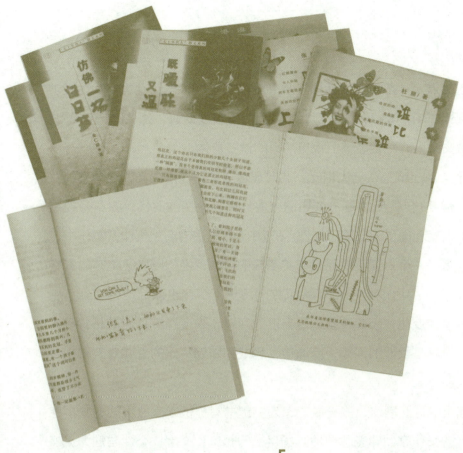

5

2000 年 9 月，"都市女性话语"丛书顺利出版，获得广泛的好评。受此鼓舞，我又把目光投注到那些比林白她们更年轻的女性作家身上，筹划再出版一套女性文学散文集。

这次我瞄准的，是"七十年代人"。

早在 1996 年，著名文学期刊《小说界》就推出了《七十年代以后》专栏，陆续推出朱文颖、魏微、戴来、周洁茹、金仁顺等一批生于 70 年代的女作家的作品，随即文坛刮起一股"七十年代人"文学热。一时间，"七十年代后""美女作家""个性化写作"等成为文坛热词，并迅疾蔓延为文化消费的热点。"都市女性话语"丛书的成功出版，也使我看到女性文学巨大的阅读市场，敏感地意识到，如果此时再跟进策划一套"七十年代人"女作家散文丛书，一定能够汇集更广泛的读者群体。

尽管与 20 世纪 80 年代相比，此时理想主义和浪漫主义的思潮已经开始消退，但 90 年代仍然是一个热情奔放、充满激情的时代，改革开放给社会和个人呈现出了无数的可能性。在 70 年代出生的新生代作家群体中，女性写作者是一个日显活跃而且审美多元的群体，她们以自己特有的青春和成长，见证了中国社会 80 年代以来的历史巨变，也深刻地感受到了生活本身的急速变化，因此希望通过自己的写作，表现经济高速增长背后人的问题，尤其是女性的问题，而城市，也成为她们写作的主要对象和主要场景。

大都市的灯红酒绿、流光溢彩，为城市书写提供了截然不同的叙事感觉，年轻的女作家们肆无忌惮地张扬自己的想象和文字、个性与魅力。盛可以、魏微、朱文颖、戴来、周洁茹、巫昂等一大批 70 年代女性作家，文学素养高，文体意识强，她们普遍受过比较好的文学训练，她们的超越性表现在，不需要再像先锋小说作家那样，为了叙事去刻意操练技巧，而是直接表达。她们以新鲜的理念、独特的才情、张扬的个性跃上文坛，与之前的王安忆、池莉、方方、林白、陈染等等统统不一样。她们关注新潮，关注时尚，关注物质的享乐，以及纸醉金迷中的伤口与疼痛；她们以优美精致的文字，描绘着所处时代都市新一代的生存和情感状态，她们自己就是游刃于现代大都市繁华中风情万种的新女性；她们把那样一种不加修饰的当代生活现场带到我们面前，展示了与她们的父兄大异其趣的"新新人类"的人生理念和写作态度，成为 20 世纪末文坛上一道让人无法忽视的风景。

联络当然还是靠电话和写信这种传统的方式，但好在从事编辑多年，业内的朋友方方面面都很熟悉，稍加交流，我就找到《小说界》杂志的编辑，并且很快就联系上了朱文颖。当时的朱文颖正在苏州一家著名纸媒工作，凭借《广场》《病人》《迷花园》《高跟鞋》等作品迅速成为"七十年代人"中最具人气的女作家之一。她的作品于激情妩媚中呈现一种内敛和节制，被当时评论界赞为"亦古亦今，古典的面貌呈现叛逆的质地"，具有一股"裹在旗袍里的杀气"。朱文颖不仅才气充沛、文笔精致，本人也形象出众、气质优雅，完全具备时下所要求的"七十年代人"美女作家的种种要素，所以这个人选一定下来，我就放了一大半心。尤其是看过她寄来的《我们的爱到哪里去了》《像天使一样飞翔》等样稿后，我立刻意识到她笔下那些"纯粹的、与人性有强烈关联的"事物，以及极具个人化体验的生活感受和表达，与我策划编辑的选题主题完全契合，不由得大喜过望。于是，

几通电话和几封信件交流后，我们很快就签了约稿合同。当然，这也是朱文颖的第一部散文随笔集。

　　作为"都市女性话语"丛书的延续，我希望通过这些作品呈现每一个时代的女性生活、情绪和理念，所以，与"都市女性话语"选收作家多为60年代生人不同，本套丛书所选收的作家，均为70年代出生的女作家，丛书也直接取名为"'七十年代人'散文系列"。在体例上，仍然沿袭了"都市女性话语"的风格，选收了5位女性作家的作品。除了朱文颖，我又辗转约请了魏微、戴来、赵波、金仁顺等4位女作家。由于一开始就把这套丛书定位为"七十年代人"首套代表性散文丛书，我选中的这几位年轻女作家，都是70年代作家群中极具代表性的人物；同时，选收的都是她们最新创作的散文随笔作品，其中，朱文颖、魏微、金仁顺的散文都是第一次结集出版，这使"'七十年代人'散文系列"具有了独特的出版价值。

　　当然，因为禀赋和个性不同，这些"七十年代人"女性作家的作品精彩纷呈，表现出相当的差异性。

朱文颖的作品，以极感性、精致的语言，描绘都市白领丽人的生活，展示那些生活在大都市写字楼里的职业女性"绮丽优雅"的人生。她们世故、慵散，一方面渴望"像天使一样的飞翔"，一方面又对世俗生活保持着"后退的姿态"，在琐碎的生活中常常透露出叛逆和不甘。魏微的作品更多地关注都市生活和人性暗处的艰涩和苍凉，无论对爱情、人生、社会，都有着刻骨的冷静和清醒。这种冷静远远走在了她年龄的前面，她笔下的人生常常是不确定、不明朗的，即使是面对爱情，也是躲躲闪闪、犹犹豫豫。对于都市生活的细枝末节和人情冷暖，她抓得很准，并且在处理它们时，表现出令人震惊的明智，如她自己所说："我庆幸自己从未天真过。"在和魏微充分交流沟通之后，我选用了书中一篇随笔的篇名，作为她的第一部散文随笔集的书名，叫作《既暧昧又温存》。这一书名，如魏微的文字一样标新立异，也在一定程度上代表了她的艺术特色。

选中戴来是因为读过她的《要么进来，要么出去》。戴来的作品大胆前卫，充满了极具张力的文字和富于冲击力的激情，展示的多是都市里那些衣着前卫、举止叛逆、观念新锐的女孩的生活。她们相信"恋爱是场剧烈的运动"，欣赏"我们的身体，我们自己"，喜欢"大汗淋漓、大声尖叫"的感觉，也有着"马不停蹄的忧伤"，憧憬着"既有意义又有意思"的生活。她们的青春五光十色，动力十足，却又目的不清，像一场气喘吁吁却又十分盲目的"狂奔"；她们的成长充满了问题，却是又美丽又激烈，让你倍感灼痛又深受诱惑。我为她的随笔集起名为《将日子折腾到底》。而在我的编辑手记里也第一次出现了"作女"的字样。多年以后，"作女"成为一个特有的形容性名词，"作女"的形象也在许多女性作家的笔下不断出现，成为某一类人物的代表。

　　同样生于 70 年代的赵波，中学时代就开始创作诗歌、散文和小说，她长时间地居住在上海和北京这两个中国最大的城市，过着这个时代白领女性所过的现代生活。她一边写作，一边开着玩具店和带画廊的酒吧，做着网上主持和时装品牌的形象代言人，时尚而另类。她的代表作品《情色物语》更是创下极高的网上点击率。赵波交给我的书稿起名为《青春如跳蚤》，从中可以看出她对张爱玲的喜欢。在这部书稿中，赵波更多地展示了都市中单身女性的处境。在喧嚣的都市中，独身的姿态意味着更多的自由自在、更多的浪漫邂逅，同时也意味着更大的困扰和压力、更难排遣的寂寞和孤独。她的坦率是"新新人类"的，大胆直白，这使得她有勇气拒绝做一个"有痛苦光芒"的女人，而渴望在最妖娆妩媚的年龄段，让"我爱的人来看我眼波流转"。赵波笔下的人生是活色生香、充满乐趣的，同时也是伤感无力、充满寂寞和欠缺的。而正是这一点，打动了许多年轻的都市女性读者。

　　同样在 1996 年文坛闪亮登场的金仁顺，在成名作《月光啊月光》中就展示了自己驾驭平凡市井生活的能力。《仿佛一场白日梦》是她的第一部随笔集，在这里，金仁顺不动声色地表达了她对人生的理解和领悟，关注着那些来自市井的声音。在貌似平和的文字中，金仁顺描写着小人物的"某种微笑"、30 岁女人的情与色、2000 年前后的爱情……在现代都市的浮光掠影中，她随意而直接地走进问题的核心。她宣称每一次爱情都"如一场病史"，病来如山倒，病去如抽丝，却又信奉着古龙的名言，认为"爱情就像高手过招，谁先动心，谁就满盘皆输"；她相信"爱人的皮肤纵使真是丝绸，整天贴在一起也难免皱起"，对爱情表现出一种深深的怀疑。许许多多本没有关联的片段，在金仁顺的随意摆弄下变得异常生动活泼起来，渗透着一种"细嚼慢咽的伤感"，显现出人生本来的质地。而她的浪漫，又是那么的克制，对世间百态表现出相当的理解和宽容。

　　尽管对于"七十年代人"的作品，评论界至今褒贬不一，但这些美丽而敏感的女性写作者，像其他所有时代的作家一样，用她们坦率而富有魅力的文字，记录了她们那一代人特有的情感和情绪，她们迷茫而又充满热望的人生。她们的表达难免有些颓废和暗淡，有着青春期的骚动与动荡，与寻常人生相距甚远，但却是那么直截了当，而且从不缺乏面对真实的勇气。她们以对当代都市生活惊人的直觉、细腻的体验、毫无顾忌的表述和极其感性的语言，使"'七十年代人'散文系列"具有了特殊的品质，那是属于20世纪都市新生代的魅力，带着蓬勃的力量，令人惊诧和惊喜。

6

在 20 世纪 90 年代文坛上，女性文学成为一道亮丽的风景线，有其深刻的历史背景。随着全球化时代的到来，城市化进程也在加快，真正的城市叙事由此出现，而金钱、美女等等代表了都市的因素，成为城市叙事的重头戏。从出生年代来看，如果说 50 年代的作家擅长写乡土，60 年代的作家勇于探索新的叙事模式，那么 70 年代的作家则更关注当代中国的城市化转型。他们是市场经济的受益者或受损者，但他们也是亲历者。尤其是女性作家，她们以女性的敏感，真实地描述了她们所处的时代，虽然良莠不齐，后期也有陷入快餐阅读和美女消费之嫌，但这一文学现象的出现，不仅引发了中国读者对女性和女性文学的关注，更开启了图书市场化操作、商业化运营的出版模式，激发了个体化文学创作的热情乃至激情。一批号称"美女作家"的写作者横空出世，标志着中国出版进入一个崭新的历史阶段。这些中国最早一批号称"美貌与才华并存"的女性写作者，大张旗鼓地在报纸、杂志、电台等一切可以利用的媒体上，大肆张扬自己的美貌和才华，博人眼球，引人注目，甚至大胆宣称"以身体写作"，用种种另类的方式，推开了文学商业化写作、市场化炒作的大门，打通了娱乐大众化的通道，实现了业界所说的"文学、市场、时尚的第一次亲密接触"；而媒体的参与和炒作，更是加快了文学与市场的融合，加快了文学商品化进程。这之后许多作家，开始像影视明星一样营销自己，他们走出书房，走向市场，包装自己，营销作品，作家明星化、学术娱乐化等种种现代文化消费现象，也渐渐为人们所司空见惯。

　　90 年代的女性文学热，开启了一个商业出版的新时代。如何跟进社会热点，把握市场需求，策划既契合时尚，又具有内涵的大众文化读物，是每个出版人需要面对的课题。作为一名编辑和这一过程的亲历者，我一方面近距离地感受到在社会转型发展时期出版所面临的种种挑战；另一方面，借助编辑出版这两套丛书，留存了这个时代女性的部分影像和记忆，展示了这个时代女性作家在文学上的表现和贡献。我想，这也是我编辑出版女性文学系列作品的意义所在。

　　同时，作为一名女性编辑，我本人天然地对女性文学和女性作者更为喜爱和关注。在二十多年职业生涯中，我编辑出版了近 60 位女性作家的作品，从现代文学史上的才女作家萧红，到当代名家池莉、方方和林白，乃至港台女作家简媜、苏伟贞等人的作品。我希望用自己的努力，为这些极具才华和个性的女性作家，在文学史上留下属于她们的记忆和光芒。唯一的遗憾，是因为种种原因，我错失了本省女作家闫红作品的编辑出版。那时，闫红刚刚出版她的《误读红楼》，我们同属一个小小的文学圈，常常在聚会中遇到，我一下子被她那独特的视角和清丽的文字所吸引。我们很快成为朋友，经常在一起谈文学。我敏感到她作品的市场畅销空间，所以很快约了她的两部稿件，分别是有关《诗经》和《古乐府》的解读和鉴赏。我申报了选题，甚至和闫红商量，给漫谈《诗经》起了个诗意盎然的书名：《荒烟蔓草的岁月》，那是一次偶然听到周杰伦的歌获得的启发。可惜，一切都因为我的岗位变化而半途而废。后来，这两个选题，成为其他出版社的畅销图书，而和我擦肩而过。

　　"布老虎丛书"和"金黎组合"，深刻地影响了我们这个行业，在市场化潮流汹涌而来时，传统出版业和传统出版人，都面临着艰难的选择。

　　与浩瀚的历史相比，个人总是渺小的，但当渺小的个体汇聚成改革的态势和力量，便成为群体意识转变的推动者和参与者——我为此而骄傲。

出版市场化的艰难选择

1

20 世纪 90 年代初期，相比经济社会的改革发展，突飞猛进，传统出版业走向市场的步伐略显迟缓。这固然是由出版业属于内容产业所决定的，但"事业单位"的属性，也使大部分出版社还习惯于在原来计划经济的氛围里按部就班。编辑据守在办公室里，埋头编辑个人喜爱的书稿，销售是发行部门的事情，渠道有全国统一的新华书店。市场策略、营销手段和读者需求，对很多身处内陆的地方出版社编辑来说，还是有点遥远的话题。

却不知"洞中方一日，世上已千年"。

不久，随着出版体制改革试点的开始，中国出版业市场化的步伐日益加快。体制改革带来了出版的繁荣和发展，也带动了出版通俗化、大众化和多元化。这一时期，各类出版物品种繁多，数量激增，极大丰富和满足了广大读者的精神生活和阅读需求。同时，由于市场竞争激烈，经营压力加重，经济效益一度成为图书出版的重要考核指标，加上纯文学日趋边缘化，文化消费市场空间巨大，特别是这一时期港台文化风靡内地，引发市场大众通俗读物的出版热，各类迎合读者阅读热点的快餐文化、娱乐读物盛行一时，有关都市生活、男女情爱、女性世界等大众通俗文化图书成为许多出版社争相出版的方向。商业出版的大潮固然极大满足了现代读者快节奏生活中快餐阅读、消遣阅读的需要，其中，也不乏跟风出版、迎合读者的媚俗和低俗读本，泛滥一时，甚至连一些优秀的文学名家也不能免俗。1993 年，在文坛上已经建立声名的贾平凹写作出版了他著名的《废都》，一时舆论大哗。《废都》在当时风靡一时，首印 50 万册销售一空，公开或半公开出版近 100 万册，被盗版图书量据说有 1200 万册左右。《废都》畅销盛况空前，收获了巨大经济效益，但也因此成为贾平凹最受业界诟病和争议的作品。

同时，民营文化机构、发行渠道也越来越活跃，市场上各类跟进社会热点、迎合大众口味的通俗畅销书纷至沓来。

在市场化的浪潮中，在咄咄逼人的物质刺激面前，我们的文学似乎也走向了欲望和功利。

说起这一切，许多人文学者和批评家，忧心忡忡。

同样，作为一家有着优秀人文传统的出版社的编辑，这一切也给我带来极大的困扰。

2

接着，互联网时代呼啸而来，整个社会日趋多元化和商业化，大众阅读、网络写作、粉丝经济等各种商业思潮风起云涌，交相呼应，冲击着中国的出版业。

明显地感受到来自市场的压力，是在 90 年代中期之后，作为一名地方出版社的编辑，我开始有一种强烈的紧迫感和危机感。本省的作家作品资源相对匮乏，而北京、上海等文化发达地区的名家书稿越来越难约请，不仅因为信息不畅，按传统标准开出的稿费太低，也在很大程度上制约了我们的发展。另一个强烈的感受是，辛辛苦苦编辑出来的图书，越来越难卖了。过去很多年，图书开机印刷的基本印数是 5000 册；而现在，一本书能不能首印 5000 册，成为选题论证会上需要反复论证的话题。

80 年代新华书店门庭若市、读者排队买书的盛况早已不见，图书已经从卖方市场转向买方市场，品种在增长，销量却在下降，网络阅读更是大肆掠夺纸质图书的读者群。出版社包括图书编辑需要面对的不仅是社会热点、大众需求、消费心理，还有发行渠道、营销手段等问题。传统的编辑模式正在发生变化，在选题策划之初，社领导就要求编辑去跑书店，搞调研，看什么类型的图书卖得好，什么方面的社会话题读者关注。发行部门同事的抱怨声越来越大，库存的书籍也越来越多；有的书根本就发不出去，有的虽然发到新华书店，转一圈又被退了回来。

是选择市场化，硬着头皮闯出一条生路，还是墨守成规，自生自灭？这是传统出版业面临的事关生死存亡的大问题。

那一时期，我和我的同事们，普遍地感到了焦虑和迷茫。

1998 年 5 月 18 日，全国最大的国有零售书店——北京图书大厦开业，很快就成为全国图书销售的风向标，每个月都会在橱窗上贴出当月图书销售排行榜。在销售大厅最显眼的位置，码放着各种造型的当月热销图书——那里面没有我所在出版社的图书。而我所在的出版社，曾经以出版《傅雷译文集》和《张爱玲文集》这样的经典畅销书而享誉业内，如今，却被这个时代抛在了后面。

但让我受到巨大冲击的还不仅是这些，而是北京图书大厦的读者依然很多，别的出版社的图书依然热销。当时地处东北辽宁的春风文艺出版社和地处华中湖北的长江文艺出版社，都是大众畅销书市场上的主力军，在我们还混沌迷茫、左右顾盼时，他们已经吹响了出版市场化的号角。

辽宁的春风文艺出版社，之前在业内一直默默无闻，却以一个出版人、一套丛书，迅速成为出版市场化的领跑者。

早在 1993 年底，在当时还名不见经传的安波舜的带领下，春风文艺

出版社陆续推出了洪峰、梁晓声、铁凝、张抗抗等当代著名作家系列丛书，大打名家牌、原创牌，并以剪贴画"布老虎"作为丛书标志。这是出版业第一次以商业商标的形式，对图书进行整体包装和营销，同时，还采取了广告宣发、征稿启事、注册商标等一系列声势浩大的宣传推广手段，许多方式在当时都是开出版营销之先河。一时各大媒体争相报道，成功吸引了全国广大读者的眼球。

"布老虎丛书"很快就成为一个热销品牌。凭借着"布老虎"的品牌优势，春风文艺出版社迅速会聚了当代几乎所有最具影响力的作家，先后出版了 30 多位当代名家的作品，几乎每本书都创造了销售 3 万—5 万册的惊人业绩，获得了良好的社会效益和经济效益，入选丛书的作家也都名声大振。

这是出版界第一次出现的"造星"运动。之后，春风文艺出版社又出版了"小布老虎丛书"，会聚了活跃在儿童文学界的知名作家孙幼君、秦文君、陈丹燕等，提出了专门为青少年读者"量身定制"的口号，成

功进军并迅速占领了儿童读物市场。他们大胆启用文学新人，出版了 17 岁文学写手许佳的《我爱阳光》。这部首次描写青少年面对应试教育和考试制度无奈而矛盾心境的作品，不但引发了后来韩寒、郭敬明、饶雪漫等一批校园作家的出现，也首创了以青少年写作和青少年阅读为基本特征的"青春写作"模式，使之成为一种文学和出版现象。"小布老虎丛书"得到了全国青少年读者的认可，发行量基本都在几十万册，再版率达到90% 以上。而在此基础上衍生的"布老虎散文""布老虎青春文学""布老虎丛书·随笔系列""布老虎丛书·中篇小说""红月亮丛书"及"小布老虎丛书·少儿长篇小说系列""小布老虎译丛名著系列""小布头丛书"等等，逐渐构成图书集群出版的整体优势，得到了出版业和广大读者的认同。而这套书的主编安波舜，也荣获了"中国畅销书出版第一人"的美誉。

若干年后，安波舜加盟长江文艺出版社北京图书中心，与金丽红、黎波组成"金三角"，策划出版的《狼图腾》发行 200 多万册，版权输出 30 多个语种，100 多个国家和地区，成为中国出版业超级畅销书之一。

3

任何一个时代，都有先行者。

如果说"布老虎丛书现象"给我提供了图书策划、品牌打造、商业运作等一系列新概念，那么金丽红和黎波的出现，则给我带来了策划人的理念。金、黎二人以强大的策划创意和营销能力，让自己成为畅销书的代名词，给我以极大的震动。

地处中国中部城市武汉的长江文艺出版社，时任社长周百义，曾成功地推出过《雍正皇帝》，还大胆出版了二月河的全套文集，仅这一个品种的图书码洋，据说就超过 2000 万元。2003 年初，周百义做了一个让业内同仁眼前一亮的大胆举措：在北京成立长江文艺出版社北京图书中心，聘任刚刚从华艺出版社退休的 55 岁的金丽红和时任华艺出版社发行科主任的黎波出任中心负责人，同时分别兼任长江文艺出版社副总编和副社长。

这是地方出版社第一次在北京设立图书出版中心，从此开启了中国出版界畅销书运作模式的"金黎时代"，长江文艺出版社北京图书中心也由此成为中国畅销书的发源高地。白岩松《痛并快乐着》、崔永元《不过如此》、余秋雨《行者无疆》、刘震云《手机》、冯小刚《我把青春献给你》、姜戎《狼图腾》等一大批畅销图书，经由长江文艺出版社北京图书中心，在图书市场创造了一个又一个销售几十万册甚至几百万册的奇迹，将中国出版的市场化推向新里程。

"布老虎丛书"的持续热销、北京图书中心的声势浩大、"金黎组合"的风生水起，这一切都让我们羡慕，也给我们造成压力，深感地域所限带来的信息闭塞、资源匮乏以及视野的狭隘。在时任社领导的支持下，我专程去了长江文艺出版社调研，了解他们选题策划、图书编辑的新理念、新做法，还去上海参加了新闻出版总署举办的"图书营销策划研修班"，去北京参加了清华大学组织的"畅销书策划与营销研修班"。而在人文气息浓郁的清华园，我第一次见到自己仰慕已久的金丽红老师。

至今还能够清晰地记起，那是一个初夏的早晨，教室里铺满金色的阳光。金丽红说起自己怎样拄着拐杖去崔永元家组稿，靠真诚和执著打动了小崔，从而约到了崔永元的书稿《不过如此》。当时有学员提问，怎么判断一本书能不能成为畅销书？她说，当一本书成为社会上人们议论的热点

话题时，它就成了畅销书。金丽红讲述了策划出版冯小刚《我把青春献给你》的成功案例：当这本书在全国各大报纸连载时，它几乎成了许多上班族每天必看的栏目和必谈的话题。金丽红说："听到这个消息，我知道这本书要大卖了，我要准备再版了。"她还用人的脸蛋和五官来比喻一本书封面的重要性。她说："一本书的封面就像一个人的脸，漂亮的脸蛋总能吸引人的眼球；而书名就像一个人的眼睛，是一个人脸上最能打动人的所在，所以书名一定要响亮精彩，让人过目不忘，一见钟情。"我也是第一次从她那里，知道图书封面为什么应该要有主题词。她说主题词就像人的嘴，要直奔主题，突出鲜明，以最动听的语言，推介自己。谈及做社会名人书，走"成功人士路线"，金丽红坦言，名人不是万能的，需要选择和筛选出那些有文化气息的作品，那些有持续成长性的名人，如崔永元、白岩松、冯小刚等等。她还说，一本书的生命力最终还是由其文化情怀和内涵决定的，这是内容产业最重要的特质。

这些见解既生动新颖，又极具指导性，让我听后很受启发，很受震撼。

按照金丽红的说法，制作畅销书是一个系统工程，包括前期的选题策划、编辑制作、印刷发行以及后期的宣传推广四个环节，环节之间毫厘之差将可能导致满盘皆输。这四个环节并不难掌握，关键是做好每一个细节，把出版每个环节上的畅销元素做好了，图书也就变成畅销书了。金丽红以《我把青春献给你》一书为例，她说，畅销书的书名是成功的一个关键点。在起书名这样的细节上，他们探索出了"作者主张、共同决定"的模式，即由作者起一个或者几个自己认为最好的书名，由作者、编辑、销售商共同来商量、决定。关于封面，则要用比较时尚新奇的工艺来吸引读者。版式设计也是他们用心用力的地方，比如在《我把青春献给你》文本中专门设计了妙语栏，版式活泼，阅读方便，标题也提炼得有时代感。在宣传发行上，则提前联系各地媒体，进行连载造势；市场反馈效果好，销售商也有了信心。把所有这些工作扎实地做好了，后期的市场就有了保证。因为，读者买书，很可能就是因为有新意的封面，很精彩的几段话，或者一串动人的标题，把他打动了，他就决定购买了。很多细小的元素，都可能成为图书畅销的决定因素，所以出版社绝对不可忽视每一个环节。

课间休息时，在走廊上，我兴奋地走上前去，请教金老师："在北京图书中心，选题会上谁最终决定一本图书的出版权？"她斩钉截铁地说："我。"那种自信和担当给我留下极其深刻的印象，很多年后，我还记得她说这句话时的神情。

"布老虎丛书"和"金黎组合"，深刻地影响了我们这个时代的出版业，深刻地影响了我。

4

　　同行的努力和成功，让我看到了出版在市场化进程中的诸多可能性，也大大拓展了我的视野和思路。同时，市场化对一个编辑的能力和职责，也提出了更高的要求。在最初的迷茫之后，我开始认真研究同行们的成功经验，学习他们的做法，并尝试把它们融入自己的编辑实践中。这期间，正是"小布老虎丛书"带动新生代作者崛起、青春文学蓬勃的时期，于是我想，能否编辑一套由新生代小说家创作，以"青春""校园"为写作主题，针对青少年读者的图书呢？

　　我开始了市场调研工作。

　　最初的调研是在我所在城市的中心书店进行的，主要是利用周末和周日的时间。我整日地待在新华书店，通过销售人员了解青春文学的市场销售情况，还制作、发放了许多读者问卷，多方了解读者的阅读兴趣点。我欣喜地发现，青春文学小说的市场远比我想象的广阔。虽然社会生活的开放多元和互联网的丰富多彩，分流了成年读者对纸质图书的关注，但却激发了年轻人参与社会生活、参与文学创作的热情；而新生代作家虽然笔法还不够成熟，但情感坦率真诚，容易引起同龄人的共鸣，特别是校园青春小说，更是以零距离追踪当代中学生的学习生活和成长轨迹，在青少年群体中拥有广泛的读者。

　　前期的市场调研，坚定了我的信心。

　　1998 年，全国首家从事图书市场零售数据跟踪服务的专业机构——北京开卷信息技术有限公司成立，专门为图书产业提供信息和咨询专业服务。通过它，可以了解国内各大书城的图书销售数据和动态。我迅速和开卷公司相关部门建立了联系，从中了解青春校园小说同类书的销售情况，获取了不少专业数据。两个月后，我撰写了洋洋洒洒的《关于校园青春小说市场现状简析》和《有关青春文学选题开发和出版的构想》等相关报告，借助于开卷公司的信息成果，综合自己的市场调研数据，重点分析了秦文君、曹文轩、郁秀、黄蓓佳等校园文学代表作家作品的市场影响力，以及杨红缨、韩寒、郭敬明、孙睿等新生代作家、青春派写手近年来在国内图书销售市场上的表现；同时，对当时几家著名的青春文学出版社，如海天出版社、春风文艺出版社、长江文艺出版社、接力出版社等推出的校园青春小说品牌，也一一做了剖析。我还特别对当时的"小布老虎丛书"，以及跟风热销的上海人民出版社的《我为歌狂》等青春时尚读物做了追踪调查，对青少年读者群体特有的阅读热情、购买能力，以及由他们追捧所形

成的青春小说的销售前景，进行了专门的分析。

通过一系列调研工作，我清楚地看到，校园青春小说虽然市场竞争激烈，但操作空间巨大。由于校园青春小说作者和读者特殊的"青春性"，其市场运作充满时尚感和潮流特质。从韩寒、郭敬明、孙睿、张悦然，到解燕燕、曾炜，从校园小说、成长小说，到奇幻小说、科幻小说、星座爱情小说，校园青春小说无论内容还是运作都变化迅速，呈现出"短、平、快"的特点。这既给校园青春读物以较大的操作空间，也给图书的生存时间、销售周期、再版概率带来一定的压力。基于以上分析，我在调研报告的最后，提出了有关校园青春小说策划出版的两项建议：一是分板块、分阶段开发，由易入难。先策划开发进入公有版权、市场成熟的常销书，如青少年必读世界经典名著、科普知识读物等，操作策略上采取"少而精"的方法，以4—6本的小丛书规模运作，进行适当的品牌、读者、市场份额等方面的积累，做到"以常销书培养精品书"。二是在做好常销书、低风险青少年读本的前提下，积极开发校园原创小说，尝试打造校园小说畅销书，形成自己的专有品牌，做到"以畅销书带动常销书"。

由于青春文学市场名家资源稀少，当时一流名家的作品基本上被春风文艺出版社所囊括，因此，我特别提出了"关注青春文学新生代青春写手"的编辑思路，建议重点发掘那些刚刚起步，但有潜力的未成名作家，重点打造包装，努力推出自己的作家和品牌。这样前期投入小，风险低，如果操作得当，将有可靠的效益前景。

几天后，我交上了自己编辑生涯中所做的第一份具有真正市场意义的选题策划论证书，这在当时我所在的出版社算是首创，因而得到社领导的高度认可。在他们的鼓励和支持下，我说做就做，一方面着手策划编辑科普读物"少年科学探秘丛书"；一方面开始在市场上寻找正在崛起的校园

青春小说新生代作家，以实现我的"常销书＋畅销书"的编辑设想。

很快，一套四卷本的《太空中的未解之谜》《地球上的神秘现象》《神奇的现代兵器》《探索古遗址的秘密》就编辑出版了。这也是我编辑的第一套青少年普及性文化读本，与我以往编辑的那些"文艺范"的纯文学作品完全不同，主要是面向青少年，介绍丰富多彩的科普知识，内容浅显有趣，作者多是科普杂志的编辑和学校的专业老师。丛书出版后获得青少年读者的极大欢迎，当年就实现了再版，这使我对开发市场图书与大众读本，有了格外的信心。而更大的收获是，在这一阶段的市场化努力和深入调研中，我发现了饶雪漫、伍美珍、胡坚等一批优秀的极具发展潜力的青春文学新生代作家，为我之后策划开发青春文学畅销书，以及一系列具备优质内容和传播能力的精品图书，奠定了良好的基础。

5

我是在 2001 年介入校园青春小说市场的，策划编辑了当时刚刚崭露头角的校园小说新生代作家、"花衣裳组合"饶雪漫、伍美珍等人的代表性作品《我不是你的冤家》《不必知道我是谁》《QQ 兄妹》《蝴蝶落在流泪手心》等。因为市场适应度高，读者定位准确，这些图书都多次再版，获得了良好的社会效益和经济效益。作者饶雪漫、伍美珍等后来也都成为当代文坛极具人气的畅销书作家。

这一时期的市场调研和实践，还给我带来了另外一个出版成果，就是"中国皇宫文化系列"的开发。这是跟进全民读史热的又一次市场尝试，下一章节会专门讲到。

　　出版市场化还带来了全程营销的理念，如金丽红所强调的，图书出版中的印制、设计、封面、书名、腰封广告词等等，一个细节都不能忽略。这使我彻底改变了以往编好书稿，往印制科一发了之的做法，开始积极参与封面设计、下厂印制等图书出版所有环节。在编辑"都市女性话语"丛书时，我全程参与了图书封面设计和内文装帧过程，并建议美术编辑参照女性时尚杂志和广告画，从中寻找灵感。在选取书名时我积极和作者沟通交流，力求达到金丽红所言的醒目炫目的效果：《在幻想中爆破》《我的神秘之花》《谁比谁活得更长》等等这些既女性化又文艺化的书名，都是我和作者反复商量的结果。而在策划编辑校园青春小说时，因为面向青少年读者，我和作者、美编多次磋商后，在封面和版式设计上，除了增加动

漫、网络等青少年喜爱的流行元素外，还印制了一些小书签、小卡片，放在书中附带赠送——这是受超市日化用品捆绑销售的启发。这些设计创意，因为迎合了校园女生的小情趣，居然促进了销售，获得了意外的效果。

随着出版市场化快速发展，对图书附加值的要求也越来越高。我一度还曾和作者探讨，尝试跟进开发一种摘录书中美文的笔记本，作为延伸产品，和图书一起捆绑销售，可惜这个创意因为种种原因，最终未能实现。后来，在一些大型书展上，我看到了同行们开发的名家名作的图书延伸产品，像笔记本、文具等等，与我的想法不谋而合。

市场化也改变了以往传统编辑埋头在办公室编稿、通过电话约稿的习惯，我开始更多地跑市场、跑书店，与读者、书店销售人员多方交流。在策划开发校园青春小说系列时，我还联系书店一线销售人员，组织召开了一个"出版社＋新华书店"联合选题论证会。在我们的选题论证会上，第一次出现了书城采购主管、柜台销售组长，他们带来了市场一线的信息，给我们的图书选题策划提供了许多良好思路和建设性意见。

6

出版市场化带来的另一个变化，是对营销宣传的重视。"布老虎丛书"的一系列营销手段，金丽红、黎波所制造的持续不断的市场热点，让我深刻认识到，在图书品种日益增多、市场营销日益活跃的出版环境中，一本书"不营销就会滞销"。"酒香不怕巷子深"，那是农耕文明、计划经济时代的老话，在市场竞争激烈的今天，已经完全不适用了。对于今天的图书来说，不宣传就失传，不营销就滞销，没有任何条件可讲。金丽红、黎波的北京图书中心，就专门设有媒体运营岗位，安排各种图书的宣传推广和媒体报道。借鉴他们的成熟经验，我开始尝试开展一些营销活动，并努力将营销的理念贯穿于选题策划、图书出版的全部过程之中。韩寒、郭敬明、张悦然都是从新概念作文大赛中脱颖而出的青春作家，《萌芽》推出他们的作品后好评如潮，春风文艺出版社、浙江文艺出版社借势推出一批"青春文学丛书"，取得了与杂志互动的良好效果；《我为歌狂》是与电视卡通片的联动；孙睿的《草样年华》则是因网上的连载而走红。利用电视、网络、杂志等媒体的影响力、覆盖面和传播速度，推动图书的宣传和销售，是当时校园青春小说运作的一个重要手段。借鉴同行们的成功经验，在策划青春校园小说系列时，我密切关注杂志、网络等媒体推出的新锐作家，尝试借助与相关媒体的互动，取得事半功倍的效果。比如饶雪漫、伍美珍、郁雨君等，她们是少年杂志的编辑或电台文艺栏目的主持人，本身就拥有自己的读者群，加上可以和电台、杂志互动，通过借势以造势，能够更加迅速地打造出版社自己的品牌图书和品牌作家。

对图书市场的预测，对出版周期的把握，对宣传切入点的建构，乃至整个营销造势的方式，往往是决定原创作品能否成为畅销图书的关键所在。所以几乎所有的畅销书，都与其丰富立体的营销运作方式密切相关。成功的营销可以使图书成为时尚阅读的领跑者；反之，即使一本品质良好的图书，也有可能被淹没在茫茫书海之中。因此在很多书稿编辑之际，我就围绕选题，持续开展一些营销宣传活动，并动笔撰写了不同形式的推介文章，依靠自己的人脉资源，在各类媒体上刊登宣传。彼时，安徽人民广播电台文艺频道有一个读书栏目颇受读者欢迎，也是从这个时候开始，我第一次走进电台的直播间，向收音机前的朋友，推介我自己编辑的图书。我和主持人梅兰，也从此成为好朋友，在后来很长一段时间里，梅兰都是我在开展图书营销推广活动时的特邀主持人。在新华书店签售现场，在广场、公园读书会上，我们开始尝试使用一系列图书营销手段，让读者知道我们的书，了解我们的书，喜欢并购买我们的书。也有读者因为读了我的文章，专门打电话到社里发行部门买书，这让我非常感动。通过这些努力，我们的图书推介活动渐渐做出了名声，做出了影响，以至我责编的图书发行后，新华书店的同志通常都把它码放在专柜显眼的位置，并把我的推介文章复印后张贴在旁边，引导读者阅读和购买。这让我感受到了营销的乐趣，品尝到了营销的甜头。

在后来的校园青春小说的营销中，我更是和作者饶雪漫一起，尝试了"校园讲座＋现场签售"的营销模式，频频与读者进行现场交流和互动。我陪同饶雪漫到中学校园，召开小读者见面会，做专题读书讲座，在现场签名售书，取得了良好的推广效果。我还利用这些年自己积累下的电视媒体资源，带着电视台文艺频道的记者编辑们专程前往镇江，为饶雪漫拍摄电视宣传片，积极宣传她的图书，打造其青春小说名家的形象；并为她在书店组织了多场图书签售会，在报纸、杂志上组织名家撰写了多篇宣传文章，助推她的图书冲刺相关行业奖项，提升其作品的市场美誉度、影响力和号召力，尝试打造"饶雪漫文学品牌"，努力探索一条出版市场化之路。

这些在今天看起来很是稀松平常的营销包装手段，在当时都是创新创意之举，我因此被认为是有市场眼光、有工作激情和拓展精神的优秀编辑，经常能够收获赞扬。我所编辑的饶雪漫、伍美珍等人的校园青春小说，也成为优质的畅销图书，获得了良好的市场口碑。不久后，我所在的安徽文艺出版社成立了市场部，负责开展全社图书的营销工作，我因此被抽调去筹建市场部并担任主任，从此离开我喜爱的编辑岗位，开始了专业的市场营销推广。我的日常工作也从一个策划编辑，转化为一个专门从事重点图书品牌包装、营销和推广的市场工作者。

在时任社领导的指导和同事们的支持下，我顺利完成了文艺社市场部的筹建工作，组建了文艺社市场营销队伍，尝试着通过报纸、杂志、电台、电视、网络、手机等，建构多元化的图书营销网络，形成立体化的营销模式。这之后，我和我的团队又组织了现场表演秀、图书纪念版签赠、多媒体课件演示、试读本派发、有奖征文等多种推广形式，宣传营销重点图书，使社里图书宣传做到"月月有声音，月月有图像"。随着网络阅读的兴起，我们又开拓了新媒体营销平台，积极利用网络社区、高校论坛、QQ 群、手机短信等多渠道发布宣传资讯，开发了电子试读本、配乐光盘、新书推介视频等新型宣传形式。出版市场化之路越走越宽广，越走越顺畅；而我

个人也得到了多方面的磨炼，建立了与作者、媒体、渠道、读者等多方面的联系，熟悉了编辑、出版、营销、发行各流程的业务，积累并提高了全面开展出版工作的能力和经验。

7

　　过去二十年经常被人视为出版市场化发展的黄金时代，这二十年，传统出版迅速走向市场，走向多元，走向新业态。

　　出版市场化的二十年间，造就了余秋雨、于丹、易中天、韩寒、郭敬明、饶雪漫等一大批畅销书作家，在你方唱罢我登场的热烈、喧嚣的氛围中，创造了很多超级畅销书奇迹。同时，在90年代初期，与市场经济伴生的实用主义、拜金主义、享乐主义也以空前的坦率，毫不遮掩地集合于一些文学创作和图书出版中。越来越多的作家进入了商业轨道，审美激情慢慢减退，代之而起的是一种商业激情。畅销书的大众化、娱乐化、快餐化、媚俗化及跟风出版、重复出版等，也制造了很多市场泡沫，引起人们的普遍忧虑。但随着出版市场的规范化，随着读者的成熟和理性，畅销书市场从持续高热慢慢走向理性，市场上开始热销《我们仨》这样有思想、有内涵、有生命温度的书籍。在文化商业化的初级阶段，文化产品的精神内涵呈现出部分下降的趋势，这应该被视为一种正常现象，也是一种规律。但慢慢地，它会一点一点上升，这就是市场的自我调节功能和自我完善能力。今天，中国的图书市场已经完全挣脱了最初的混乱，开始向着越来越健康的方向发展，这一点已经毋庸置疑。

　　2005年，我所在的出版社转企上市，进入出版集团。之后，中国出版市场化的进程突飞猛进，而我也跟随着时代大潮，步入一个崭新的历史时期。

与浩瀚的历史相比，与滚滚向前的大时代潮流相比，个人总是渺小的，但当渺小的个体汇聚成改革的态势和力量，便成为群体意识转变的推动者和参与者——作为出版走向市场化、改革创新发展的亲历者和见证者，我为此而骄傲。

　　中国是史学大国，构成读史热的要素十分充沛，但它同时也催生了巨大的出版泡沫。

　　90年代读史热的兴起，给了"中国皇宫文化系列"切入市场的契机，但历史读物消费的商业化、娱乐化，也使得许多历史类畅销书昙花一现，成为"快餐文化"的标本。如何在跟进社会热点、契合读者"读点"的同时，保持对历史的真实呈现，是对编辑的考验。

皇宫文化和读史热

——"中国皇宫文化系列"的编辑思路

1

　　20 世纪 90 年代读史热的兴起，应该说二月河的《雍正皇帝》起到了不可忽视的推动作用。1990 年，当时还是普通编辑的周百义慧眼识珠，二月河"帝王系列"之《雍正皇帝》，得以在长江文艺出版社出版。《雍正皇帝》以通俗的语言、跌宕的情节和独特的宫廷叙事，赢得了广大读者的喜爱和评论界的肯定，二月河也因此声名鹊起，以至家喻户晓。

　　这部作品的成功，周百义功不可没，也演绎了中国出版史上一段编辑和作家彼此成就的佳话。二月河因此成名，周百义也由一名普通编辑成为业内著名的出版家，并以此为开端，掀起了大众读史的热潮。当然，不可否认的是，电视剧《雍正王朝》的热播，带动了小说的畅销。

　　中国是史学大国，构成读史热的要素十分充沛，中国人对历史的兴趣一直很高。改革开放之初，民间阅读先是出现了文学热，进入 90 年代之后是经济学热、政论热，再接下来就是历史热。历史热是正常的，纵观海外图书市场，美、法、英、德、俄、日等出版大国，每年的畅销书，历史著述都占据很大的份额；而对于有着几千年灿烂文化传统的中华民族而言，悠久的历史、古老的文明，都给历史图书出版提供了丰沛的资源。特别是"文革"期间对历史的表述，简单地将其描绘成一部剥削史和阶级斗争史，许多历史人物都被脸谱化，贴上了阶级的标签，这也在某种程度上催化了改革开放后的读史热，所谓物极必反，人们渴望更理性客观地了解历史的真实面貌。同时，讲史、听史、读史历来是中国人的传统，历史故事从来都是中国人日常生活中娱乐消遣的一个重要组成部分，从曲艺到说唱，到戏剧、小说，概莫能外。在收音机盛行的 80 年代，刘兰芳的评书《岳飞传》、单田芳的评书《三侠五义》都曾经风靡一时，甚至出现了播出时间一到，街上的行人都站在电线杆下收听评书的奇异景观。其后，大众文化的兴起，出版的市场化，更推动了写史热和读史热的蓬勃。历史的书写不再是学者们的专利，不仅一批接受了欧美文化洗礼的史学研究者，尝试以一种更贴近真实、更贴近人性的角度，重新表述和解读历史，而且，一大批文化人和读书人，也尝试以一种更通俗的方式、更现代的眼光、更大众的口味，来分享他们对于历史的看法。1997 年，根据二月河历史小说改编的电视剧《雍正王朝》在央视黄金时段播出，一时好评如潮，将中国人的读史热，具体地推向了"帝王热"。

　　而这一切，都对出版人构成强烈的吸引和挑战。

2

跟进市场热点，出版界开始关注历史小说和各类读史题材图书的写作。而在市场调研中所看到的二月河小说的畅销盛况，以及读者对各类读史类图书的热捧，更是让我震撼。由此，我萌发了编辑一套大众通俗类中国历史读本的想法。

此时的图书出版，虽然或被动或主动，都基本完成了市场化的过程，历史类题材的读物也正在成为读者关注的热点，但仍未达到后来由《百家讲坛》阎崇年主讲"清十二帝疑案"、易中天主讲"品三国"时所引发的读史热度。我之所以把读史热具体到"皇宫热"，主要是受到《雍正王朝》热播的启发。高高的宫墙后面，那些生活在深宫里的帝王、后妃、太监、宫女，他们的日常生活、饮食起居是怎样的？在漫长寂寞的时光中，他们又是怎样打发时光的？那些与世隔绝的人们，那些宫闱深处的故事，无疑对读者构成强烈的吸引。但如何才能编辑出版一套有知识含量、有阅读趣味，既让读者喜闻乐见，又具有严肃历史态度和文化内涵的皇宫文化题材读本，是我需要思考和面对的问题。

其时的历史类图书出版，已经开始出现一种"帝王热"的病象。当然，这主要是民间一些非正式出版物，但对读者、对图书市场的冲击和戕害都很大。出于经济的目的，一些人热衷于"帝王将相""才子佳人"内容的图书出版，视界局限于宫廷、宫闱的腥风血雨之中。从"王朝""太子"到"帝国纵横"，从"格格""美人"到"后宫秘史"，一时泛滥成灾。它的危害不仅在于，昔日帝王嫔妃的隐秘生活，成为满足一些围观群众心理快适的精神鸦片，更值得忧虑的是，一些读者对于宫闱大幕下的权谋机变、尔虞我诈，以及无所不用其极的争权夺利的手段津津乐道，将古往今来的历史简化为权谋倾轧、野心勃勃的宫斗史，呈现出一种颇为低俗的文化现象。

所以必须和这一类读物区别开来，提升皇宫题材读本的文化内涵和审美品格。但要策划一个优质选题，选择作者是关键。选择什么样的作者，才能保证我们这套丛书"严肃的通俗性"呢？

朋友给我介绍的作者，是时任故宫博物院图书馆副研究员的向斯，那时他已经和人合作出版了多本有关宫廷文化的图书，是一位严肃的文化学者，而更重要的是，他的文笔具备一般学者所没有的生动活泼、通俗简约。

第一次见到向斯先生，是在他工作的寿宁宫。我们约在故宫的北门见面，向斯骑车带我进去，穿过高高宫墙之间幽深而逼仄的过道和回廊，来到他工作的寿宁宫。在殿宇之侧一间小小的办公室里，我们展开了话题。高墙后面的宫殿极其幽静，仿佛能听见空气中蝴蝶振翅的声音。向斯从武汉大学毕业后，来到故宫博物院图书馆，在这样的静寂中度过了十几年时光。他埋头于故宫博物院图书馆海量的藏书中，与古墙为邻，与古书为伴，与古人为友，自得其乐，潜心研读。这么多年来，他已经深深地爱上了故宫博物院，爱上了博大精深的中国历史文化，沉浸于那些尘封已久的历史人物和故事之中。这让他对皇宫文化的理解，也在逐步地加深。

中国拥有漫长的封建社会史，皇宫文化从某种程度上说，最能体现中国封建社会的内质和特色。皇权独尊是宫廷文化的灵魂与核心，宫廷文化在社会文化中也最有统摄地位。皇宫完备的礼仪制度、皇位传续制度、日常生活方式以及宫廷中的艺术宝藏，都为外界所不熟悉，也值得深入研究。宫廷文化还指向一种文化氛围，比如举世闻名的法国宫廷文化，就带动了整个社会的文化风尚，对法国社会乃至整个欧洲影响至深；同样，中国古代的宫廷文化，也包含了其时社会的政治、经济、文化、习俗等方方面面的信息，对了解和研究中国封建社会的内涵和历史具有重要作用。

我至今记得，那个寒冷的下午，向斯骑车带我穿过长长的故宫夹道时荒凉的感觉。深宫的肃穆和寂静，给人以阴郁的气息。那些常年生活在这里的人们，如何度过他们漫长的一生？他们拥有怎样的清晨与黄昏？如何面对每天的日出与日落？这些都让我着迷和好奇。能否围绕皇宫中帝王后妃的日常生活状态编辑一套纪实类的图书呢？我的想法与向斯一拍即合，他说他也一直期待有一天，把自己所感受到的皇宫生活，所了解的宫廷文化分享给大众，揭去深宫神秘的面纱，呈现那些被历史尘埃遮蔽的人物和故事。交谈中，向斯不时感慨："有时候，寒风呼啸而过，我仿佛能听到宫女们凄切的叹息；在阴雨连绵的黄昏，恍然中仿佛能看到那些在深宫中荒废终身的嫔妃孤独的身影。"他指着窗外的高墙说，"你看，这里就是被废弃的皇后们居住的地方，多么孤寂荒凉。"

我们几乎在第一次见面就进入选题的操作阶段，开始具体商量如何去编辑整理中国皇宫文化，从哪个角度，以哪种方式把它呈现给读者。

3

在后来的日子里，我和向斯开始了频繁的通信和交流，具体商议丛书的编辑方向和内容框架。

首先，我们确定了这套丛书的编辑思路和内容架构：以皇宫生活纪实的形式跟进市场热点，在强调阅读趣味的同时，努力保持对历史真实的呈现。丛书拟分为四册，分别以帝王生活纪实、后妃生活纪实、侍卫生活纪实、游乐生活纪实为主题，展示中国古代皇宫隐秘的日常生活、游乐百态。

其次，我们确定了这套丛书的读者对象和叙事方式：面向喜欢中国历史文化和亲近故事传统的普通读者大众，而非专业的研究者。针对这一目标群体，我建议向斯以通俗化的故事体叙事，细节性地呈现宫禁生活内情，力图做到，既真实地呈现历史的本来面目，从历史典籍中寻找源头，使所讲述的历史故事无一处无出处，无一处无来历，同时，又要用当代读者能够适应、能够接受的现代话语来表达。最好是用一个个引人入胜的小故事，使全书呈现出通俗易懂、趣味盎然的风格，把高深的历史文化，打造成老百姓喜闻乐见的通俗读本。

向斯对我的建议深以为然。他表示，他也一直在探索大众化史学的路径，希望以一种通俗的形式，让更多的读者分享他这十几年来，在故宫中所感受到的中国宫廷文化纷繁驳杂而又深厚瑰丽的内容。

此后不久，向斯就寄来了他的写作大纲。正如我所期待的，那是一份简明扼要但很精彩的提纲，光看小标题就引人入胜，比如"生在帝王家""谁主东宫""皇室婚姻生活""弱主和强奴""问鼎后妃宝座""宫廷娱乐和雅好"等等。这些都是读者好奇和关注的话题，而作者的故宫研究者身份，可以保证文本的真实性和严肃性。与当时社会上流传的一些粗制滥造、道听途说，以猎奇、猎艳哗众取宠的宫廷文化出版物不同，向斯的文本，所出皆有史料依据，来自他多年挖掘研究的结果，在情节生动中保持了历史原来的真实风貌。

向斯的提纲和样稿，给了我极大的信心。之后，我们又反复商榷讨论，最终确定了丛书整体内容板块：大致以时间朝代为序，围绕帝王生活、后妃生活、侍卫生活、游乐生活这四大主题，分别选择和主题有关的重要历史人物和重大历史事件，展示中国古代皇宫深处帝王、后妃的家事内政，他们的饮食起居、宫闱礼仪、宠幸习俗、教养册立、养宦制度、服饰器用、娱乐休闲等等。自然，其中会涉及皇室内部发生的那些血腥险恶的皇位之争，以及后宫佳丽们演绎的种种凄婉哀伤的人生际遇。不过，这些最能吸引读者眼球的内容，并不是我们的重点，我们希望这套以"中国皇宫文化"命名的丛书雅俗共赏，兼具专业性和纪实性、故事性和趣味性，而不单纯地以"宫闱秘辛"取悦于读者大众。

内容框架定下来后，对作者向斯来说，是辛苦的撰稿过程；于编者我来说，是漫长的等待过程。这期间，我们一直保持着频繁的通信，不断交流书稿走向，不断调整书稿内容。终于，在1999年底，我们约定交稿的最后期限，我拿到了向斯寄来的四卷本"中国皇宫文化系列"书稿。

同时寄来的，还有向斯为这套丛书写的《自序》，他在文中写道："十几年前，我拟写一部总括宫廷文化的书，做了长时间的大量准备，现在看来，宫廷文化是一项可能需要我用一生时间才能完成的工程，因为越挖掘里面的东西就越多越复杂。在后来的近十年中，我开始小心地写一些具象的、方面性的东西，用积累的方式完成这个工程。""中国皇宫文化系列"可以说是他这一想法的实践。"十年很短暂，"向斯感叹道，"对于中国宫廷文化，我似乎陶醉于对它的探寻过程，而不想急于做出结论性的东西。"因此关于本套丛书，"可以称为纪实系列，因为其中绝没有虚构的成分。我愿意读者和我一起分享中国皇宫的绚丽的内容"。

如我们最初的约定，全套丛书分为四个部分，即《宫禁帝王生活纪实》《宫禁后妃生活纪实》《宫禁侍卫生活纪实》《宫禁游乐生活纪实》。

完成后的书稿，以一种纪实体的形式呈现，所述内容皆为历史真实事件，但以文学笔法呈现。全书故事委婉曲折，语言通俗生动。比如，《宫禁帝王生活纪实》中，在综述中国古代帝王教养生活习俗之际，穿插了许多生动典型的历史人物和历史事件，展示了在深宫高墙内，中国的帝王所拥有的神秘而奢华的生活，以及他们的个性是怎样在一种极其放纵又极其拘束的氛围中奇特地发展着，进而影响着一个王朝，乃至整个民族的生存和发展。当写到帝王乳母在深宫中所扮演的特殊角色时，作者插入了东方朔献计，帮助汉武帝乳母获得汉武帝赦免罪责的故事，以及汉安帝乳母借势参与朝政、称霸一时的事件，展示了帝王与乳母难以割舍的情感关系，以及由此带来的福祸荣辱。在《宫禁后妃生活纪实》中，以许多历史上真实发生的故事，讲述在通往后妃宝座漫长而艰难的道路上，深宫佳丽们所感受的世态炎凉和人生险恶，展读之际常常让人感慨万千。《宫禁侍卫生

活纪实》中则记录了中国皇宫中的宦官、侍卫的生活状态，通过一个个历史案例，描述了这一特殊群体在皇宫高墙内所发挥的特殊作用。他们静谧而神秘地履行着保卫和服务皇室的职责，参与着朝廷的许多重大事件和几乎所有的宫廷政变。他们的生活鲜为人知，如果他们的身影出现在历史的舞台上，那一定是一个腥风血雨、皇权更迭的非常时刻。而《宫禁游乐生活纪实》，则用许多历史逸闻，描述在繁忙的政务之余，中国古代帝王是怎样竭尽心思，享受人间之乐。这些生动有趣的故事倍增了阅读的吸引力。

特别值得一提的是，全书每个章节，都模仿中国传统小说的形式，以章回体标题表明内容和主题；每章中还列有不同的小标题，类似于"题眼"，以点明本章要点所在，突出章回内容。这些地方的文字都很精彩夺目，起到了画龙点睛的作用。而在后期的推广销售中，它们又化作"广告中心语"，收到了良好的市场效应。

著名图书策划人金丽红，在图书编辑制作方面提出过一个著名的"5分钟效应"理论，即读者选书首先看书名，其次是作者、出版社、封面设计，再次是内容摘要、目录，最后是封底和定价。这个过程大致只需要5分钟，但这却是决定读者购买与否最关键的5分钟。所以，金丽红策划的图书，尤其注重突出书名、封面、内容摘要等元素的设计，力求"先发制人"，在第一时间吸引读者的眼球。这给了我极大的启发。"中国皇宫文化系列"丛书以帝王、后妃、侍卫、游乐生活纪实为分册书名，直奔主题，契合市场阅读热点，但在封面设计上如何能彰显特色，使其从市场上繁多庞杂的历史读本中脱颖而出？这也是我一直在考虑的问题。

为此，我和设计师反反复复地磋商，确定本套丛书的装帧设计方向为：既突出皇宫文化的神圣尊贵，又显示宫闱深处的神秘莫测。在多次修改后，我们最终选择了以黑色为主、黄色为辅的封面总基调，每册则按"帝王、后妃、侍卫、游乐"的主题，直接选用故宫留存的历史人物图像和皇家器物标志，凸显文本的史料意味和皇家气息；同时，在封面上我们选用了一些醒目的章节小标题，这样既可以美化封面，丰富效果，又对读者起到导读作用，吸引读者的眼球，激发其购买的欲望。

4

作为市场化大众读本的尝试，"中国皇宫文化系列"于 2000 年出版发行后，因为文字通俗易懂，叙事生动有趣，又恰逢读者对历史类读物的关注度日益升高，获得了良好的市场效果，2001 年得以迅速再版。这次市场化尝试给了我极大的鼓励和信心，更让我体会到在大众图书市场化操作的过程中，作者和读者双重定位的重要性。

"中国皇宫文化系列"的成功得益于作者向斯，他深入研究中国皇宫文化多年，熟悉了解皇宫的一切，尤其是擅长大众话语的表达；也得益于广大读者，没有读史热的大氛围，没有读者对历史知识的渴求，对历史文化的关注，"中国皇宫文化系列"不可能出版一年即获再版，在获得良好的市场效益的同时，也收获良好的社会效益。

当然，其中还有一个重要因素，那就是央视《百家讲坛》的开播。如金丽红所言，当一个题材成为社会话题时，相关图书自然就能够热销。"中国皇宫文化系列"出版之时，正值市场化、商业化大潮滚滚而下，中国人的思想异常活跃，不仅渴望从西方思想文化中汲取营养，也渴望从本国的传统文化中荟萃精华，由此形成读史热的潮流。2001 年 7 月，"中国皇宫文化系列"出版不久，央视《百家讲坛》开播，借助于现代电子媒介的

中国皇宫文化系列

清雍正妃游乐图

清乾隆孝贤皇后像

● 宫廷后妃生活纪实

向 斯/著

清雍正皇妃来妃子像

清香妃洋装像

覆盖性影响力，更是对全民读史热起到了推波助澜的作用。《百家讲坛》栏目高调宣称"让专家、学者为百姓服务"，旨在架起"一座让专家通向老百姓的桥梁"，从而达到普及优秀中国传统文化的目的。2004年4月，阎崇年受邀主讲"清十二帝疑案"，反响热烈。同年10月，中华书局以其讲座内容为基础，整理出版阎崇年的《正说清朝十二帝》。该书上市三个月，累计销售16万册。正当出版界为阎崇年创造的奇迹感慨不已时，另一位更重要的人物登台亮相了，他就是易中天。易中天在《百家讲坛》开讲《三国演义》，以其独特的品读历史方式而一炮走红。2006年5月22日，中国国际电视总公司在中央电视台梅地亚中心举行了《易中天品三国》图书出版招标会，这是中国图书界第一次无标底书稿竞标会。十二家中国知名出版社参与竞标，最终，上海文艺出版社以竞标价500万元、首印量55万册的报价夺标，创下中国出版界的神话。《易中天品三国》上市后立刻掀起畅销热潮，不到一年，该书的销量就接近200万册。可以说，易中天将读史热推向了又一波高潮。

在《百家讲坛》的带动下，在阎崇年、易中天等人的学术大众化实践中，中国历史的通俗化解读热持续升温。通俗历史读物在市场上聚集起了良好的人气，带动出版界从历史小说到各类读史类图书的出版，呈现出一种高歌猛进、层出不穷的态势。在畅销书排行榜上，通俗历史类图书的比例持续上升，这不仅捧红了阎崇年这个"冷专家"，也让更多的电视观众成为《百家讲坛》的忠实粉丝，开启了中国图书"粉丝经济"的新时代。之后，阎崇年又推出了《明亡清兴六十年》等系列作品，把明朝衰亡到清朝入主中原的关键六十年间，历史上发生的许多故事一一道来，展示清之勃兴、明之将亡的历史必然性。易中天的《品三国》更是"如日中天"，他口中和笔下的《三国演义》，在"正说"历史中开拓出一条大众化、通俗化的

路子，每个典故、逸闻都能在《三国志》等历史正本上找到权威出处，却
又以现代读者喜欢的语言和方式讲得通俗易懂，趣味盎然。易中天和他的
书，此后成为各大出版社争相"觊觎"的对象，持续高居畅销书排行榜的
前列。之后，读史热进入了"白热化"，全国各地的书市上，除了阎崇年、
易中天、纪连海、王立群等"百家讲坛派"的著作受到热捧外，一些"老树"
也发出了"新芽"，黄仁宇的《万历十五年》、茅海建的《天朝的崩溃》、
连环画《三国演义》、《中国历史大辞典》等图书的销量俱大幅增长。接着，
于丹《〈论语〉心得》的风靡一时，以及网络作品《明朝那些事儿》的走红，
更加确凿地向人们展示：中国文化领域的读史活动正在摆脱"百家讲坛派"
一统天下的局面，进入了"诸侯纷争"的时代。这些图书的面世，掀起了
一轮又一轮全民读史热，带动了历史类图书的销售热潮，其在全国图书销
售市场份额中所占比例一度攀升到 40%。

　　这是一个令出版人震撼、令出版界兴奋的数字。

　　读史图书出版热拉近了学术与大众的距离，把传统的"经院史学"变
成了老百姓能听懂、有兴趣、喜闻乐见的东西，推动了历史知识的普及化，
扩大了历史题材图书的受众面，使"读史"成为大众读者日常生活中娱乐
消闲的一部分。其所推崇的"用现代人思维去解读历史""像讲故事般讲
历史"等表达方式，是历史普及的一种有益尝试，有助于传统文化的弘扬。
《百家讲坛》借助央视的平台，更是打造了许多历史学者和图书的商业品
牌，造就了数以千万计的粉丝级读者。其时，但凡上了讲坛的明星学者，
签名售书都是场面火爆，成百上千的热心读者、"追星一族"闻讯赶来，
形成壮观景象。

　　然而，在历史通俗读物热销的同时，历史原著与真正的历史学术著作
却依然很少有人问津，稍微严肃一点的历史学术讨论也基本不为大众所关

注。特别是随着读史热越来越商业化、市场化，历史读本的写作和出版，越到后来越演化为一种纯粹的商业行为。一些历史题材作品一味追求趣味化、戏说化和娱乐化，甚至歪曲历史和编造历史，这也使得其后一些历史类畅销图书在市场上昙花一现，成为"快餐文化"的标本。

这种充斥着"史学泡沫"的商业化的历史题材图书阅读热和出版热，在当时也引起了不少学者和读者的热议。著名文艺评论家朱大可曾撰文指出，时下的"读史热"热的只是通俗历史，成就的只是大众的"历史消费"。正是这种以满足大众消费口味为特征的历史通俗解读，使得那种剑走偏锋式的炒作、戏说充斥其间，所谓的"历史"成为简单的历史故事、曲艺、戏剧、戏说、演义，其意义在于为大众日常生活增添娱乐休闲的谈资与话题。"目前流行的这种样式很容易被市场所吞没。因为市场是急功近利的，它会把这些作家毁掉，并制造出大量的文字垃圾。"朱大可认为，当今"读史热"只是历史图书市场的胜利，而非史学本身的胜利。

许多人开始把目光投向海外的历史题材畅销书市场，希望能从中获取启发和借鉴。

根据《广州日报》和《瞭望东方周刊》的报道，其时，在大洋彼岸的美国，历史类图书一样占据着畅销书排行榜，一样经历着与中国类似的读史热。这期间涌现了很多的明星历史学家，其中，尤以戴维·麦克卡罗最为著名。他曾以传记《杜鲁门》和《约翰·亚当斯》两次获得普利策文学奖，并以《大海之间的道路：巴拿马运河的诞生》和《马背上的早晨》（西奥多·罗斯福传）两次获得美国国家图书奖。而且，他的每一本历史书几乎都是畅销书。2005 年，他以美国独立革命为背景撰写的历史读物《1776》精装本卖出了 120 万册，高居非小说类书籍的畅销榜榜首。2006 年，美国历史书籍销售量高达 1460 万册，比 2005 年上升了 6.6%。诺顿出版公司的图书编辑鲍勃·威尔认为："麦克卡罗的历史书籍凭借清晰而生动的叙事，开拓了图书的一个新疆域，即以小说的笔法、以戏剧的笔法来写历史。"这使如今的历史学家的写作手法比过去的教科书更生动，更能勾起人们的阅读欲望。然而，戴维·麦克卡罗的作品仍被公认为"文笔生动的历史作品"，具备严谨的史学价值，他本人也被誉为美国的"桂冠历史学家"。

这引发了中国文化出版界的思考，同样，也给我以触动和启迪。

读史热的蓬勃兴起给了"中国皇宫文化系列"切入市场的契机，但作为宫禁生活纪实，丛书虽以通俗有趣的讲故事的方式，满足了一部分读者的好奇心理和休闲阅读的需要，也取得了良好的市场业绩，但正如向斯本人在《自序》中所言，它只是记录了"一些具象的、方面性的东西"，和读者分享了"中国皇宫的绚丽的内容"，而未对历史的内涵和演变做深入的解读，还未曾达到我理想中的历史文化读本的高度。为此，在进一步深入调研的基础上，我专门撰写了有关《散文板块运作设想》的选题报告，尝试以历史解读类文化散文作为重点策划方向，以具备丰富内涵和独特思想的文学性读本，取代大众化通俗读本，以继续跟进图书市场方兴未艾的读史热。

5

《散文板块运作设想》选题报告完成后不久，我即开始着手选择有实力、高品质的文化散文作者。

从美国读史热中的畅销书可以看出，历史学家们以一种更生动的写作手法展示着历史的真实，目的是满足读者"了解过去，对照当下的这种饥渴"，帮助其"从历史中寻找现实的答案"。其时中国出版市场读史热中出现的一些畅销书与其相比，还存在着一定的差距。正如美国马里兰大学的中国学者高峥所言，相较于美国读者热衷于从历史中寻找伟人轨迹、了解其他国家文化的阅读动机，中国社会中的读史热，更多的是对历史生活的另类解读，很多内容都偏离了历史的严肃性，而失误首先来自对作者的选择。

选题策划的核心是作者，我希望我所看好的作者，具备深厚的历史素养和人文底蕴，拥有独特的眼光和思考；同时，叙事能够紧扣当代人的心灵需求，选材能够新颖有趣而又别出心裁；还要有足够的能力以通俗优美的语言诠释经典，以现代人的眼光解析历史。因此，筛选作者耗费了我很大的精力，除向斯以外，当时一大批历史读本的网络写作新生力量也引起了我的关注。经过充分的市场调研，我列出了一份长长的名单：时为天涯社区"闲闲书话"版主、《美人如诗草木如织》的作者深圳一石，天涯社区著名写手、《馥香记：追寻历代才女的美丽和哀愁》和《长安月下红袖香》的作者江湖夜雨，《一人独洒一江愁：楚辞的美丽读法》的作者徐磊，入选天涯 2005 年度百位名人榜、著有《闲看水浒》《晚明七十年：从中兴到覆亡》的十年砍柴，等等。这份名单列出来后，我立即开始尝试跟进联络，对策划出版一个更有思想深度和审美力度的历史人文读本系列，也充满了信心。

然而，在接下来的选题推进中，我深刻体会到了要做一本既通俗有趣，又有思想内涵的历史人文读本的难度。正如朱大可所言，真正的历史题材读本精品的创作，一方面有赖于"讲故事的能力"，一方面要有"基于史料的深刻理解"，只有将二者完美地结合在一起，才能进行精彩的历史的阐释和呈现。但在实际工作中却困难重重，首先难以逾越的就是约请优质作者的困难。在市场化浪潮中，稍有市场号召力的实力派作者多半已"名花有主"，而大部分网络历史读本写手的作品虽然写得有趣，但却过于娱乐化、趣味化，缺乏历史史料和思想内涵的支撑，因此容易流于浅显简陋。这使我的策划思路久久无法落地运行，给我带来很大的困扰；同时，也让我深深意识到，如何在策划创意的基础上，使项目得以顺利推进，又如何实现市场化与精品化的完美统一，这不仅是一套丛书的出版方向，也是我们这代出版人持续追求的方向。

为此，我们还需要付出巨大的努力，还有很长的一段路要走。

　　校园青春小说的读者群体庞大，操作空间巨大，销售业绩可观，然而市场竞争激烈。而青春文学图书的策划与编辑也是我在出版市场化过程中，用情最深、感触最多的一次探索和实践，不仅拓展了业务，也提升了自我。

　　作为一个编辑，见证并参与了国内第一个青春文学作家组合"花衣裳"的成立，也成为我职业生涯美好的经历和记忆。

校园·青春·花衣裳

—— 校园小说与饶雪漫品牌打造

1

2001 年，新世纪一个阳光灿烂的下午，当我在金寨路出版大厦 5 楼陈旧的办公室里，见到我的大学学妹伍美珍时，我并未意识到在不久的将来，她以及她的小伙伴，将在青春文学文坛掀起一股"花衣裳"飓风，而我，也有幸见证并参与了国内第一个青春文学作家组合的成立。

其时，秦文君、卢勤等一批儿童文学作家，正以她们极具品牌号召力的作品，在小读者中不断地掀起销售的高潮；而一大批更年轻的作者，韩寒、郭敬明、张悦然等等，也正以更年轻的心态、姿态、语言、语气，表达自己的欲望，描述自己的成长，以一种狂飙突进的方式，给文坛以惊喜和震撼。

青春文学和校园小说，风靡一时。

彼时我正在联系一名风头正健的少年作家，他的名字叫胡坚，因文风

犀利幽默，被誉为当时文坛的"少年王小波"，在青少年读者中颇具号召力。我希望他能够在我们社，创作出版一本原创校园小说。伍美珍那时已经在海天出版社出版了好几部儿童文学作品，在小读者中也很受欢迎，有了自己的读者群，前期我在策划校园小说的选题时，曾向她约过稿。这次，她不仅带来了自己刚刚创作完成的新作品，还带来一个新的想法，准备和我交流。

这个新想法是：她想和她的两个写作小伙伴饶雪漫、郁雨君，形成一个作家组合，在我社联手出版一套校园青春小说，共同打造一个校园青春小说品牌。

文学写作以往一直被认为是极私人化的行为，文学写作组合这个想法让我眼前一亮，于是，我们热烈地讨论起来。

伍美珍说，她和饶雪漫、郁雨君三人文学趣味相投，写作题材相近，文笔文风相似，希望能组合到一起，以丛书形式出版发行，可以强强联手，取得意想不到的效果。这之前，大部分作家的写作都是单打独斗，非常私人化和个体化，不利于推广造势，抢占市场份额，所以她的这一想法，深深地吸引了我。

那个下午，我们促膝长谈，侃侃而论，反复地探讨争论，不断地推翻自我。最终，我们初步达成了一致意见：借鉴当时风靡一时的"水木年华""S.H.E"等歌唱组合方式，做一个青春文学写作组合，面向青少年读者群体，围绕"青春、成长"的主题，三个女作家独立写作，共同出版，同时推出，集群营销。通过整合三位女作家和出版社的优质资源，有计划、有节奏地持续推出她们的校园小说系列，尝试打造一个写作出版的青春文学作家组合，形成一个全新的校园青春小说图书品牌。

这个想法让我激动，我和伍美珍商议着尽快落实这个独特的选题创意，并能以"中国第一个青春文学写作组合"为旗帜，尽快编辑出版三位女作家的第一套校园小说丛书。

午后的阳光温暖而绵长，一直在我的窗外照耀，许多美好的想象在我们心中汹涌而来。

2

青少年读物一直在国内图书市场占有相当数量的份额，历年的全国图书交易博览会上，青少年读物都是亮点，其中尤以校园青春文学来势凶猛。青春文学，作为新时期文坛新的文学潮流，在文学界和学术界，通常被认为是商业化大潮中衍生的图书产品。"百度百科"中称其为"青春美文"，认为刚开始时它离纯文学的概念还有一定的距离。青春文学的作者基本上是年轻人，他们所写的作品大部分是展示青少年的成长经历和青春体验，如懵懂之年的爱情故事、校园生活、成长际遇等等，大都带有青春期特有的感伤和迷茫气息。其受众也多是花季年龄的少男少女，因为这一阅读群体巨大，再加上许多作品被陆续改编为电影、电视剧，在青少年读者中广受欢迎，因而在市场上销量也一直居高不下。

从整个青春文学浪潮的兴起和走势看，其源头大约是 1996 年郁秀的小说《花季·雨季》的热销；之后是 1998 年，上海的文学杂志《萌芽》联合北京大学、复旦大学等 7 所名校，共同举办新概念作文大赛。新概念作文大赛打出"新思维、新表达、真体验"的旗帜，号称"探索中国语文教学"的新出路，鼓励参赛者们彻底打破旧有的写作定式，真诚地关注、体验生活，真实地描写、表现生活。这是一个从形式到内容都与以往的文学赛事截然不同的大赛，由此掀起了一场文坛革命。

新概念作文大赛推出后，它的权威性得到了各高校负责人的首肯，使得大赛获奖者与高校之间通过竞赛建立关联，成为高考选拔人才有利的补充形式，被誉为中国的"语文奥林匹克"，从而迅速地进入公众视野，吸引了大批青少年学生参与其中。参赛人数从第一届的 4000 多人，拉升到 8 万多人，联合主办的高校也从最初的 7 所，增加到了 10 多所。虽然后来对获奖者不再免试录取，但依然提前或优先录取，这给参赛者提供了最现实、最强大的动力，成为大赛最大的噱头。评委的阵容也日趋强大，由王蒙担任评委会主任，余华、苏童、马原、韩少功等一大批著名作家担任评委，保证了大赛的文学品质，还有陈思和、曹文轩这样的著名学者参与其中。《萌芽》杂志为参赛者提供了难得的高端发表与传播平台，获奖作品除了在杂志发表外，还被收入大赛获奖者文集进行出版，这些都极大地满足了参赛者的荣誉心和成就感。

十几岁到二十岁左右的青少年，正处在人生中最叛逆的年龄阶段，也处在对生活、对社会最敏感的年龄阶段，急于成长和表达。新概念作文大赛给了他们一个表达和实现自我的机会。翻阅一下前五届大赛的作品集就会发现，70%以上的文章主题，都是围绕爱情和成长在展开。而这些作品一经出版立即引发青少年阅读的热潮，在极短的时间内，就获得出版界的青睐。许多出版社闻风而至，对其中的佼佼者进行深度包装和推广，一次性推出好几位获奖作者，并冠以"少年天才""青春写手"的头衔。时至今日，人们仍然以是不是新概念作文大赛推出的作家，来界定是否属于青春文学作家群体，可见新概念作文大赛影响之大。大赛推出的韩寒、郭敬明、张悦然、徐鹏等一大批年青作家后来也一跃成为"80后"作家群的领军人物。

正是在这样一种背景下，沪上散文名家赵丽宏才发出"青春的光彩谁也无法扼杀"的慨叹。由此青春文学正式登上了中国文坛的大雅之堂，越来越多的写作者加入这一行列，许多人的人生轨迹也因此而改变。

青春文学从校园中走出，它的主题多是青春、校园和爱情。校园是一个人青春的起点，情感是一个人毕生的追求，而青春期尤其充满了混沌与困惑、动荡与多变。在青春文学里，这些年轻人邂逅了青春，一事无成也好，碌碌无为也好，磕得头破血流也好，爱得晕头转向也好，总之，在这里他们看到了真实的自我。青春的意义在于蜕变，在于成长，在于和即将到来的人生汇合；在属于他们自己的青春文学中，年青的一代热情奔放地表达情感，追逐爱情，彰显个性，有着青年人特有的锐气和坦率，也难免陷入伤感和迷茫、诱惑与混乱。一如席慕蓉的诗句："青春是一本太仓促的书，我们含着泪，一读再读。"

"青春是用来追忆的，当你经过它时，它一文不值；而当你回头看时，一切都已错过。"这些新生代的青春宣言，时尚前卫，坦率大胆，肆意汪洋，满足了当代青少年的情感需要，表达了当代青少年的真实心态，从中可以窥见他们慌乱而迷惘的青春，看到他们尚未定型的人生追求，因而，对当下的少男少女们，有着格外的吸引力。

这一时期，青春文学作品风靡市场，以至于如果你没有读过几本青春小说，你都不好意思说你曾经青春过。随着新概念作文大赛的连续举办，1999 年韩寒的《三重门》横空出世，之后郭敬明的《幻城》强势来袭，以及随之到来的网络时代，更是为青春文学推波助澜。越来越多的青少年，被青春文学的光芒所吸引，为它痴迷，为它疯狂。走在 21 世纪的大街上，几乎所有书店的书架上，都有一本青春文学作品；在北京图书大厦的畅销书排行榜上，前 5 位里至少有 2 本是青春文学读物；而在当时全国最大的网购书城当当网列出的图书排行榜前 10 名中，最高峰时有 7 部是校园青春小说。

2001 年 7 月，上海人民出版社推出《我为歌狂》之后，更是引发一批青春时尚读物跟风出版，在图书市场形成了"追青春"的热潮。据开卷公司及有关书店的调查显示，《三重门》《我为歌狂》《幻城》《蛋白质女孩》等青春题材的图书，都多次位居各地畅销书排行榜前 5 名。这一切都表明，青少年读者群体特有的阅读热情、购买能力，以及他们的追捧力度，使校园青春小说具有良好的销售前景。

这让我对冲入这一市场，有一种巨大的热情。

3

　　伍美珍大学毕业后，长期担任少年杂志的编辑，与小读者们来往密切，深谙青少年的阅读心理和喜好，因此她对青少年阅读市场的了解，对青春期少男少女的情感和审美追求，也比一般的文学编辑要细腻深刻。她认为网络时代，都市青少年敏感而早慧，思想充满了多元性，也异常活跃，特别是女生，她们对阅读有着天然的亲近，是青春小说的主要消费群体，同时又对阅读有着非常细致明确的要求；而目前市场上却缺乏一种专门为这些十五六岁、青春期少女读者打造的专属图书。因此，伍美珍提出，能否针对这一阅读市场，专门推出一种为少女读者量身定制、适合她们阅读心理和趣味的青春文学读物，既细致关照她们的心理特征和审美倾向，又准确呈现她们成长期的诸多困惑与烦恼。

　　作为一名职业编辑，我立刻认识到伍美珍的构想的市场价值，知道这样定位准确的读物，一定会热销。同时，作为一位女性的文学爱好者，我也深知少女在青春成长期，在那些慌乱迷茫的岁月，阅读对她们来说是多么重要。尤其是那些敏感早慧的女孩，她们特别需要文字和文学，慰藉她们动荡的青春、寂寞的心灵。可以预见，这一全新的青春文学组合出来后，会在图书市场掀起怎样的热潮。有着如此清晰思路、目标群体和品牌打造意识的青春文学作家组合，在当时尚属于首次。随着探讨的深入，我兴奋并且激动，不由得跃跃欲试。

　　这个写作组合中的三位女作家，有着许多共同的特质：她们都曾在青少年杂志做过多年编辑工作，伍美珍其时是安徽《少年博览》杂志编辑，饶雪漫做过江苏《少年文艺》杂志编辑，郁雨君则是上海《少女》杂志编辑。青少年文学的长期浸淫，使她们保持着良好的青春心态；她们又都是擅写青春文学的女作家，走的都是青春、都市、流行的写作路线，各自出版过多种有关都市少男少女成长题材的作品，文笔生动，而又各具特色；更重要的是，她们都有鲜明的读者意识和市场意识，认同和欣赏流行时尚文化。三位年轻的女作家又分别身兼校园小说作家、少年杂志编辑、音乐节目主持人、报刊专栏作家、网络版主等多重身份，熟悉当代青少年的生活和情感状态，了解少女群体的阅读口味和青春特色。而我更加看重的一点是，她们都处在创作旺盛期，在当时的杂志、网络上十分活跃。同时，长期的杂志编辑工作，又使她们与读者保持良好的互动关系，手中掌握许多鲜活的青少年生活资料，也各自拥有稳定的读者群。我相信，把她们三人组合

到一起，集中推出原创青春读本，作为国内第一个青春文学写作组合，这样新鲜的力量一定会激活青少年畅销书市场，结出丰硕繁茂的出版果实。

之后的一段时间，我们频繁交流，三位女作家也结伴来到我的办公室。我第一次见到了写作组合中另外两位女作家：圆圆脸的饶雪漫聪明活泼，扎着一对麻花辫的郁雨君漂亮时尚。我们一见如故，开心畅谈，很快就成为朋友。我们在一起畅想着组合的未来、出版的方向、品牌的价值。三位女作家都处在风华正茂的年龄段，又都偏爱中国风的花衣裳，所以当她们从众多备选的名字中，选出"花衣裳"作为组合的名称时，我不禁眼前一亮——一个全新的、充满魅力的写作组合就这么诞生了，从此成为中国图书市场势头强劲的青春文学写作新势力，开始了属于她们的精彩绚丽的文学历程。

"花衣裳"组合的目标读者，定位为豆蔻年华的女中学生，这一点从一开始就非常明确。于是，我们把以"花衣裳"组合为旗帜的第一套图书选题定位为"专为都市少女一族量身打造"。之后，我加班加点，雄心勃勃地写出了长达万字的选题策划书，从出版市场研判，到内容设计、主题策划，再到宣传联动、后期推广，一一做了详细的阐发。丛书名也确定下来，就叫"'花衣裳'少女派小说系列"。三位女作家提出了她们的写作口号："与成长息息相关，和女生心心相印"——这被我用来作为宣传推广的主题词。我在选题策划书中特别强调，因"花衣裳"组合作者兼具作家、编辑、网络写手等多种身份，可以汇聚原创写作、网络平台和期刊杂志等多种资源，因此，本套选题在前期策划、后期宣传上都会有非常大的空间；我甚至又想了一组营销推广语："校园、家庭、网络，密密交织；青春、成长、体验，细细品味"。希望以此打动社领导和出版同仁，使选题尽快地通过。

4

　　选题策划书如我所愿很快就通过，随后的组稿、约稿和交稿都非常迅速。这一是得益于新生代作家的感觉敏锐，精力充沛；二是得益于快节奏、轻阅读时代对文字的要求，使新生代作家们个个成为"快枪手"。首批稿件很快就到达我的案头，正是我所期待的文字。年轻的女作家们以生动活泼的语言，各自书写着对青春、成长的感受和理解。生动有趣的情节、幽默智慧的语言、天真烂漫的人物，以及时尚流行的校园元素，使整个书稿青春洋溢，美不胜收。伍美珍的《蝴蝶落在流泪手心》写了一个由蓝丝带蝴蝶结所引发的颇具悬念的故事。美丽聪颖的女生函娟，因为突遭家庭变故而变得敏感沉默；而蓝丝带蝴蝶结宛如来自天堂的礼物，给处在人生低谷的女孩带来快乐和欣慰，以及意想不到的幸福。小说延续了伍美珍小说幽默搞笑的风格，平添了一股温情浪漫的气息，尤其将青春萌动的少年情怀写得意味深长，耐人寻味，有着少女青春期特有的诗情画意和淡淡哀愁。饶雪漫作为少儿文学界十分活跃的女作家，其时已以《可以跳舞的鱼》《冰淇淋恋爱了》等作品蜚声文坛；这次交来的书稿，是她专门为"花衣裳"组合而创作的《QQ兄妹》。小说以轻松俏皮的语言，描写了单亲家庭的女生居然和单亲家庭的男生管沙之间的情感故事，将一对"冤家"聚首后的种种情感交织冲撞，少男少女成长期的种种挫折、伤痛与烦恼刻画得淋漓尽致，入木三分，给人以耳目一新的感受。

　　然而，令人遗憾的是，郁雨君的书稿因为种种原因未能按时交付，这使得我打造文坛第一套青春文学组合"花衣裳"丛书的创意，最终未能实现。但我作为编辑，见证并参与了国内第一个青春文学作家组合"花衣裳"的成立，"阳光姐姐伍美珍、知心姐姐饶雪漫、辫子姐姐郁雨君"自此而定位，也成为我职业生涯中的美好经历和记忆。

　　在后来的日子里，这三位年轻女作家，以自己特色鲜明的作品，一跃成为当代青春文学领域的畅销书作家，在各自的领域里纵横驰骋，交相辉映，成为文坛一道亮丽的风景线。

5

　　虽然与"花衣裳"丛书擦肩而过，然而与"花衣裳"组合的交集，却激发了我对校园青春小说介入和参与的热情。之后，青春小说的策划和出版，成为我很长一段时期内编辑工作的主题。最终，饶雪漫和伍美珍的书稿，也在我的努力下，以"酷企鹅丛书"的形式，于2001年六一儿童节前夕，在我所在的出版社出版。这套丛书一经推出，即以鲜明的青春特质、动感十足的插图、精准的读者定位和浓郁的都市校园气息，受到了中学生的追捧，也算是我和"花衣裳"组合的另一个机缘巧合的成果。

　　而因为这套丛书的策划编辑，我和"花衣裳"组合的联系也更加密切。我决定约请饶雪漫、伍美珍等人，面向都市青少年读者，持续打造展示校园生活的系列作品，以青春特质、时尚读本为旗帜，形成校园阅读的新风尚。

　　这一想法很快就得以实施，我陆续编辑出版了饶雪漫、伍美珍等人的作品，市场一如我所预料的反应热烈，两位女作家的作品受到了孩子们的欢迎，以最快的速度实现了销售和再版。饶雪漫、伍美珍的人气也持续增高，她们的小说，特别是饶雪漫的《QQ兄妹》，一上市就被许多孩子喜爱和

追捧，很快就展露了畅销的潜质。而饶雪漫作品所呈现出来的流畅的故事叙说、时尚的 E 时代思维、浪漫的少年情怀，特别契合现代都市花季少女的阅读热点，这让我萌发了乘势而上，打造饶雪漫"校园青春文学领头人"个人形象品牌的念头，希望通过饶雪漫的影响力，带动出版社校园青春小说系列的营销和推广，实现我所期待的校园青春小说品牌的文化价值和商业价值。

要想塑造作家品牌和图书品牌，宣传营销成为下一步的重头工作。

其时，由韩寒、郭敬明、张悦然等人作品引领的时尚阅读潮流滚滚而来，图书市场化的程度越来越高。在社领导的支持下，我开始了一系列打造饶雪漫及其图书品牌的市场化运作的尝试，试图让饶雪漫和她的作品走进更多的校园，走向更广阔的大众读者和畅销书市场。

首先要做的，当然还是对市场的反复调研和对营销切入点的反复论证。

我走出办公室，走向校园和读者，努力地做到零距离和市场对接，和读者交流。这也是我在自己的编辑生涯中，第一次开始尝试以商业化模式运作畅销书。我和饶雪漫反复沟通，密切交流，商讨怎样发掘其图书亮点，制造市场热点，凸显其个人特点。饶雪漫以敏锐的读者意识和丰富的市场资源给了我许多启迪和支持，我们共同努力，不断切磋，期待着饶雪漫和她的作品早日在图书市场异军突起，狂飙猛进。

经过多轮交流，我们决定以校园小说、青春文学为突破点，提炼出"文字女巫""青春文学畅销书写手""雪漫姐姐"等中学生喜欢的时尚宣传主题词，在报纸、杂志等纸质媒体上，以"文字中的饶雪漫""评论家眼中的饶雪漫""读者心目中的饶雪漫"三个维度为切入点组织全方位的宣传推介，努力打造饶雪漫"校园青春文学畅销书领头人"的品牌形象。在开展密集的纸媒营销的同时，我又带着电视台文艺栏目的主持人和策划人，专程来到镇江饶雪漫工作的电台，进行实地访谈和交流，通过面对面的拍摄采访，借助于电视的传播力，呈现饶雪漫的生活、工作场景和读书、创作状态，使更多的读者对其有了更加全面直观的了解。这也是我所在的出版社，第一次利用电视媒体，为一个年轻作者进行形象包装和作品推介。记得在访谈现场，饶雪漫分享了她的创作缘起和过程，脱口而出了那句后来在许多场合被人们反复引用的金句："没有人永远十七岁，但永远有人十七岁！"而电视台编导在片子的最后，也引用了饶雪漫的文字："如果你听过我的故事，我相信你一定会愿意再来读我的作品，因为它是那样完美地感动了我自己。"这些抒情清澈的文字，打动了许多中学女生的心扉。

在镇江的晚上，饶雪漫邀请我去她家做客。在她安静优雅的书房里，我们畅谈后期的合作，规划未来的目标，兴致勃勃，心潮澎湃。

这之后，我开始规划进一步的市场推广，尝试走进校园，以小读者阅

读分享会的形式，对饶雪漫个人和作品进行宣传推介。为此我多次从合肥
赶到镇江，连续在几所中学举办了"雪漫姐姐创作分享会"。在坐满了小
读者的中学阶梯教室中，我和孩子们一起聆听饶雪漫讲述她的成长故事、
创作心得，以及在写作过程中遇到的有趣的人和事。饶雪漫轻声慢语地讲
述着，时而生动有趣，时而诙谐幽默。孩子们神情热烈而专注，不断地报
以热烈的掌声。在讲座过程中，还不时传来轻轻的哭泣声，那是饶雪漫分
享她在生活和创作中所遇见、看到的那些纯真女孩的成长困境和青春伤痛
故事时，触动了孩子们敏感的内心。讲座结束后，有好几个女生迫不及待
地冲上讲台，抱住饶雪漫失声痛哭。这一情形深深地触动了我，让我重新
认识到她的作品对青少年生活和感情的贴近与把握，以及对青少年成长期
心灵的慰藉。饶雪漫的作品真实、直接，不回避、不说教，敢于面对青少

年成长过程中的迷茫和伤痛，所以格外能够打动女孩子们的心灵，得到她们的喜爱。这也使我对自己的努力，更加充满信心。

以 2002 年 4 月版《QQ 兄妹》的热销为契机，我又和饶雪漫商议策划，在 10 月份推出其升级版"QQ 兄妹全传"——《我不是你的冤家》，丰富了内容情节，增加了人物关系，以满足喜爱《QQ 兄妹》的青少年读者的阅读需求。《我不是你的冤家》虽然仍以居然和管沙为主角，但文本内容框架大为扩展，视角也从个人、家庭延伸到校园、社会，人物关系和情节设置得到极大丰富。小说以一种令人目眩的姿态展示都市少男少女在成长过程中遭遇的挫折和失意，描述在那个特定的年龄段，他们对爱情的朦胧渴望和畏惧，以及没来由的喜悦与忧伤，以极其生动细腻的笔触，展示了青春成长的欣喜与伤痛，因而获得青少年读者的极大欢迎，连续再版了 3 次。之后推出的增值版，我们又增加了"雪漫的 BBS""再版后记""读者问卷有奖调查"等网络时尚元素和读者互动环节，以调动市场人气，培育稳定的读者群，同样获得了良好的市场效果。

饶雪漫作品在市场上的良好表现，给了我极大的信心。2004 年，跟进饶雪漫在市场上日益绽放的光芒，我又乘势推出了其历经两年创作的最新作品《不必知道我是谁》。较之饶雪漫前期的作品，《不必知道我是谁》显得更加成熟、灵动，再一次展现了其善于描写校园里真实而青涩的爱情故事的特质。小说延续饶雪漫一贯的校园小说风格，以独特的文笔、时尚的表达、灵动的情怀，直抵青春的最深处。她笔下的青春和爱情，细腻清澈，神采飞扬，具备蓬勃成长的动人魅力。小说出版后立刻引起小读者们欢呼雀跃，再次在市场上掀起"雪漫热"。

在对《不必知道我是谁》的营销上，除了依托报纸、杂志、电台、电视等传统媒体的宣传推广，我还开始了新的尝试，借助于当时高速发展的网络平台进行连载、试读，组织粉丝点评和转发等等，通过不断制造市场话题热点，激发青少年读者的购买兴趣，对推动《不必知道我是谁》的畅销起到了极好的作用。

因为学生读者巨大的阅读空间和可能性，加上饶雪漫作品良好的内容品质和市场潜质，我们的努力也取得超乎想象的效果。《不必知道我是谁》出版后当年就获得再版，并荣获了 2004 年度全国优秀畅销书奖。

眼看着饶雪漫在图书市场上迅速崛起和人气日高，其青春文学品牌也日益显出独特的光芒，其本人也正在成为文坛上最具人气的畅销书作家之一，我又激动又兴奋，筹划着进一步组织出版更多的优质校园小说作品，跟进饶雪漫图书品牌积累的良好市场资源和影响力，进一步扩大出版规模，开发打造校园青春小说畅销书品牌系列，提高出版社图书的市场销售份额，实现"以作家品牌带动图书品牌，以图书品牌促进作家品牌"的美好构想。

可惜的是，此后不久，我因为岗位变化离开了文艺社的编辑岗位，许

多选题的设想来不及推进落实。之后，饶雪漫、伍美珍也都先后离开我所在的出版社，开始了她们新的人生和创作航程。

因为彼此都很忙，我与饶雪漫以及"花衣裳"组合的另外两位作家，之后的接触日渐稀少。但仍然经常听到饶雪漫、伍美珍和郁雨君的消息，知道"花衣裳"组合已经风靡青少年图书市场，出版了许多畅销一时的作品，而饶雪漫也辞去电台的工作，专心在家写作。2008 年 12 月 1 日，"第三届中国作家富豪榜"重磅发布，饶雪漫以 800 万元的版税收入，荣登作家富豪榜第四位，成为与郭敬明、韩寒等一线青春写手齐名的畅销书作家，她的代表性作品《左耳》重印 20 次，并被改编成电影，引发广泛关注。伍美珍也于此后不久离开了她原来供职的杂志社，去了大学中文系，一边授课一边创作，出版了许多深受孩子们喜爱的校园小说。辫子姐姐郁雨君也笔耕不辍，著作等身了。

6

青春文学的创作者们，用全新的思维和语言，在完善而强势的市场推广方式和包装策略的配合下，以不可阻挡之势抢占了中国文学市场的份额，名利双收。当代青春文学的整体崛起，实现了文学和商业的双丰收，这一点在文学出版界已经达成共识。

青春文学图书何以畅销？一是因为作者都是年轻人，能够准确把握当代青少年的思想情感，文字新鲜活泼，视角新颖独特，内容上贴近目标读者群最有感受的友情和爱情，多数作品又都散发着青春期弥漫的忧伤气息，契合学生读者的阅读需要。二是媒体的合力宣传炒作。各媒体之间联合互动，青春文学作家们或上电视访谈，或上杂志封面，形成了巨大的推动力。在声势浩大的营销推介下，他们被包装成"天才少年"或"青春偶像"，从而成功地博取了读者关注。三是相比较成人读物，青春读物无不装帧精美，画面清纯，契合了青少年读者的时尚追求。在青春文学兴起与形成的过程中，社会的有意识培育和催发，也起到了明显的助推作用。青春文学能触及青少年心底的苦闷，表达他们对世界的理解，使他们的青春得以宣泄和抒发，在很大程度上对青少年的成长有着积极的意义。

校园青春小说的读者群体庞大，操作空间巨大，销售业绩可观，自然吸引了市场化浪潮中许多出版人的眼光。最初我计划重点开发这一板块时，一方面秦文君、曹文轩、郁秀、黄蓓佳等知名作家的作品，已经对市场形成一定的影响力；另一方面，杨红缨、韩寒、郭敬明、春树、孙睿等新生代作家、青春派写手不断涌现，带动了青春文学的蓬勃发展；再加上饶雪漫、伍美珍等作家的作品本身具备的畅销潜质，使得这次努力获得了良好的效果。对我本人来说，青春文学图书品牌的策划与编辑也是我在出版市场化过程中，用情最深、感触最多的一次探索和实践。不过，以我当时的想法，是希望以饶雪漫、伍美珍等"青春派写手"切入市场，依托她们作品的品牌号召力，吸纳拓展优质作者和作品资源，持续推出一系列与校园青春文学相关的原创小说，打造一个属于出版社自己的畅销书品牌集群，形成一个畅销书作家优质团队，推动校园青春小说效益形成和规模扩张，力争在市场细分领域形成出版竞争优势。现在看来，离最初的设想还相差很远，也留下了不少的遗憾。

但让我欣慰的是，因为编辑青春文学，我对新生代青少年的生活、思想和情感有了更多的接触和理解，对这一领域的创作有了持续的兴趣和关注。同时，饶雪漫、伍美珍等青春文学人气作家作品的出版，也极大地提升了我社校园青春小说系列的品牌知名度和市场号召力，我也因此收到了许多知名或不知名作家的投稿。其中，一个名叫叶枝的女孩的书稿，引起了我的极大关注。在投稿自述中，叶枝讲述了自己因父母离异，导致心理忧郁而休学的痛苦，以及通过写作纾解忧伤，最终获得痊愈的经历，并随信寄来一部自己的书稿。在书稿中她以生动的笔触，以陷入初恋的主人公的视角，描写了那些悄无声息的"青春暴动"，以及险象环生又美好绽放的成长过程。她笔下的少男少女们的爱情演习，幼稚而慌乱，单纯而美好，却又创痛累累，充满了烦恼、沮丧。叶枝的经历让我震动，同时，她的作品所展示的才华和对青春成长的生动描写，又让我惊讶。青春的蜕变，就是学会成长的过程，叶枝以细腻温暖的笔触讲述了一个至纯至美的爱情故事，虽然，她的文笔还嫌青涩幼稚，作品离出版也还有一段距离，但我还是看到了她作品中所潜藏的动人力量。

于是，我联系上了叶枝，请她来我的办公室当面交流。

那是个清秀沉默又有些忧郁的女孩，只有谈到写作时才会滔滔不绝。我对她的作品提出了很多具体的修改意见，帮助她进行修改完善。在历经了三轮的修改后，叶枝的作品终于呈现出完整优美的形态，我为她的作品起了个诗意的书名：《第一次花开的表情》。2005 年的春天，叶枝的作品在我的努力下得以出版。图书上市后果然获得了好评，而这个美丽的女孩也由此实现了命运的转变。不能不说，这是写作和文学，给我及她们，带来的美好。

　　主旋律图书的策划编辑，既需要把握社会热点，又需要把握历史节点；既需要紧扣时代脉搏，也需要立足地域优势。而其关键，在于主流意识形态的文学呈现和转化。

　　编辑出版既具有社会效益，又具有经济效益的精品图书，是一个出版人职业的需要，也是责无旁贷的使命和担当。

美丽的村庄，感动的瞬间

—— 一本"五个一工程"奖图书的策划与完成 ——

1

2006 年，是我进入出版行业的第十一个年头，也是我国实施"十一五"规划的第一年，中国经济高速发展，整个社会呈现出一种欣欣向荣的景象。

这一年的年初，发生了两件大事，其影响也许更为深远：2006 年 1 月 1 日，中国政府网正式开通，标志着中国社会正在加速进入互联网时代，尽管在当时，还没有多少人意识到这一事件的重大意义。同一天，中国取消了农业税，中国农民告别了有两千六百年历史的"皇粮国税"，中国社会跨入了崭新的历史阶段。

中国老百姓得知这一消息，是在 2006 年 1 月 1 日晚 7 点中央电视台的《新闻联播》中。后来有报道说，许多偏远乡村的农民，在电视机前激动得流下了泪水。和所有人一样，那个瞬间我也非常激动，我想中国，中国农民，中国农村，从这一刻起，将发生翻天覆地的变化。

那一刻，在城市的边缘，无边的原野上，响起了铺天盖地的鞭炮声。

那一刻，一个出版人的职业敏感告诉我，农村和农村改革题材，将会成为出版业下一个关注的热点。

中国有9亿多农民，仅仅这一数字，就显示出他们在中国政治、经济生活中的重要性。改革开放近三十年，中国乡村经历了艰难曲折而又意义深远的蜕变，但当前中国农民的生存状态如何？与土地、与城市的关系如何？社会主义新农村建设的现实情况和发展愿景如何？诸如此类，都是每一个关心农村现状和未来的人所关注的问题，也是我们每一个有责任心的出版人所关注的问题。特别是安徽，作为一个农业大省，作为中国农村改革的发源地，它和农村、农业、农民的关系更加紧密。

经过这么多年的改革发展，安徽农村的面貌到底有怎样的改变？安徽农民的生活有多大的提高？我希望能有相关的作品把它们描绘出来，呈现给那些关心它们的人。这里面有出版人的职业敏感，更有一份责任。作为安徽的出版人和出版社，我觉得我们应该为安徽做一本有关当代农村生活题材的图书。

但是找谁写，写什么，怎么写，当时的想法还很模糊。

作为一个文学编辑，在我的职业生涯中，既编辑出版过"当代百家小说精品集成"这样纯粹经典的文学作品，也策划出版过"都市女性话语"丛书这样通俗时尚的图书系列，更尝试过青春文学畅销书的市场化运作；但我从未做过农村题材图书的策划，这给我带来了巨大的挑战。经历这么多年的图书出版工作，我知道，一本好书，一定是作者和编辑精诚合作、共同努力的结果。一个优秀编辑精心的策划和创意，一定要有一个优秀作者以精准的表述和呈现来落实，这需要心灵契合和旗鼓相当，更需要彼此默契和充分理解。

于是，选择一个既具备良好的写作能力，又对安徽风土人情和农村历史及现状足够了解的作家，是我开始选题策划的第一步。

我把目光锁定在皖籍作家身上，我相信安徽农村题材的作品，应该由一个在安徽土生土长的作家来完成，除了才华，他还需要具备对这片土地的熟悉和热爱。我的目光落在当时正在安徽文坛声名鹊起的本土作家潘小平身上。

这是一个很特别的作家，之前我已经关注她很久。潘小平当时正在安徽的《清明》杂志做编辑，和我算是同行，这之前她一直在安徽北方的一所高校做老师，转入文学创作之后，主要是写散文随笔。她的作品自带一种辽阔视野和生动气韵，因而引起我的注意；不过，潘小平之前似乎没写过什么小说，这让我又有些犹豫。

于是，我再次找来她以往的作品认真研读。令人欣喜的是，我发现潘小平创作的路子很宽，不仅写散文随笔，还写电影、电视剧、纪录片等等，对文字有很强的驾驭能力，而且以往也创作过许多纪实题材的作品。但是促使我选择她的一个更主要的原因，是她对农村问题的关注，她对社会现实的热衷，特别是她的理解力和思想深度，这一点很重要。

在社会经济化浪潮中，很多作家放弃了传统小说对以追求精神、建构理想为目标的宏大叙事的强调，或转向市场化写作，或只关注"自我"表达，对于主题创作和主旋律写作相对隔膜和疏离。而潘小平不一样，我在媒体对她的访谈中看到一句话："对于一个作家来说，主旋律创作是更大的考验！"这句话深深打动了我，让我最终选择了这位作家。

潘小平虽然是一位女作家，但她的文字很有男性气质，尤其是思想表达，甚至具备一般男性作家所不具备的犀利和深刻。她的写作并不局限于女性的视域，她自己的表述是："我的写作，是一种抹杀性别的写作。"

她似乎十分不乐意别人把她定位为女性作家，自认为"因为有思想的支撑，我的写作很坚硬"。这些都是一部农村题材作品所需要的写作气质。

现在想来，我仍然庆幸，自己当初选择了潘小平。并不是每一个作家，都乐意接受这样的选题；也不是每一个作家，都有能力接受这样的选题。有的是没有把控力量，有的是没有参与热情，有的则是没有底蕴支撑。这当然主要是指相关地域文化底蕴、民俗风情底蕴和徽文化人文底蕴等。

潘小平的出现，使我的选题设想有了落地的可能。

2

从策划这一选题开始，我就决定，要以农村改革发源地小岗村，以广阔的淮北大平原和皖北民俗文化，作为故事发生的大背景。近三十年来，中国的改革开放波澜壮阔，取得了令世界瞩目的成就，而这场伟大变革的发源地，就是安徽凤阳一个名叫小岗的村庄。

1978年冬季，因为连续大旱，皖东地区又是一年收成无望。凤阳的许多老百姓再次身背花鼓，拖儿带女出门去逃荒要饭。这中间，就有很多小岗村的农民。

凤阳县梨园公社小岗村，是全县有名的"吃粮靠返销、用钱靠救济、生产靠贷款"的"三靠村"，年年"算盘响，换队长"，干部如同走马灯。那一年，眼看年关将近，又要换队长了，老支书严俊昌被逼无奈，和他的堂弟、生产队副队长严宏昌商量，与其守着穷日子，出门去要饭，不如干脆把地分了，包产到户！

这时离"文革"结束刚刚两年，思想禁锢仍然很深。在当时的形势下，分地单干有可能就是坐牢的大罪，所以兄弟俩召集全村男人秘密聚会，立下了一张生死状。

屋外北风呼啸，屋内烟雾缭绕。在令人窒息的沉寂中，在昏黄如豆的灯火下，小岗村 18 户农民，依次伸出长满老茧的手，在生死状上郑重地按下了自己的手印。

让他们做梦也想不到的是，他们粗糙的手印连同自己的名字，日后会进入中国历史。

凤阳地处江淮之间，是明朝开国皇帝朱元璋的发迹之地，对于大明王朝来说，地位极其显赫。坐落在凤阳县城中央的凤阳鼓楼，上书"万世根本"四个大字，这是朱元璋亲笔所书。所谓"万世根本"，是指"民以食为天，国以农为本"。然而自古以来，因为地贫人穷，凤阳的老百姓常常要外出逃荒要饭，成为莫大的讽刺。

穷则思变。为了改变贫困的命运，凤阳小岗村 18 户农民，以"敢为天下先"的精神，在一纸分田到户的"秘密契约"上按下鲜红的手印，率先实行 "大包干"，催生了家庭联产承包责任制，从此拉开我国农村改革的序幕。

"大包干"契约作为改革开放的珍贵文物，至今陈列在中国国家博物馆。

在潘小平主持拍摄的关于安徽历史文化的纪录片中，我不止一次看到过她对小岗的讲述，印象深刻。我相信，安徽农村现实题材的作品，只有以此为起点，才能展现中国农村改革的艰难和曲折，展现它的波澜壮阔。

若干年前，"小岗变革"曾经在中国乡村引发了一场历史性的革命，后来，它被誉为"中国农村改革的起点"。"小岗变革"这样重大的历史事件为什么会起源于安徽，起源于淮河这块土地？在这块既多出帝王，又常起"盗匪"或"义军"，多出引领天下风气之先的思想和行为的土地上，身处其中的人们，他们具有怎样独特的生活智慧和精神气质？我相信这也是许多读者所关注的问题。

3

我的选题构想得到了时任社领导的大力支持。

此时，距离安徽出版集团成立，刚刚过去一年。集团成立于 2005 年，正是事业单位转企潮轰轰烈烈的时候，作为全国第一家组建集团并完成转企改制的大型国有文化企业，除了要创造经济效益外，还承担着社会责任。跟进时代发展，紧扣时代脉搏，编辑出版既具有社会效益，又具有经济效

益的精品图书，是出版人的职责和使命，也是提升出版企业社会形象和影响力的要求。

基于此，我确定了本书的主题：立足于社会主义新农村这一理想目标，反思中国农村近一个世纪以来的历史，特别是新时期以来农村改革近三十年的历程，展示当代中国农民的生存状态和情感取向，并着力发掘淮河文化独特的历史人文内涵。

但是，如何将一个政治性的话语，转化为一部文学作品，特别是将一个主流意识形态的题材，转变成读者喜爱欢迎的图书，实现社会效益和经济效益的双丰收，这成为本书策划中最受关注的问题。

为此，在充分尊重作者创作自由的前提下，我尝试加大了参与选题策划和文本开发的力度。在选题确立之初，我就开始和作者一起，谋划、架构、定位书稿的主体内容。

那一年的春天来得似乎比往年要早一些，刚过了正月，大地就已麦苗青青，春风骀荡。我陪同潘小平前往凤阳、淮北、淮南等淮河流域地区考察采风，寻找选题的素材和创作的灵感。

在两个多月的时间里，我陪着潘小平和其合作者曹多勇，奔走在淮北大平原上，不仅多次深入小岗村，还跑遍了淮南和淮北一带。最后，我们选定了淮北市烈山镇洪庄村，进行深度的调研和采访。

洪庄村位于淮北市南郊，离市区仅 8 公里，是"全国文明创建先进示范村"。当时全村的工农业总产值已经接近 2 亿元。它建有集生产、科研、休闲、观光于一体，占地 2600 亩的省级农业示范园，其中包括水产养殖区、畜禽养殖区、蔬菜种植区。尤其值得一提的是，洪庄推广的"猪—沼—菜"的立体种养模式，为发展立体生态农业提供了经验，也因此被誉为"洪庄生态经济圈"。

在我以往的印象里，淮北一向被称作"安徽的西伯利亚"，是一座整日煤尘飞扬的煤城。但是走进洪庄，放眼望去，却是农舍宽敞明亮，道路整洁开阔，到处花红柳绿，满目波光粼粼。洪庄坐落在淮北南湖湿地公园附近，这是一片在杨庄煤矿采煤塌陷区基础上形成的阔大水面，四周种植有数万株各类乔木、亚乔木和各种地被植物、水生植物，环湖建有长堤映山、芦荻秋生、芙蕖听涛、雪松草坪、柳堤寻芳、湖韵忆淮等十多处景点。有老人在散步，孩子在玩耍，青年男女情意绵绵，依偎在湖岸。景区离村子仅一步之遥，洪庄村的村民傍晚到湖边散步，已经成为生活常态。今日淮北，由塌陷区形成的大小湖泊星罗棋布，新鲜湿润的空气借助东南季风进入市区，清风拂面，水渺生烟。

那是一个傍晚，夕阳的余晖洒落在水面上，金叶女贞和十姐妹花发出阵阵幽香，醉人的胭脂红将整个湖面铺满。不远处就是洪庄村，在晚霞里格外安静温暖。

我停住了脚步，转过身来问潘小平："潘老师，我们这本书的书名，就叫《美丽的村庄》怎么样？"

这是突然萌生的念头，当时觉得"美丽"两个字，特别触动我。

《美丽的村庄》从那一刻起，有了自己的生命。

4

随着采访和调研的不断深入，选题的方向也渐渐明晰起来。为了充分展现图书特殊的出版价值和文本内涵，我提出了"紧扣时代脉搏，立足地域优势"的选题创意，并决定将该书的出版时间确定在中国农村改革三十周年之际这个历史节点，以凸显其出版的重大现实意义。

这一年，安徽省的国民生产总值突破了 6000 亿元，达到 6141.9 亿元，比 2005 年增长 12.9%；财政收入突破 800 亿元，达到 816.2 亿元，增长 24.3%，全省经济社会发展实现了新的跨越。也是在这一年，安徽省全面启动新农村建设，实施"千村百镇示范工程"，农村和农业经济上了一个新台阶。所有这一切，都给我以信心。

通过和作者潘小平的多次沟通，最终我们确定了这本书的写作思路和文本框架：以凤阳小岗村率先实行"大包干"为背景，立足于社会主义新农村建设这一理想目标，重点展示改革开放近三十年中国乡村所经历的艰难蜕变；同时以皖北民俗文化为底色，呈现更丰富的人文元素，深入探究农村改革这一重大历史事件，发生在安徽小岗的历史人文渊源，挖掘展现淮河流域历史人文的独有内涵和独特魅力。

但这一选题在策划之初，并不太被业内所看好。

20 世纪以来，随着改革开放的深入，人民生活水平的提高，大部分中国人的生活重心从乡村向城市转移，乡村题材创作日渐边缘化，也不再成为关注热点，尤其是得不到年轻读者的关注。所以这一选题出来后，很多人担心，这样的作品如果把握不好，会难以获得读者的认可，无法产生市场的效益，甚至可能会成为自己写给自己看的读本。

这些议论让我担心，也在一定程度上动摇了我的信心。越来越快的城市化进程，越来越现代的城市生活，对于今天的人们来说，确实具有更大的吸引力。经济、文化、科技、艺术、娱乐等等，全都集中在城市，作为现代人类新的聚集场域，城市日益显现出它自身所具有的魅力。而且全媒体时代正在到来，这个时候，农村题材确实是相对衰落了，尤其是年轻读者，几乎失去了对它的阅读兴趣。

　　所以业内就有人不止一次地提醒我，让我谨慎对待这个选题，免得投入越大，失望越大，最后很可能出力不讨好。

　　但是经过反复的研判，我最终坚信，这一选题有它独特的价值，也坚信这一选题，最终能够取得成功。这当然首先是因为，随着中国农村改革三十周年这一历史节点正在到来，有关农村生态、农民命运、农村建设，在当时是全社会关注的热点，而社会主义新农村建设又是我党重大的历史任务；其次，也来自作者给我的信心。选题策划做得再好，如果没有人去实施，去实现，一切都是空中楼阁。我选择的作家潘小平，有很强的选题实施能力和文本呈现能力，这个通过她之前的作品就可以感受到，而通过

这一时期的交流和合作，我更坚信了这一点。

最初我也曾经想过，把它做成一部纪实体的报告文学类作品，但潘小平让我相信，长篇小说更具备呈现这个选题的能力。因为，要表达皖北乡村所蕴含的深厚文化和悠远历史，呈现辽阔宽广的情感世界和精神向度，以及世道人心的巨大变化，报告文学在深度和广度上，都远远赶不上长篇小说。也正是在她的坚持下，我们最终决定把这一具有很强政治属性的现实题材，做成一部长篇小说。

半年后，潘小平拿出了《美丽的村庄》的初稿。

初稿形成后，我和潘小平又多次坐在一起，反复研读，对文本架构、市场定位、主体内容、情节设置反复揣摩，修改加工，不断丰富图书内容，形成图书特色，提升图书品质。最后，《美丽的村庄》四易其稿，终于在 2006 年中旬定稿。成稿后的《美丽的村庄》，较好地实现了选题的策划创意，成为一本具有鲜明时代特征、重大现实意义和特殊地域色彩的优质长篇小说。

当我拿到那厚厚的密密麻麻写满文字的书稿时，我知道我得到了希望的作品。

5

从已完成的文本看，非常丰盈，非常厚重，非常细腻。

小说从淮河岸边一对苦命的年轻夫妇，在草庵里养儿育女，在砂礓中开荒种地开始，一直写到了几百年后，严家台子几代人的生存繁衍。通过主人公严小龙一家几代人的命运这一主线，展示了中国农民的生存状态、精神气质，特别是描绘了农村改革中乡村的巨大变化。我注意到，在第一章出现的男主人公小龙和女主人公小凤，在最后一章又出现了。我问潘小平为什么要使用相同的名字，她说，龙代表男人，凤代表女人，这是为了强化它们的符号意义。在书中，潘小平还将笔触伸向南北交界处的淮河文化和流域村落生态，以高度的敏锐和洞察力，将淮河流域文化特有的风情内涵和厚重人文展露在读者面前。从当年依靠小划子逃生的小龙和小凤，到沐浴着改革开放春风长大的殷凤舞和严小龙，严家台子前后两百余年，六七代人的生存、生活、生命，得到了一种完整的、多层面的、审美的体现。特别是小说的女主人公朱文霞，亲历并参与了农村那场伟大的变革，既是乡村改革的前行者，又是淮河悠久历史人文的传承者，承载了丰富的思想

文化内涵。

　　作为传统的纯文学作家，潘小平写乡村故事别具一格。中国是乡土文学大国，在整个中国文学的叙事格局中，乡土文学占据了很大的分量。潘小平在淮河岸边出生和成长，她对淮河文化的展现，有着自己的优势。而更重要的是，她对淮河文化的理解，是来自生命深处的，对生她、养她的那一方水土的理解，是对淮河人民秉性、人格、思想、情感的理解。在"十年九涝"的艰难生活中磨炼出的不屈个性和生存智慧，让淮河人民闯过了一个又一个难关。在漫长的岁月中，一切都可能改变，唯一不变的，是沉积于淮河人民内心深处的坚忍和不屈。这种生存的智慧，可以说是淮河流域的"地域人格"，也是这本书的一大亮点。在这本书之前，还没有一个作家以文学的形式，如此明确地展现出这一点。

　　潘小平对淮河文化有深入的研究。她认为，在中国古代疆域上，具有明显而特殊南北分界线特征的河流不是长江，不是黄河，而是淮河。淮河不仅是中国大陆东部南北自然地理的分界线，还是一条自然地理的突变线和临界线：线南为亚热带，线北为暖温带。淮河是高粱种植的南界，竹子生长的北界；是1月的冰界，湿润和半湿润的分界。因此古人有"橘生淮南则为橘，生于淮北则为枳"的说法。

　　所以潘小平对淮河文化的理解，不仅来源于生活经验和生命体验，更是建立在理性的、学术的基础之上，这也是她的文本，比一般作家的要厚重的原因。她的文本既有人文的支撑，也有学术的底蕴。

　　在《美丽的村庄》中，潘小平对庄稼，对耕作，对一年四季春夏秋冬，都有细致甚至繁复的描述，这恐怕也是基于她对淮河文明的认识。淮河以南是稻作文明，淮河以北是旱作文明，潘小平认为农作物类型和由此产生的文明形态，直接影响到人类的生存方式、生活方式、生命方式，进而影响到人的行为和理念，影响到区域人格和气质的形成。

记得我陪她在凤阳农村采风调研时，她问我：知道凤阳花鼓是怎么来的吗？我说不知道。"说凤阳，道凤阳，凤阳本是个好地方，自从出了个朱皇帝，十年倒有九年荒。"以往只是听人家这么唱，其来源是哪里，我还真的不知道。潘小平说：我来告诉你吧，是因为历史上黄河水患严重，经常夺淮入海，大片的黄泛区不仅造成了成千上万的灾民，也使得这一地区土壤泥泞，经济凋零，老百姓年年都要出去逃荒要饭，凤阳花鼓就是沿门乞讨时唱的"讨饭歌"。

凤阳花鼓又称"双条鼓"，最初的表现形式为姑嫂二人，一人击鼓，一人击锣，口唱小调，成为贫苦百姓讨饭的象征。据乾隆朝大文人赵翼描述，江苏富庶地区的各个郡县，每年冬季，都有凤阳人沿街卖唱乞讨。公元1194年，黄河南犯，夺淮入海，这对于安徽来说，是一个影响深远的大事件。黄河夺淮之后，明朝仅朱元璋在位的三十一年间，黄河就向南溃决11次，明中叶之后，更是十年九荒，非旱即涝，因此才有"苦难的艺术"凤阳花鼓的诞生。

在黄河夺淮的七百多年间，黄河将大约800亿吨泥沙带入淮河流域，使得鲁南的沂、沭、泗水不能入淮，无数支流与湖泊淤积废弃，淮河原有的水系遭到严重破坏。淮河下游的地势逐年抬高，形成"两头高、中间低"的奇特地形。每当暴雨集中的汛期，洪水在中游也就是安徽段淤积，沿淮洼地一片汪洋。为防水患，老百姓把村子越垫越高，所以沿淮一带的村子不叫村子，而叫"村台"或是"庄台"。作为两淮地区所特有的一种村落形态，台子在人类聚落史上有着特别的价值和意义，书中的严家台子就是这么来的。

《美丽的村庄》中的严家台子，作为一个虚构的地名，有着真实的寓意和特殊的含义。这是一个虚构的村庄，但村落形态是真实的，或者说在文化意义上，它是真实的。至于为什么叫"严家台子"而不叫别的什么台子，我想主要还是因为凤阳小岗村"大包干"带头人姓严，有这么一点隐喻意味。

采访调研中，我们曾长时间地在沿淮一带盘桓，到过很多很多的台子。其中一个梁台子，早年间叫"安澜集"，包含有"淮水之滨，安居乐业"的美好寓意。大约在明朝初年，这里开始有了十多户人家居住，因住户多为梁姓，所以叫"梁台子"。这一带的村庄，都是一姓一台，一台一姓，梁台子、周台子、孙台子、李台子、许台子、丁台子、王台子……密密麻麻，总共有上百个台子，沿淮河两岸一字排开。然而台子再高，也挡不住"发大水"。所以过去年月，几乎每一年雨季，这里的人们都要"跑水反"，也由此形成独特的生活理念和生命态度。

淮河人的生存理念，与别的地方的人确实有很大的不同。旧社会这一带流传有这么一句话："今天有酒今天醉，明天没醉倒头睡！"淮河岸边的人，有点钱都吃了喝了，一般不积攒家业。过去，一般老百姓的家里连张床都没有，更别说箱子、柜子了。所有的衣服，冬棉夏单，全都挂到一根绳上。大水一来荡然无存，置办家业干什么？不如吃到肚子里保险。

所以中国历史上，农民起义发生最多、最频繁且规模最大者，差不多都是在淮河流域。这和淮河的十年九涝，灾害频发，民无恒业，民风剽悍，有着内在的关联。

《美丽的村庄》中的男人和女人，都是彪悍的、热情的、有血性的，既有承担苦难的勇气，也有改变生活的激情，富有淮河人的心性和气质。而它所描述的淮河岸边这个严姓小村庄，在社会动乱中的形成史和发展史，也有了人类史和聚落史的意义。因此，从这个意义上看，这部小说在众多乡土小说中，不仅具有与众不同的地域景观，而且具有特殊的人文内涵。

<h1 style="text-align:center">6</h1>

　　当然，如何将一个弘扬主旋律的选题，转化为一部文学作品，将一个传播主流意识形态的题材，转变为读者喜闻乐见的小说，使其具备充分的可读性和艺术性，这是作者在写作过程中最需要解决的问题，它非常考验一个作者的能力。

　　值得欣喜的是，通过通俗化的叙述，传达主流价值的思想，以世俗化的表达，坚持理想主义的立场，正是潘小平之所长。作者从文化人类学的田野考察入手，以民风民俗、命运的流转、生与死的因果关联等等，来淡化小说的政治性话语，拓展审美空间，成功地实现了主流意识形态的文学呈现和艺术转化。小说对农村、农民的关注既是政治层面、社会层面的，也是人性层面、文学层面的。潘小平笔下的淮北乡村是那样深广朴厚、风情独具、人气喧腾。全书情节生动，人物性格富于魅力，关注和描写的虽是乡村生活的日常状态和细节，但正是这些近乎琐屑的日常生活场景，带有很强地域色彩的民土风情，展现出了大美和大善、人心和人情。在编辑的过程中，我一遍一遍地阅读它的时候，能够强烈地感受到潘小平笔下文字的温暖：一马平川的大平原，无边无际的青青的冬麦子，村庄、草垛和落尽了叶子的老树，冬闲里袖着手的汉子，以及面容粗糙木讷、在集市上高声大嗓说话的皖北妇女……温暖明亮，营造出一种独特的文化氛围和流域气息。

　　小说的第一部分，写到了土匪、官兵、私盐、男人、女人、生命、繁

小海村

美友仁

2008.9.18

衍……能够看出农耕文明与城市文明是两个截然不同的文明体系。在几千年历史进程中，中华民族创造了伟大的农业文化，它是苦难的、艰辛的，也是辉煌的、美好的，值得铭记的。作者希望追溯到文化的源头，使叙事携带淮河文化的血色，因此小说语言多是活泼泼的、有强大生命力的口语，它传承的是淮河流域文化，延续的是古老而美丽的乡村文明。《美丽的村庄》的文本很特别，由独立的四个章节构成，而如此结构，是希望在各章节之间形成张力，以建构更大的历史空间和审美空间。尤其是第一部分，以极其形而上的描述，展示了男人和女人、庄稼与繁衍、土地与河流的关系，而这种关系延续始终，是全书的主题。

　　因此，第一部分的语言，也和后面三章有很大的区别。在开篇，作者用优美而迟缓的语调，来描述风和太阳、河流和大地，节奏缓慢、繁复，多为复调句式，以构成与农耕文明相一致的节奏，散发出一种纯美的气息。在小说中，那些舞彩龙、唱花鼓的场景，也给小说增加了不少热烈色彩。当我问潘小平这些描写是不是出于商业性、市场化的考虑时，她肯定地回答：当然是为了增强小说的可读性。在《美丽的村庄》中，花鼓灯是一个文化元素，一种地域符码，它所承载的，是淮河流域所独有的风情。但苦难的淮河，为什么能够孕育出花鼓灯这样热烈激昂的艺术？潘小平认为，正是因为苦难，人们才要以喧天的锣鼓、昂扬的旋律、欢快的节奏来抵御生活的艰辛，鼓起奔日子的心劲。花鼓灯的锣鼓点子，非常热烈，非常激昂，动作幅度也非常大，这是要和命运抗争、和苦难抗争、和贫穷抗争的情绪抒发。随着城市化和现代化，乡村古老的文明形态正在消失，作者希望用自己的笔，将其收藏下来，所以作品关注和描写的，是乡村生活的那些日常细节：庄稼的生长，四季的变换，泥土的气息，光影的推移，日出日没，花开花落，琐碎的生活场景和民俗风情，以及存在于这些日复一日的生活背后的永恒的东西。

这也基于作者对小说审美的一种认识。潘小平坚持认为，小说更应该关注和表现的，是日常生活和状态，而不是云谲波诡的传奇，大起大落的故事。琐屑和平凡，占据着普通人生活的大部分，这是更高层面、更高意义的真实。同时，作者也一直试图回到乡村文明的传统。她认为传统永远是活的，死了的是作家自己的眼光。中华文明延续五千年，生生不息，主要依靠的是一种文化能力。中国人在知识尚未广泛传播的情况下，成功地维护了人与自然、人与人、人与社会之间的关系，从而形成了自己的文化擅长——情感，包括道德，这都是中国古代农耕文明异常繁荣的结果。她还认为，传统文化不仅是一种文化资源，也是一种精神资源，是对民族伟大历史的尊重。她似乎特别希望自己的文字，能够展示自然的伟力和生命的高贵，记录生命的传承，这使她笔下的《美丽的村庄》充满了令人惊异的力量，具有了令人愉悦的阅读美感。

7

《美丽的村庄》出版之后，赢得了广泛的好评。著名作家刘醒龙在阅读《美丽的村庄》后称赞道："在一切皆向城市化迈进之际，这部关于淮河的新作，再次证明了乡土小说的无边魅力。"著名评论家李建军则表示，"读完《美丽的村庄》，我有空山新雨、高冈振衣的欣快"，称赞其"是一幅抒写当代农村生活巨大变革的画卷。耐心细致的描写，成功地强化了小说的真实感；充满深情的叙述，则包含着作者对于生活的挚爱和祝福"。

就描写当代农村的现实生活而言，《美丽的村庄》被评论界称为那几年为数不多的"有声有色"的优秀作品之一。这首先因为，在品种繁多的当代长篇小说中，《美丽的村庄》第一次以安徽凤阳小岗村率先实行"大包干"，成为中国农村改革发源地为背景，回溯了农村近三十年的改革历程，讴歌了普通百姓的改革激情和创新能力，并第一次描摹了社会主义新农村建设模式和发展愿景。其次，它叙事风格纯美，表述生动，具备独特的阅读价值。作者成功地借助小说特有的表现手法，大大拓展了故事的人文内涵，透过真实鲜活的乡村生活和风土人情，深刻描写了中国乡村所经受的苦难和蜕变，寻找和表现了乡村生活中值得收藏和让人感动的东西。小说的历史跨度很大，从清代中晚期，一直写到当下，前后数百年时间。其最可贵的就在于把流域历史恢复成为普通人的历史，让许多曾经丢失的记忆变得触手可及，展示了在那些粗糙而快乐的环境中充溢着的单纯美好的乡村风情，以及蕴藏在那些朴素乡民身上的，追求和创造美好生活的激情和勇气。

但如何让这样一部优质的主旋律图书为更多的读者所了解和喜爱，实现更有效的传播？这是摆在我面前的又一个重要任务。为此，在安徽出版集团领导和文艺社领导的指导和支持下，我们策划组织了《美丽的村庄》新书发布会、网络推广、作者签售、专家书评、书城推介会、作者访谈、小说连载、电视专题介绍等一系列的主题推广活动，采用全方位、立体化的营销模式，努力提升图书的社会影响力和市场号召力。

2007 年 1 月，我们在北京图书订货会现场举办了《美丽的村庄》的新书发布会，《人民日报》《光明日报》《文艺报》以及中央人民广播电台、新浪网等全国 30 多家媒体对此做了专题报道。之后，我们又约请当年小岗村生产队副队长、"大包干"带头人严宏昌，当年参与按手印的十八人之一、时任小岗村村委会主任的关友江，以及严宏昌之子、第二代小岗村人严余山等人专程来合肥座谈交流。小岗人对《美丽的村庄》的出版给予了充分的肯定，他们热情地在书上签名留念，并像三十年前签下那份生死协议一样，在书上郑重地按下红手印。这些活动引起了媒体的广泛关注和报道，对推动《美丽的村庄》的社会传播起到了良好的作用。

之后，我又多次前往北京，专程将《美丽的村庄》赠送给著名作家、时任中国作协副主席的高洪波，我国著名经济学家、"三农"问题专家温铁军以及曹文轩、雷达、胡平、贺绍俊、王干等有关专家学者审读，得到了极大的认可。雷达、曹文轩等随后在《人民日报》《光明日报》《文艺报》等国内知名媒体上发表书评，对本书的出版价值和文学成就给予了高度的评价。

此时，正值隆重纪念中国农村改革三十周年前夕，作为"第一部以凤阳小岗'大包干'为背景，追溯农村改革发生在小岗的历史文化渊源，展示改革开放三十年中国乡村所经历的艰难蜕变和巨大变化"的小说，《美丽的村庄》以其特殊的出版价值和优质的文本内涵，实现了丰富人文思想和生动阅读趣味的统一，从而获得社会各界和业内同仁的普遍好评和关注。高洪波、雷达、胡平、曹文轩等著名学者一致推荐其申报全国"五个一工程"图书奖。在专家推荐意见上，他们称赞本书写出了"一部村落史，描绘了近三十年中国农村的变革史，并扩而大之，试图对中国传统文化和农业文明进行独特思考"，认为小说对处于变化中的乡村和传统道德，"表现出一种文化的自信"。著名评论家、时任鲁迅文学院常务副院长的胡平先生还特别指出："本书在题材的处理和内在情绪的把握上，表现了作者深沉含蓄的控制力度。作品摆脱了简单批判和颂扬的模式，致力于写出这块土地上积淀的特殊的文化底蕴，在这个意义上，《美丽的村庄》区别于其他一些乡土小说，别开生面，具有了自己的文化价值和文学品位。"他强调，"在建设社会主义新农村的进程中，我们尤其需要鼓励贴近农村现实、贴近农民生活的创作"。

2007 年，《美丽的村庄》荣获中宣部第十届精神文明建设"五个一工程"奖，成为安徽出版集团成立以来第一本获得中宣部"五个一工程"奖的图书。

作为一部弘扬主旋律的精品图书，《美丽的村庄》实现了社会效益和经济效益双丰收，小说当年再版，重印 3 次。

"五个一工程"奖，是一个出版人所能获得的国家级的最高嘉奖，获此殊荣让我既自豪又激动；同时，也让我深深地体会到，作为一个出版工作者，必须随时保持对社会热点和当代生活的敏感，策划编辑具备良好文化品位和出版价值的精品图书，用自己的努力和工作传播正能量，弘扬主旋律，传承中华优秀传统和文化。这是一个出版人职业的需要，也是责无旁贷的使命和担当。

　　好的题材必须要有独特的呈现形式，才能展示其独有的魅力。

　　《一步跨过两千年》尝试以口述实录体文学形式展示重大历史事件，通过亲历者原汁原味的叙述，保存历史的真实状态，同时又创造性地融入作者的感知和思考，使最终的文本既具备口述实录体的生动鲜活，又具有传统文学的思想和理性，焕发出更加新鲜的光彩。

《一步跨过两千年》的文本创新

—— 一次口述实录体文学的编辑实践

1

　　20 世纪 90 年代，因为策划编辑"当代百家小说精品集成"丛书，我得以和当代中国最优秀的一批作家结识，从而积累了一批宝贵的作者资源，并在后来的编辑出版工作中，得到他们的大力支持和帮助，冯骥才先生就是其中之一。冯骥才先生一直是我喜欢的作家，前期编辑"当代百家小说精品集成"时，我收录了他的著名作品《神鞭》，由此和冯先生有了书信来往。其时，正逢他的口述实录体作品《一百个人的十年》出版面世，在思想文化界引起了极大震动，冯先生慨然签赠了一本寄给我，捧读之下令我十分震撼。这是我第一次接触到口述实录体文学，这种既如新闻采访，又具备文学内涵，既记录事实真相，又触及情感心灵，"用文学的笔调记录真实的历史"的文学样式，给我留下了深刻印象，也引起我极大的兴趣，我因此萌发了做一本口述实录体图书的念头。

只是做怎样的内容题材，从怎样的角度切入，一时还找不到头绪。

没想到，机会说来就来，我的这个想法很快得到一个实现的契机。

2005 年岁末，中国社会发生了一个重大历史性事件，那就是 12 月 29 日下午 3 时 04 分，第十届全国人大常委会第十九次会议经表决决定，自 2006 年 1 月 1 日起，废止《中华人民共和国农业税条例》，中国农业从此步入无税时代。消息传出，全国为之沸腾。

"上下两千年，种地不要钱。"从探求农村税费改革的途径，逐步减轻农民负担，到最终免除农业税，是一个艰难、曲折而又漫长的过程，有许多人，做了很多艰苦卓绝的工作，才推动了这一历史时刻的到来，而其中，尤以安徽为最。早在 2000 年，安徽就以率先改革的勇气、勇于创新的精神、强烈的历史使命感，先全国一步，举全省之力，进行农村税费改革试点，为中央彻底解决"三农"问题，提供了理论储备和政策储备，为推动中国农村经济社会的发展，做出了不可磨灭的贡献。

在中国农村改革历史大事记中，"小岗变革"和"税费改革"，都发生在安徽，作为安徽本土的出版工作者，有责任为它做出记录。前期我已经策划出版了以农村改革发源地小岗村为背景的长篇小说《美丽的村庄》，积累了一定的农村题材作品的编辑经验。作为中国农村改革的另一个重大事件——"税费改革"，同样是值得大书特书的社会重大主题，应该有文字记述这一切。

我再次想到了潘小平老师。这是个极具洞察力和表现力的作家，特别擅长处理重大社会历史题材，前期我们共同策划完成的《美丽的村庄》，获得了中国图书最高奖"五个一工程"奖，同时也获得了文坛的充分肯定。如果能够再次合作，不是更有价值，更有意义吗?

　　我立即拜访了潘老师，和她沟通相关选题意向。和潘老师的交流十分顺畅，并且得到一个极其宝贵的信息：潘小平老师告诉我，为了纪念即将到来的中国农村改革三十周年以及取消农业税这一重大历史事件，有关方面也希望有作家，来写一写安徽农村税费改革艰难的实践和曲折的历程，正在约请她做一个有关安徽农村税费改革题材的课题调研。

　　这真是一个意想不到的收获！我不禁喜出望外，信心大增，立刻告诉潘老师，我们可以借助这个契机，跟进策划出版一本反映安徽农村税费改革进程的图书，展示安徽人在中国农村改革进程中的努力和付出、艰辛和贡献。

　　长期的合作，使我们彼此建立了信任和默契，潘老师自然是一口应承。

　　但怎样表现和展示这个历史事件呢？用什么样的题材和形式才能更有力地表现这样的主题呢？

　　我们进行了长时间的探讨，一时难以达成共识。

　　好的题材必须要有独特的呈现形式，才能展示其独有的魅力。之前的《美丽的村庄》，采用了长篇小说的形式，是为了最大限度地呈现地缘文化和区域人格，追求文本的历史感和人物的命运感，而且它涉及的也只是一个村庄、一群人的故事。而农村税费改革涉及社会生活的方方面面，从中央到地方，从省市到乡镇，甚至到一座座村庄、一个个人物，地域广阔，人物众多，用小说的形式显然无法表达和概括。

　　可不可以尝试用口述实录体的形式来表现呢？我突然想到。

　　这种实录式的文体所呈现出来的真实的现场感觉和强烈的个体色彩，在我看来十分适合。通过那些参与其中的众多人物的口述，可以多层次、多角度地再现安徽农村税费改革这一事件的广阔与复杂，使文本具备真实有力的细节和时代记忆的内涵，从而焕发出新的特色和光彩。

我把自己的想法告诉潘小平，她觉得兴奋，又有点犹豫。

按照潘老师的想法，还是希望把它做成一个调研报告或是报告文学，以保持文本的史料性和真实性。她认为这样一个重大的历史事件，前后经历了十几年的时间，从中央到地方，无数部门和个人参与其中，任何主观的、个人的、文学的手法，都不足以表现它的纷繁与复杂、艰辛与艰巨。她担心完全依赖于口述实录，采用来自讲述者基于个人立场的回忆性讲述，会有记忆和表述失真的可能，甚至会掺入一些个人的情绪和非理性因素。

这确实是我们在选题策划、整体构思时必须要考虑的问题。

当然，作为一个高度关注现实生活，热衷于当代社会题材，而又极具创新意识的作家，潘小平又被口述实录体形式的鲜活和生动所深深吸引，对这种以记录采访对象的口述为事实依据，兼具新闻性与艺术性的文体充满兴趣和好奇，她表示乐于尝试。

于是，我们商议潜下心来，共同查阅和研读口述实录体写作的相关材料，探讨能否以及如何以这样的体裁来承载和表现中国农村税费改革这样宏大的题材和内容。

2

中国的口述实录体写作，肇始于文学，普及于新闻，发达于历史领域。而口述实录体写作与常规写作的最大不同在于，作者大多放弃了叙述的权利，作者的主观情感、思想和理性，在整个文本建构中的作用往往被有意淡化。

与国内的情况正好相反，在国外，口述实录体首先萌生于美国史学界，渐次浸染到新闻和文学领域。20 世纪 40 年代，当口述实录体最初在美国出现时，它只是一种搜集史料的手段。1948 年，尼文斯在哥伦比亚大学建立了口述史料学研究室，1960 年出版第一部《口述史料汇编》。稍后，一些新闻工作者和作家走向社会，用采访的方式如实记录民间话语，并将其中一部分转化为文字，公开发表或者结集出版。至此，口述实录成为一种自觉的写作方式。

在美国，最有影响的口述实录体作家是斯特兹·特克尔。60 年代中期，他以在街头录音访谈的形式完成了他的第一部口述实录体作品《断街——美国都市采风录》，以芝加哥市民为采访对象，记录了 70 位美国人的口头谈话。特克尔有意寻找不同阶级、不同民族、不同肤色、不同性别、不同年龄、不同职业、不同收入、不同文化、不同政见的人进行采访，获得极大成功。之后，特克尔又在 1980 年完成了其著名的口述实录体作品《美国梦寻——100 个美国人的 100 个美国梦》，采访实录了 100 个美国人畅谈自己在美国的梦想及其追寻梦想的过程。其采访对象涉及美国三教九流的各色人等，有美国小姐、雇佣枪手、影星、歌手、政界人士、老板、流浪者、大学生、罪犯、教徒、三 K 党党魁、城里的街坊邻居、贫民区的姑娘、山区的乡巴佬、移民及其后代等。这部作品获得了普利策文学奖，成为世界公认的文学名著。

有影响的口述实录体作品，还有 1970 年出版的劳伦斯·桑德斯的《安德逊录音带》，几乎是直接将原始录音带上的话语转换为文字出版。

口述实录体写作于 20 世纪 80 年代传入中国，立刻引起文学研究者和写作者的关注。在中国，率先尝试口述实录体写作的是张辛欣和桑晔。1985 年，他们合作完成的《北京人》发表，引起了很大反响，被文学评论界称为"中国第一部口述实录体文学"。《北京人》以采访实录的方式

展示当时中国各地区、各行业形形色色的
人物，作者有意识地维持谈话的原本状态，
讲述人的言辞、口吻、神态和表情，都在
文本中被完整地保留下来。其后，散文作
家周同宾的口述实录体作品《皇天后土》，
更是"让农民自说自话，说出原生状态的
农民自己"，自己则"只做记录剪辑，不
做塑造粉饰"。冯骥才的《一百个人的十
年》和安顿的《绝对隐私——当代中国人
情感口述实录》出版后更是进入畅销书行
列，中国的口述实录体写作从此开始起步。
2005 年林白出版的《妇女闲聊录》，则以
一位倾听和记录者的身份，几乎是"照录
留存了讲述人的原始模样"。

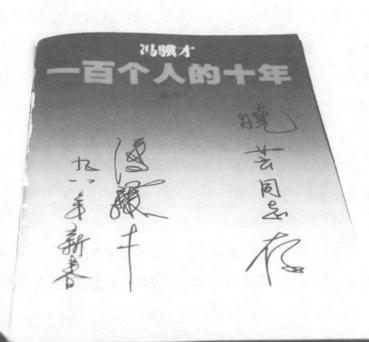

如果说，历史界的口述实录，是为了最大限度地呈现当事人的原始话语，为常规历史文本提供参照的话，那么新闻界和文学界的口述实录，则试图通过在以往任何文本中都不曾出现的百姓话语，来展现普通百姓视野中的现实世界，保留更原始、更本真、更丰富的材料。口述实录体写作因而被文学界称为"一场具有划时代意义的话语权革命"。

张辛欣在接受采访时说，她和桑晔在 1984 年就确定了写 100 个普通中国人的计划，为此跑遍了全国各地，进行采访，经过筛选整理后才在《钟山》《收获》《文学家》《上海文学》《作家》5 家文学期刊发表了 80 多篇总题为《北京人》的系列作品。而冯骥才则是通过在《今晚报》上刊登启事，征集"文革"中普通人的受难经历。在整个创作过程中，冯骥才采访了数百名各行各业的"文革见证人"，阅读了 4000 多封来信，从中选取了 29 个故事，以《一百个人的十年》为题，汇集成书，由江苏文艺出版社出版。《一百个人的十年》真实地记录了普通中国人在"文革"中的人生际遇和心灵历程，保留了很多十年浩劫的真相。冯骥才说："这部书不能算是创作出来的，它是从社会学的角度真实地记录了那段历史，是对被采访者叙述的实录，没有任何想象和虚构的成分。"而周同宾的口述实录体作品《皇天后土》，作品在结集之前已陆续发表在多家文学期刊上，总共有 100 多篇。最终，作者选择了 99 篇出版，副题即为《99 个农民说人生》。

由此可见，口述实录体文学作品的前期采访和写作都十分艰苦，用周同宾的话说，"往往见面十几人，只有一两人说出了有用的话"，像沙里淘金一样，"成如容易却艰辛"。

在充分阅读和了解国内外的口述实录体作品之后，潘小平和我交换了意见：一方面，采用口述实录的文体，以真人真事为基础，以被采访者的谈话录音和笔录为材料进行创作和架构，可以通过农村税费改革亲历者的叙述，更有力地保存历史的原生状态，记录这一重大历史事件的真实进程；另一方面，也要融入更多作家意识和理念的内容，通过作者的叙述评议和选择筛选，将全文统领到农村税费改革的主题，避免因个人情绪和记忆的偏差而影响文本的历史深度和高度。尽管口述实录体文学最大的文体特点，是作家对叙事权利的放弃，但潘老师觉得，"主观理性"对于口述实录文体来说，不仅重要而且必要。为此她做了大量的前期资料收集与整理工作，并在此基础上做了深入的理性思考。用她的话说，身处大变革的大时代，处理大事件大题材，仅仅依靠普通人的"口述实录"，肯定不足以表达它的深邃复杂和波澜壮阔。

对这一点，我完全赞同和认可。

通过反复的沟通与磋商，我们达成一致意见，决定把这个选题做成一部以口述实录体为主、以事件发展过程为辅、以理性判断和主观介入为穿

插的图书。以众多的人物、众多的声音，更重要的是以作者的思想和理性，多层次、多角度地再现从安徽农村税费改革试点，到全国取消农业税这一历史事件的纷繁与广阔，使最终的文本既具备口述实录体的生动鲜活，又具有传统文学的思想和理性，成为能够承载历史重大事件、社会重大主题，有深度、有厚度、有力度的精品图书。

方向既定，我们都松了一口气。

接下来要做的，就是繁重复杂的访谈写作和资料收集工作。

3

中国是一个农业大国，14 亿人口中，有 9 亿多是农民，分布在全国 60 多万个行政村里。

而在中国这个农业大国中，安徽又是农业大省。安徽农村在中国农村中，无论是从地理位置、气候条件、人文历史，还是从农作物种类和耕作方式上说，都最具代表性、典型性和特殊性。

农业税在中国，是一个古老的税种，老百姓称之为"皇粮国税"。史学界一般认为，中国农业税始于春秋时期鲁国的"初税亩"，到汉初形成制度，迄今已有两千六百年的历史。农业税本来应该以农业收入为征税对象，以常年产量为计税依据，但是在实际执行中，它却成为一种按照"估产"分摊到农民头上的税收。很多农民不种地了，也仍然被迫上缴农业税。正如一些农业研究学者所指出的，农业税不是个人所得税，因为它没有起征点；也不是营业税或利得税，因为它不区分生产的营利性；更不是资产税，因为土地不是农民的私产。中国的农业税是一种典型的"身份性贡赋"，只要你脱不了农村户口，农业税就要活到老，缴到老，如影随形地跟定一个人的一生。

由于农业的弱质特点，农民的弱势身份，从全球范围来看，许多国家政府都给农业以大量补贴，尤其是在经济发达国家。根据经济合作和发展组织测算，美国对农产品的补贴，大概在每 100 美元的农产品产值中，就有 20—30 美元是出自政府的补贴，欧盟是 40—50 美元，日本是 50—60 美元，少数的欧洲国家，比如瑞士和挪威，甚至高达 80—90 美元。2002 年 5 月，美国众议院和参议院又都通过了新的农业法案，对以往的农业法案进行调整，进一步增加政府对农业的拨款。该法案规定，在今后的十年内，政府用于农业的拨款，将达到 1900 亿美元。

而在我国，由于"皇粮国税"是千年古制，多年沿袭下来，农业不但没有补贴，反而各行各业都在吃农民、吃农业。纵观几千年来的中国社会，一直是"以农养政"。事实上，新中国成立后，也正是农业税条例的施行，保证了国家掌握必要的粮源，保证了基层政府的运转，保证了城市和工业的发展。几十年来，农业税一直是国家财政收入的重要基石，据统计，新中国成立的最初几年，农业收入一度占到国家财政收入的 41%。从 1949 年至 2000 年的五十二年间，中国农民给国家缴纳了 7000 多亿公斤粮食，全国累计征收农业税达 3945.66 亿元。

正是依靠农业"乳汁"的哺育，新中国才在"一穷二白"的起点上，建立起了比较完整的工业体系，并成功地发展了国防工业。

每一个中国人，每一个城市人，都应该记住中国农民对新中国的建设和发展，做出的巨大牺牲和贡献。

然而，随着现代化发展，城市化进程，城乡差别却越来越大，广大农民没有和城市人享受到同等的国民待遇。城里人有社会保障，农村人没有；

城里人可以贷款买房买车，农村人却连生产贷款也很难申请到；城市的所有基础设施都是国家包办，农村办学、修路、饮水却要农民自己集资建设；就连城里人用电，也要比农村人用电，一度便宜好几毛钱。

进入 20 世纪 90 年代以来，农民负担越来越重，农村社会矛盾也越来越多。农民负担主要由两大块内容组成：一块是国家税收，包括农业税和农业特产税；一块是"三提五统"，"三提"是指公积金、公益金、管理费，"五统"是指教育附加费、计划生育费、民兵训练费、民政优抚费、乡村道路建设费，俗称"村提留乡统筹"。而实际上，面向农民的收费远不止这些，各种集资、罚款、摊派名目繁多，有的地方和部门在中小学入学、建房、结婚登记、计划生育指标审批等方面搭车收费，各种不切实际的达标升级活动也都向农民摊派，从农民口袋里掏钱。老百姓这样形容："头税轻，二税重，三税是个无底洞。"在这里，头税是指农业税，二税是指"三提五统"，"三税"就是指各种集资摊派。老百姓分不清什么税啊费的，一律称作"税"，这些都严重损害了国家税制的名声。个别地方甚至平均

摊派，层层加码，广大农民不堪重负，对立情绪严重。而乡村干部也为收税收费疲于奔命，"登百家门，收百家钱，遭百家骂"，严重损害了基层政府的形象，干群冲突和群体性上访事件不断发生。

与此同时，与农业生产和流通相关的具有主体性质的"七站八所"：畜牧兽医站、技术推广站、经营管理站、农田水利站、粮食购销站、植保站、农机站、财政所、税务所、供销社等等，都靠农民来养活。由于"七站八所"的工作人员费用65%由财政负担，35%由农民负担，而在经费困难的情况下，他们只能想法从农民身上收取。20世纪80年代初期农村改革出现的发展奇迹，很快就成为历史，农村经济发展中的深层问题开始凸显，中国农村经济进入发展迟缓、矛盾复杂的阶段。

从1996年开始，我国农产品价格陷入长期低迷，1999年至2001年，早稻价格甚至降至每100斤20多元，只及挑一担谷子的工钱。卖粮难，收益少，农民种地亏本，种多多亏，种少少亏，不种不亏，因此大量农民不愿种地，由此造成了农田的大面积抛荒。城市的繁华和发展，吸引了数以千万计的青壮年农民外出打工谋生，农村只剩下老弱病残，日显凋敝。

有关数字显示，在很长一个时期内，农村经济日渐萧条，各类矛盾层出不穷。从中央到地方，从各级政府到农村问题专家，都在寻求减轻农民负担，推动农村发展的途径。2004年2月，中央发布了新世纪的第一个"一号文件"。它有两大特点：第一是文件的标题《中共中央、国务院关于促进农民增加收入若干政策的意见》，是有史以来第一个将"农民增收"写入标题的中央文件；第二就是，它是又一个关于农业的"一号文件"。改革开放初期，1982年至1986年，中央曾连续发布5个"一号文件"，用尽一切办法推进农村改革。关于农业，已经多年不用"一号文件"了，所以这个"一号文件"的发布，格外引人注目。新中国成立后，中国政府依照有关规定，在广大农村地区征收农业税，1958 年颁布了《农业税条例》，并一直实施至 2005 年。从 1983 年开始，除农业税外，国务院决定开征农林特产农业税，1994 年改为农业特产农业税；牧区省份则根据授权开征牧业税。这样，我国的农业税制，实际上包括了农业税、农业特产税和牧业税等三种形式。农业税在相当长的一个时期内，一直是国家财政收入的重要来源。

而随着中国社会步入工业化的中期阶段，农村、农业和农民，成为整个国民经济发展的一块"短板"。随着中国经济结构的变化，农业税在中国税收中的比重逐年下降，一年仅为 400 亿元。如前面所说，在 20 世纪 50 年代，农业税占全国财政收入的 41%；而在 2003 年，我国政府宣布将逐年减少农业税时，它仅占整个财政收入的 4%；而到了 2005 年，农业税在全国财政收入中的比重，下降到仅占 0.5%。

中国经济增长的速度，令世界瞩目。

与社会经济的高速发展相比，农业税实在是九牛一毛，免除农业税对于中国财政而言，已经没有妨碍。

2005 年 12 月 29 日下午 3 时 04 分，第十届全国人大常委会第十九次会议经表决，以 162 票赞成，0 票反对，1 票弃权，决定自 2006 年 1 月 1 日起废止《中华人民共和国农业税条例》。

新中国实施了近五十年的农业税条例被依法废止，成为历史档案。

这是一个举世瞩目、万众欢呼的时刻，中国农业从此步入无税时代，媒体上称之为"后农业税时代"。"后农业税时代"立足于对农业的补贴，和建立与农村经济基础相适应的上层建筑，而中国农民则将这一划时代的举措，直呼为"免皇粮"，誉为"开天辟地头一回"。

而在这一过程中，又是安徽，以率先改革的勇气、勇于创新的精神，于 2000 年进行农村税费改革试点，为中央彻底解决"三农"问题，做出最终免除农业税的决策，提供了实践的依据。

<h1 style="text-align:center">4</h1>

在充分的资料准备和分析思考的基础上，潘小平很快就拿出了她的写作框架与思路：以安徽农村税费改革发生、发展的时间顺序为主线，以亲历者的谈话录音和作者笔录为基础，基本按照口述实录的形式，保存讲述者的叙述口语和原始状态，真实记述农村税费改革在安徽先行先试的全过程；同时从地理与人文、历史与现实、中央与地方、省市与乡镇、国家与个人等多个层面，梳理和描述安徽农村税费改革的全过程，把它放到全国范围内去考量，以挖掘安徽农村税费改革对中国取消农业税的现实意义，以及它对彻底废除中国几千年赋税制的历史性跨越的推动。

安徽最早的农村税费改革，始于 1993 年涡阳县新兴镇的自发改革，当时冒了极大的政治风险。稍后的 1994 年，太和县紧步其后，以过人的政治胆识，将这一改革在全县范围内推广，改革迅速在皖北地区蔓延。1994 年，五河县开始自发谋划进行农村税费征收方法的改革，希望把它作为农村税费改革的突破口，减轻农民负担。安徽省财政厅以极强的政治敏感，抓住五河试点不放，不断地探索和突破，为 2000 年以后的全省改革试点，积累了经验。

涡阳、太和和五河，都属于皖北地区，偏僻贫瘠，在各级基层政府中，有很多热血激荡、敢当敢为的人，自觉地为国家分忧，为农村的发展而努力。正如著名农村问题专家温铁军所称颂的，一群微不足道的小人物，默默探

索着，默默奉献着——他们内心深处的善良，照亮了很多人。

　　而且也不光是小人物，在安徽，有职有权、有名有位的政府官员中，也不乏关心农民疾苦、甘冒政治风险、勇于改革创新的人，他们和这些人一起，共同推动了历史进步。历史会记住他们。尤其是2000年，安徽成为全国农村税费改革的试点省份以后，进行了一系列大胆的实践和创新，受到中央和理论界的赞誉和肯定。

在当时全国 32 个省、市、自治区中，安徽是唯一的税费改革试点省份。据说最初的时候，有 4 个省向中央报名参加税费改革试点，但是最终除了安徽，都打了退堂鼓。对于一个农业大省来说，税改就意味着减收，意味着"扒"去一大块财政收入。我们至今仍无法确切地知道，退出的是哪 3 个省。在彻底免除农业税的今天，谈论这些已经没有任何意义，但在中国经济社会急剧推进的历史进程中，在改革进入深水区，结果不可预测的前提下，安徽默默做着许多省所不愿做的事情。在这场重大变革中，安徽又一次起到了排头兵的作用，回到当时的历史背景中去看，安徽的政治勇气，令人动容。

在这个国家的转型发展和现代化进程中，有许许多多普通人，参与了对它的推动。潘小平认为，无论是什么样的写作文本，都应该以他们为主角。

选题确定下来，我做的第一件事，就是陪潘小平去跑安徽省财政厅，向相关领导通报我们的写作思路和出版计划，以获得财政厅相关领导和部门的认可。因为涉及很多行业采访和专业采访，我们需要农村税费改革的主导部门省财政厅，从资源和资料上提供支持和帮助。和财政厅相关领导和部门沟通非常顺利，他们不仅很快就给我们提供了采访重点和名单，而且还帮助我们联络和安排了对相关人员的采访。来自政府部门的帮助和支持，为全书的完成奠定了坚实的基础。

5

在接下来三个多月的田野调查和实地采访中，潘小平跑遍了安徽大地，从皖南山地到皖北平原，从江淮丘陵到大别山区，跋山涉水，风餐露宿，上自省财政厅、发改委等主管和指导部门，下至一乡一镇，一村一户，共采访了各行业、各阶层 100 多人。他们都是安徽农村税费改革的亲历者：有"偷着干，顶着干，先干起来再说"的乡镇基层工作人员；有"下去一把抓，回来再分家"，努力突破，做出大动作的县市一级干部；有努力让"公共财政阳光普照'三农'"的省部级领导，以及许许多多参与其中，从不理解、怀疑抱怨到热烈拥护、维护大局的广大群众；甚至有从"昔日上访户"转变为"今日调解员"的乡村传奇人物。很快，潘小平就拿出了详细的写作大纲。全书以时间线为结构顺序，以采访对象的口述为基础，以理性的认知为统领，由不同讲述者的"众声集纳"或不同事件场景的"碎片集纳"，共同呈现农村税费改革的大历史。初稿拿出来后，感觉已经很成熟，阅读中能够强烈感受到口述实录体所特有的现场感和震撼力，这让我倍增了信心，也确认了自己对文本体裁方向的选择。

　　与一般的口述实录体作者不一样，无论是面对历史还是现实，无论是面对人物还是田野，潘小平都显示出一种现场式的介入姿态。她的写作是置身于生活现场，深入到具体的社会现实中去，通过田野考察、人物访谈获得最为原始的感知和体验，获得生动翔实的第一手资料，具有口述实录体原生状态的真实鲜活；同时，又深入到历史或现实的内部，直面复杂的生存逻辑和伦理秩序，展示了自我的精神姿态和思想能力，为读者了解农村社会现代化的进程，提供了理性的思考和观照。

　　从 20 世纪 80 年代开始，中国经历了从社会体制、经济格局到人的价值观念、生活方式、行为规范的巨大转型，而文学创作却日趋技术化、琐碎化，越来越远离土地、生活和社会现场，很多是依赖"二手经验"来维持的。通过与潘小平的合作，通过对口述实录体文本的尝试，我深深体会到，作家只有把目光转向真实的生活现场，捕捉瞬息万变的生活细节，才能真实地反映这个时代，反映这个时代中国人的日常生活和精神面貌。为了丰富本书的文本内涵，我还专程陪同潘小平前往北京，先后两次采访了著名的农村问题专家温铁军先生，亲耳聆听温铁军讲述安徽的先试先行，对中国农村税费改革做出的特殊贡献，使我们对安徽农村税费改革的重大意义有了更高的认识，越发下决心要把这本书做好。

　　初稿形成之后，我和潘小平反复讨论，对文本架构、板块设置、情节与人物反复考量，进行精益求精的修改加工，以丰富图书内容，提升图书品质。最终完成的文本，不仅有讲述者的口述实录，还有构成人性冲突或社会冲突的事件、故事和人物，更有作者对这一重大历史事件的感知和思考。全书由不同讲述者的叙述片段组成，以这些个别的、片断的、家常口语化的个人叙述的众多"小故事"，呈现了安徽农村税费改革的重大历史和复杂进程，展示了其发生、发展的时代内涵和社会价值。

　　潘小平对现实题材的处理，有一个非常大的特点，那就是喜欢直接展示创作主体对事件的观察、分析和思考。她的纪实性文本不同于一般报告文学和口述实录体文学的地方，是在突出现场纪实性的过程中，多以理性思考和辨析为主，从不回避主观上对历史和现实的深度介入。这种介入是现场直击式的、田野考察式的，也是微观的、感性的、有体温的；是在一系列的细节展示中，呈现出社会的变化，传达出作者对人物和事件的深度思考。同时，在叙述的过程中，作者自由地穿插于场景、人物、情节、观察、总结、理性之间，同时推进，交叉叙事，这些也充分显示了作者的叙事功力和把控故事、推进情节的能力，以及对题材更深邃、更广阔的理性观照。

　　但关于书名，却很费了一番周折。最初，我们想命名为"来自农村的最新调查"，但又觉得太像一个课题报告；之后，又起了几个名字，都不太满意。最终，受到《上下五千年》书名的启发，联想到农业税在中国实施了两千多年，为了体现免除农业税对于中国社会的重大历史意义，决定将书名定为《一步跨过两千年》，副标题则为"来自中国农村的最新调查"。

　　这个书名获得了相关专家的极大肯定，认为它较好地展示了选题的主题创意，也一目了然地呈现了中国农村税费改革的历史意义。而在封面的设计上，我建议在书的眉头印上"上下两千年，种地不要钱"的主题词，并特别呈现了 2005 年 12 月 29 日下午 3 时 04 分，国家宣布免除农业税的重要时间节点，以凸显这一重大历史时刻。

　　经过不懈努力，《一步跨过两千年》四易其稿，终于在 2007 年底完成，并在 2008 年 1 月正式出版。此时正值我国农村改革三十周年纪念，因而在社会上引起了广泛的关注。中国的改革开放是从农村开始，而农村的改革开放是从安徽小岗开始，从这个意义上讲，安徽小岗是中国改革开放的起点和源头。而在全国所有的省、市、自治区中，安徽又是唯一的农村税

费改革试点省份，在继农村联产承包责任制之后，安徽又一次推动了历史，在中国农村现代化的进程中发挥了特殊的作用。

作为我国第一本以"口述实录"和"亲历历史"两大元素，全面反映安徽农村税费改革历史进程和成果的图书，《一步跨过两千年》上市后获得了许多好评，并被作为礼品书赠送给安徽省第十一届人大会议和第十一届政协会议代表，赢得了两会代表的赞誉。

而让我们最感欣慰的是，《一步跨过两千年》的文本创新获得了许多学者的好评，这种既有不同讲述者的原汁原味的"众声集纳"，又有作者主观理性的介入和提升的表述方式，被认为是"让读者从片段的个人记忆中，窥见历史的进程，使最终的文本既具备口述实录体的生动鲜活，又具有传统文学的思想和理性，有着特别的思想光辉和史料价值"。《光明日报》为此发表了专题书评，称赞《一步跨过两千年》对"安徽人敢为天下先的精神作了最好的彰显"，是一部"书写安徽农村改革的雄浑诗篇"。

这使得我们的努力，收获了圆满的结果。

　　互联网时代，"编发一体""全程营销""平台再造""渠道升级"，这些现代市场理念改变着传统的编辑流程，同时，也推动着出版的创新和发展。

"编发一体"和"全程营销"的尝试

—— 《海上灵光》的策划和营销

1

　　从事编辑工作十几年后，因为岗位调整，2008 年，我来到安徽美术出版社，从事经营工作，主要分管市场营销和图书发行工作，从而近距离感受到互联网时代出版所面临的种种压力和挑战，也切实体会到新媒体时代给出版带来的巨大变化，提供的巨大可能。在此期间，我的主要工作是带领发行团队开发市场，为本版图书的销售拓展渠道，提升销量。

　　美术社图书专业性强，以往销售多依赖传统主渠道新华书店和民营专业书店，而随着地面店日渐式微，网络书店迅速扩张，图书同质化竞争激烈，美术专业类图书销售压力越来越大，传统营销渠道结构的更新和升级势在必行。为此，我带着发行团队，一方面积极开展各类主题营销活动，努力扩大图书影响，吸引读者购买；另一方面重点抓新的渠道建设，尝试从网络平台找到美术图书的销售突破口，建立线上网络书店和线下实体书店互相促进、共同发展的多元销售网络，为本版图书的销售打通多种出口。

我们的努力获得良好效果，不仅和当当、卓越、京东三大门户网站的网上书城拓展了销售合作，而且与博库、文轩、状元坊等50多家专业网上书店建立了联系，搭建起多平台多店铺的网络销售通道。

随着图书线上销售量迅速增长，我们的图书销售主渠道也逐步实现从线下到线上的全面转移。网店销售势头迅猛，成为营销亮点，不久就在出版社年度图书销售总额中达到50%以上的份额。

网络平台给我们的图书打开了新的销售空间，提供了更多的可能性。借助电子商务，我们的营销功能也在不断提升和丰富，特别是网络销售动态的实时可监控，销售数据的及时可采集，这些极大地提升了营销的精细化和准确性，有利于我们更有针对性地开展图书促销，及时把对的品种放在对的渠道，让好的图书实现好的销售。同时，电子商务还带来一个新的可能性，就是在图书出版前可以利用网络平台的预售、征订等方式来了解潜在的读者需求和读者群体，从而增加选题策划的有效性和精准性。

这使营销工作在选题策划和图书出版流程中有可能发挥更大的作用。如何跟进市场，改善创新，推动发行人员和图书编辑一起，共同研发策划优质项目，带动形成新的销售增长点，一直是我积极思考并努力实践的课题。为此，我一方面建立了市场信息月报、编辑发行业务对接例会、重大项目编发联动等营销机制，要求发行人员研究市场需求动态，定期反馈相关信息，配合编辑开发选题、实施重大项目；另一方面，也积极鼓励编辑参与市场调研和运营，与发行人员一起跑市场，做营销，共同策划打造优质图书品牌。

同时，随着出版市场化的发展，网络销售的精确化、实时化趋势，也使得以往"先编辑出书，再发行推销"的传统出版流程，越来越凸显与市场脱节的弊端。往往编辑埋头苦苦编出来的书，上市销售后销量寥寥，很快就被淹没在书海；而发行人员由于前期未能参与图书开发过程，对图书的文本、特色缺乏了解，也无法进行有力的宣传推广。经营发展的要求，销售指标的增长，多元渠道的开发，都使我们迫切感受到优质图书品种的匮乏。对于地方专业出版社而言，如何充分利用互联网平台，低成本、高速度打造品牌，开发更多优质有效选题，获得良好的市场回报，这还是个难题。

其时，"现代营销学之父"菲利普·科特勒的《营销管理》正在中国图书市场持续畅销，其倡导的"全程营销"理念在商业领域获得广泛运用。"全程营销"理念要求对产品从生产到销售全部过程进行营销，是整合销售与策划同步进行的一种全新的产品研发理念，在当时也引起了不少敏感的出版人的关注。许多走在市场前列的出版社和出版人积极倡导"全程营销"理念，开发运作畅销书，取得很好的效果。和传统的编辑、出版制作理念不同，这种"全程营销"理念，要求把营销的意识贯穿于图书产品从市场调查、设计开发到制作销售的全部过程，倡导编辑和发行发挥各自优势，形成合力，共同策划开发选题，先找到读者和市场，再根据市场需要、读者需求去生产图书产品，使所生产图书的市场投放更加有效精准，从而最大化地避免盲目出版带来的无效生产和图书库存。

为了达到这种"编发一体化"，一些出版社还尝试对重大选题进行项目制运作，通过项目负责人或策划编辑制度，将营销的理念贯穿图书的孕育、形成和培育的整个过程，以营销工作的全程意识，着重把握不同阶段的营销工作重点，获得极大的成功。这期间，伴随着出版产业化、市场化改革的步伐加快，磨铁图书、果麦文化和新经典文化等各种民营文化公司纷纷涌现。这些脱颖而出的文化公司，以其强大的图书策划能力和市场运作能力，配合出版社推出一系列深受读者喜爱的优质图书，既赢得了较好的社会声誉，也实现了经济效益的丰收。

这些都给予我极大的触动。我们自己出版社图书的市场销售记录也表明：这几年销售良好的图书，都是编辑和发行积极合作互动的结果，不仅是后期营销市场的互动，更是前期选题策划的互动。

常年的市场观察和一线实践，让我强烈地意识到，要想策划出版适合读者需要、既叫好又叫座的优质图书，必须对传统的出版流程进行更新和再造，要更多地从市场的角度，有意识地推动编辑、发行的策划功能和营销功能的融合，推动选题策划、文本开发、市场运营三位一体"全程营销"的出版新机制的形成。

但如何在工作实践中将"编发一体"和"全程营销"的理念付诸实施？所有这一切，困扰着我和我的同事们。

2

一个偶然的机会，让我本人有了尝试和探索的可能。

2013 年，在一次活动中，我认识了当时人气歌手许嵩的父亲许先生。言谈之间，得知许嵩刚从希腊旅行采风回来，有意出版一本有关希腊之行的摄影随笔集。许嵩是一个创作型歌手，其时正以自己独特的演唱风格在网络上风靡走红。一个青春偶像派歌手的第一本书，一定具备良好的运作空间。凭借自己多年的编辑经验和市场感觉，我意识到这个选题所蕴含的市场和商机，为此我积极推动许嵩图书在我所在出版社的出版，希望借此打造一本大众畅销图书，带动我社图书的市场销售和效益增长。

然而，由于我所在的出版社主要出版美术类专业图书，渠道、市场、资源多集中于此，对文艺类的大众畅销书出版，既缺乏运作经验，也没有相关销售渠道，更谈不上有相关的读者资源积累。如何运作一本网络歌手的大众畅销书？怎样确保许嵩的书在我们社出版后产生良好的市场效益？许多人心存疑虑。更何况要出版许嵩的书，作者方提出的要求是首印至少3万册。面对这个条件，在选题论证会上，编辑和发行人员对这个合同的签订颇感踌躇，没有人敢于接受这样的选题。

眼看机会即将失去。我想，能不能发挥自己具备多年编辑工作经验，同时又贴近市场的优势，带领营销团队，做一次"编发一体、全程营销"的尝试呢？思考再三，我决心主动请缨，采取包销的形式把选题留下来。于是，我找到社领导，提出由我签订全渠道包销3万册的营销合同，牵头担任策划人，带领发行部门全程参与组织许嵩图书选题的策划、出版和营销工作。

合同顺利地签订下来，选题也成功地留了下来。社领导安排相关责任编辑负责书稿的文字编辑流程；而我，则带领发行部门积极组织本书的内容创意、文本开发、出版营销的全部进程。

我做的第一项工作，就是对许嵩图书市场需求的调研。许嵩是第一次出书，市场没有销售依据，但作为一个人气歌手，他的粉丝团显然是潜在的巨大读者群。但是通过怎样的路径才能了解许嵩粉丝群体的阅读需求？依靠多年积累的市场人脉，我很快打听到当时的苏宁易购网上书城，拥有很强大的校园销售代表团队，专门负责了解校园学生读者的图书购买意向，

从而确定图书采购方向。这个消息使我很兴奋，因为我知道许嵩的粉丝群
体大部分是学生一族。我立刻带领营销团队先后三次来到苏宁易购，找到
网上书城采购部门的负责人，洽谈通过苏宁易购网上书城的校园代表，以
问卷、座谈、预订等多种方式调研许嵩图书的潜在读者量。这个想法得到
苏宁易购网上书城领导的支持，在后来的洽谈中我们还达成了在苏宁易购
网上书城首发许嵩图书的意向。接着，我们又通过许嵩的公众号发布了许
嵩即将出书的信息，调研粉丝对其图书的认可度。反馈回来的消息让我振
奋，苏宁易购网上书城校园代表在市场调研征订的数字，不到两个月就突
破了 2 万册，而许嵩的粉丝们更是对他的个人生活写真充满期待。这些都
使我坚定了自己对许嵩图书市场潜力的判断。

　　然而，真正要让许嵩的书实现有效出版和销售，需要做的工作还很多。
根据多年的编辑工作实践和经验，我知道，要想把许嵩的书打造成一本具

备良好销售前景的大众畅销书，必须在选题策划之初，书稿编辑、图书制作之际就引入营销的理念，深耕内容，创新文本，从市场和读者的角度对图书进行更为精细的设计、开发和制作，使选题创意落地为有效图书，具备良好的内容亮点和市场卖点。

为此，我安排营销发行团队深入校园、书城、网店，就许嵩读者群体的阅读趣味开展多层次的市场调研。许嵩是一位独特、独立的歌手、词曲人，也是网络音乐巅峰时期的代表人物之一。许嵩的粉丝大都是都市学生族，他们年青时尚，崇尚个性，具备较高的审美取向和艺术品位；出于对许嵩音乐的喜爱，他们对其生活、创作和情感状态充满了好奇和期待。因此，我和许先生多次交流，建议许嵩拓展书稿文本内容，不应局限于希腊之行的采风、感悟，而是更多地增加个人有关生活、情感、创作和音乐的体验与感悟，以丰富文本的文化内涵和艺术气息，同时满足粉丝读者对其个人生活更多方位的关注。这个建议得到许先生的认可和赞同，经过多次讨论，最终我们确定了以许嵩的"个人采风写真""摄影作品""随笔文字"三位一体，架构全书内容文本的选题创意。考虑到其潜在读者多是都市"新新人类"的特点，我建议本书在设计工艺上更多地增加流行元素，借鉴时尚杂志的排版创意，以适应当代读者喜爱图文书、轻阅读的审美趣味。在与作者进行多次方案论证和筛选后，最终，我们确认的封面以黑色为主基调，以展现歌者的神秘酷帅；内文图片则以彩色为主，间或穿插黑白图片，运用或跨页或满版等不同的图片呈现方式对内容进行间隔；纸张则采用国际流行的轻型书写纸，增加图书的手感和品质；文字排版力求疏朗，留白空间通透，从而在装帧形式上呈现了很强的时尚潮流色调。为了满足许嵩粉丝对其第一本书的收藏需求，我还建议在文本中多处使用许嵩的手写字体，以丰富阅读感受，增加审美趣味。

在许嵩作品初稿校样确定后，我又要求发行人员提前把相关样张发给北京、上海、南京等地的重点书店和网店的采购、销售人员审看，同时组织了多场读者审读会，从书名《海上灵光》的选择，到49元定价的确定，乃至每一个版面内容的安排，全面地征求市场一线人员和读者的意见，并及时反馈给作者、编辑和印制人员，请他们有针对性地进行修改和完善。在图书印制过程中，我还带领发行、印制人员多次到相关印刷厂，现场监控图书的制作和印刷过程，确保选题在实现过程中做到图书质量有保障，出版时间有保障。

最终出版成书的《海上灵光》，由许嵩采风写真、摄影作品和随笔文字组成，精美的四色印制、国际化的异型大开本、高品质的纸张，彰显了其独特、时尚的风格；特别是对图片的处理，基本上采取了高端杂志的设计方式。文中既有摄影师镜头中潇洒万千的许嵩个人写真，也有许嵩镜头中绚丽浪漫的希腊风土人情，更有许嵩关于爱情、生活、音乐等优美抒情的随笔文字，展示了这个音乐才子在词曲创作之外生活和性情丰富多彩的另一面。封面以黑白色基调呈现许嵩特写头像，既具备个人写真气息，又蕴含艺术海报气质。

如何让好的图书实现好的销售，也是我们要重点把握的工作。在反复调研之后，我决定采取"专有渠道定向投放"的营销策略。许嵩作为网络歌手起家，拥有自己的公众号，他的粉丝大都是年轻人，习惯了通过网络接收信息，购买产品。根据许嵩的粉丝聚集平台取向特征，我决定改变传统图书以地面店为主渠道推销的做法，确定了"网店重点销售、地面店定向限售"的营销策略，精选当当、卓越、博库等年轻人喜爱的网络购书平台，作为《海上灵光》投放主渠道；同时，选择近30家具有畅销图书销售经验的网络自营店，设立《海上灵光》销售专区，为图书销售打通多元网上通道；对地面店则严格限量，仅对国有大型书城配发销售，以避免因地面店销售信息不畅而造成的图书盲目发货和退货。此外，我们一方面有针对性地整合了许嵩微信公众号、自媒体联盟、社群电商等多种新媒体平台资源，做好"宣传和销售的对接"，依托网络平台、书友会、粉丝群等，在图书未上市前组织宣传和预售，营造了良好的市场期待；另一方面，在营销上不断创新创意，通过粉丝点赞、节日促销、许嵩演唱活动现场展销、许嵩签名本限量销售等各类主题活动来促进销量；并组织社里一批年轻同事，持续制造微博、微信话题，开展页面推介和跟帖评论，扩大图书市场影响力，多方推动《海上灵光》销售热潮的出现。

《海上灵光》上市后获得良好销售效果，首印3万册不到两个月就销售将罄，再版加印迫在眉睫。为避免盲目印制带来的销售和库存压力，我决定采取分期、按需印制的再版策略。由此，图书市场销售的过程管控成

为最大难题。如何避免出现传统图书销售"上没上架不知道，卖没卖掉不知道，钱回没回来不知道"的"三不知"状态，确保《海上灵光》在市场的精准投放？我尝试建立了图书营销全程监管机制，组织发行团队，成立临时项目运作小组，制定每周销售动态报表，实施重点店铺责任人制度，安排营销人员对 30 多个网络书城的《海上灵光》销售动态和存量情况进行 24 小时监控，对各片区每次发货、每笔销售、每票回款进行跟踪确认，做到"销售有数，回款有数，退货有数"；并根据市场动态及时调整营销策略，研究制定推动市场销售的"每周对策"，以确保本书有效销售，有效回款。

通过"编发一体"的图书策划开发和全程跟进的精细营销模式，《海上灵光》出版四个月取得了销售近 6 万册，回款近 200 万元，无退货、零库存的良好业绩，并登上当当、卓越、京东、博库等各大网店销售排行榜，

有部老电影叫《Fallen》，中文片名译为《夺命感应》。很多不错的电影就是这样在获得一个烂译名之后错失潜在观众的。电影里警察要铲除一个依靠寄居人体延活的恶灵。将其逼到了无人之境，干掉它的肉身之后让其没有新的肉身可以依附，恶灵才会完蛋。最后警察甚至把自己也干掉了，只求让恶灵彻底失去可寄居的宿主。恶灵在荒野之上四顾无人，抓狂等死。

电影结束字幕出现之前，一只小猫慢悠悠地经过垂死的恶灵身旁——恶灵再度拥有了鲜活的身体。

这结局实在是太黑了，警察白白死掉，邪恶居然战胜正义。

这结局实在是太亮了，警你大好人坏死鬼，都可能绝处逢生。

站在朝壁边缘，莫名有孤独英雄的感觉。

成为名利双收的优质大众畅销书，不仅获得良好的经济效益，也带动了我社图书在各大网上书城的销售，为本版图书市场份额的提升和品牌效应的扩大做出了积极贡献。

3

《海上灵光》的策划出版和运作实践，使我对传统的编辑工作、出版流程乃至营销模式有了新的认识和体会。

《海上灵光》的成功首先得益于"编发一体"的努力。营销部门前期从市场和读者的角度，对其内容设计、版式开本、封面定价、市场定位等方面提出了大量有价值的建议，为本书的有效出版和销售奠定了基础。出版作为内容产业，书稿的质量直接影响了图书的品质和传播，在市场竞争日趋激烈的今天，如何在选题策划之初就引入市场和营销的概念，加强对图书市场的需求与发展、读者阅读兴趣的变化与转移等诸多方面的调研工作，策划运营既具有良好文化品位，又具备良好经济效益的优质图书，是每一个编辑工作者必须思考并努力实践的重要课题，也是对编辑职业能力全方位的考量。出版业的转型发展对编辑工作提出了更高的要求。一个优秀的编辑不仅要有选题创意、图书编辑的基本能力，而且还要具备产品的市场营销能力。曾经有学者预测，未来出版行业中，发行岗位将会被彻底融合掉，出版机构的发行功能将会逐渐融合于营销编辑的功能中。从产品设计到营销的整个传统出版流程体系或将依据新的市场目标再造，那么，在出版流程再造过程中如何推动编辑机制创新，适应现代出版发展的需要？我的体会是，可以尝试对传统编辑的职能进行重新调整和完善，具体来说：一是推动"两个职能分离"，即推动编辑的策划职能和文案职能分离，使策划编辑有更多精力策划选题，研发产品，实施产品运营；文字编辑有更多时间打磨文稿，生产产品，把好内容和制作质量关。二是推动"两个功能融合"，即推动编辑策划功能和营销功能的融合，实现由传统"编校型"编辑向现代策划型编辑转变，使编辑进一步贴近市场，把握市场，提高选题策划能力和出版精准度，全程参与产品在市场上的运营和传播流程。未来，考验编辑的是策划选题、运营产品、调动资源的全方位综合能力，一个优秀编辑应该是复合型融媒体人才，能够联结出版、营销、发行、设计等各种媒介资源，整合协调市场多种资源，才能开发优质的精品图书，实现有效的文化传播。

其次，从出版流程角度，实施"全程营销"的现代出版模式，也是《海上灵光》得以提高市场竞争能力的原因。这也让我深刻意识到对传统出版

流程进行更新和再造的必要性。如何推动"全程营销"，促使编辑、印制、发行形成合力，将营销的理念贯穿于出版流程的全部环节，做到选题有策划、内容有谋划、推广有筹划？我的体会是：应将"先找作者作品，再来稿加工、生产发货"的传统出版模式改变成"先找市场和读者，再策划有效选题、营销有效产品"的现代出版方式，通过加大编辑、印制、发行的业务互动、资源整合，推动编、印、发一体，共同开发有效产品。在这个过程中，我认为要重点把握三个环节：一是把握选题策划环节。将营销端口前移，使营销、发行提前进入策划环节，参与选题论证开发，使编辑提前按市场需求对选题内容进行设计和创意，做到"营销始于策划时"，变"拿来主义"为"订单式生产"，开发市场有需求、读者有要求的出版产品。二是要把握图书制作环节。改"出书"为"做书"，从市场的角度加强对图书文本精细化的锤炼，加大对书稿进行深度挖掘、立体开发、多重延伸的力度，推动图书内容创新、形式出新，不断开发呈现其特点和亮点。三是要把握市场营销环节。加大营销过程管控和营销模式创新，在宣传、发行的过程中不断提炼市场卖点，定位宣传落点，把握销售节点，营造市场热点，通过多种形式吸引读者眼球，增加销售概率。

　　在这个过程中，策划编辑与发行人员的及时沟通、良性合作是提升选题有效性的关键。在《海上灵光》的选题策划之际，发行部门起到了重要的作用，由于其直接面向市场，贴近读者，了解他们的需求，因此，我花了许多时间，召开了多次选题专题论证会，认真听取发行人员的建议，评估选题的价值，并根据他们反馈的信息及时和作者沟通，调整选题的内容定位，协助作者提高书稿质量，突出该书的亮点和特色。《海上灵光》书稿确定后，也是在编辑、营销、印制等各部门共同努力下，对文本进行不断的打磨，除了使内容不断丰富完善，在封面设计、纸张选择、开本确定、工艺特色等多方面也不断精益求精，使《海上灵光》在制作过程中做到创意有提升，文本有升华，质量有保障。而当图书出版后，编辑和发行又协同力量，共同提炼图书的市场卖点，采取多种方式推介给读者。正是基于这种"编发一体、全程营销"的出版模式的成功尝试，才最终使《海上灵光》落地生效，实现了由一个优质选题向一本大众畅销图书的华丽转身。

　　当然，建立重大项目运作机制，构建以项目负责人或策划编辑为核心的运营体系，确保市场有人跑、资源有人找、项目有人做、责任有人担，也是未来确保重大项目开发生效的重要机制保障。《海上灵光》的成功，也得益于项目团队每个成员的精诚合作。虽然只是临时的行为，但在文本编辑、图书印制、销售发行、营销推广、存货监控等每个环节，我们都努力做到定岗定责，精细管理，对每票销售实时监控，每单发货及时跟踪，避免盲目发货，无效库存，为实现《海上灵光》在市场上的有效投放、有

效销售提供了保障。

　　在选题开发和市场营销期间，通过平台预售、点击量分析、粉丝团跟踪、每日销售数据监控等，我们和许嵩的粉丝读者群，实现了零距离、跨时空对接，精确了解了他们的阅读需求和购买意向，这些对我们及时调整选题策划、文本制作思路，提供了很好的参考。同时，依托新技术、大数据，我们在第一时间掌握了市场信息，了解了销售动态，这有力地支持了我们对该书的销售空间进行精确预测，对销售策略进行精密调整，对销售渠道进行精准定位。这些都让我深深感受到互联网时代给图书出版提供的更大空间和机遇，看到了利用网络平台，促进图书的精细制作与精准营销的巨大可能性。未来，如何整合新媒体资源，依托网络平台、微信公众号、QQ空间、自媒体联盟、社群电商等多种新媒体平台，做好"内容和平台的对接"，建立数据库、书友会、作者群、资源馆等，推动图书深度开发、内容增值运营，带动定制出版、众筹出版、自媒体出版、大客户专供等新的出版模式出现，实现图书由单本效益向集群效益的提升，促成大项目的形成。这些都是新的课题，同时，也是需要每一个出版人努力作为的方向。

　　在《海上灵光》的出版营销过程中，依托许嵩作为人气歌手的优势，我和发行团队还曾经试图跟进开发相关文化创意产品，如台历、文具、纪念品等等，对图书内容进行多层次开发、全媒体出版，拓展创意增值效益。虽然因为种种原因未曾实现，但也是尝试由传统的内容出版者向内容运营者转变，实现图书产品在全产业链上的增值提效的一次努力。

　　这些都使我们，对未来出版的转型升级、创新发展，实现由一个创意向一个项目乃至一个产业的拓展升级，有了新的期待和理解。

　　一个编辑与一本书的缘分，常常出乎意料。

　　在二十多年的出版工作中，我遇到许多美好的人和事，也因为种种原因，错过了一些优秀的作者和书稿。时光流逝，许多事都已成过往，唯有美好的记忆，留存在岁月的长河里。

遇见与错过

—— 文学实践的努力和错失好书的遗憾 ——

1

书和人一样，一个编辑与一本书的缘分，也常常出乎意料。

在我 20 世纪 90 年代初入行时，出版界还充满传统的学术气息，受人尊敬的出版家是叶圣陶先生，他树立的"出版家＋作家＋学者"的职业典范，是很多出版人的追求。那时，业内的同行前辈们，业余时间基本上用来埋头读书，或是写文学评论，或是做文化研究。成功的编辑，不仅要有几篇有一定学术含量的编辑业务方面的文章，而且还要发表过评论，出版过专著。在这种氛围中，我也不敢懈怠，在策划选题、编辑图书之余，常常利用业余时间跑图书馆，认真钻研业务，完善知识结构，充实知识储备。与此同时，围绕自己的编辑工作，我还积极参与文学理论研究和文学实践活动，短短几年的时间里，陆续在国内各类文化学术报刊上，发表了数十万字的论文和书评。这些不仅提升了我的编辑水平和业务能力，还使我积累了较为深厚的职业素养，对我编辑的图书，也起到了良好的宣传推介作用。

当然，有时还会带来意想不到的收获。

那是在我策划编辑了饶雪漫等人的青春文学作品系列之后，我在一些报纸杂志上发表了《校园现在时的新鲜阅读》《成长的态度》《在爱和挫折中成长》等系列评论文章，分析解读"花衣裳"组合几位女作家的创作特色和艺术风格，以及饶雪漫小说《我不是你的冤家》的文本内涵和审美追求。远在南方一家出版社的一位朋友看到了我的文章，便利用出差来合肥的机会，和我交流探讨有关青春文学的出版趋势。交谈中我发现他和我一样，都对当下市场上势头强劲的青春文学倍感兴趣，并且相信校园青春小说将有极好的销售前景。只不过我所关注的，是新生代青春写手们的原创作品，而他却对引进版青春成长小说感兴趣。

其时，引进版青少年读物正在国内的图书市场上风靡一时。从《哈利·波特》到"鸡皮疙瘩系列丛书""冒险小虎队"等，少儿类引进版图书创造了骄人的销售业绩，各大出版社竞相购买版权，引进海外优质青少年读本。浙江少儿出版社打出了"引进与原创并重"的旗号，全力抢占国内儿童文学畅销书市场；接力出版社、人民文学出版社等则将引进版儿童图书，直接变成了畅销书的代名词。这位朋友是个极具编辑眼光和市场意识的出版人，之前策划出版过许多优秀出版物，其中不乏畅销书。谈话中我得知，他正在策划引进一套三卷本的美国童书，是著名畅销书作家埃丝特·希克斯和杰里·希克斯的代表作，内容是通过一个个充满深刻哲理和闪光智慧的成长故事，鼓励青少年保持快乐心态，追求美好生活，获得一生的幸福。原版书在美国出版后，很快成为亚马逊网上书店五星级畅销书，他相信，如果能把这套具有心灵励志、情感引导"秘诀色彩"的海外图书，介绍给中国的青少年读者，一定会有非常广阔的市场前景。

因为我本人关注青春文学，而且在大学任教时又教授过欧美文学，朋友约请我帮他组织这套丛书的翻译文稿，并盛情邀请我担任其中一本《莎拉和塞斯奇遇记》的翻译工作。

2

朋友的信任和委托，就我本人而言，是既高兴又忐忑。一方面，我非常希望借此机会，了解一些引进版青少年读物的出版情况和市场方向，拓展自己的业务范围；另一方面，又担心自己离开高校多年，已经无法承担这一重任。尽管如此，我仍然立刻着手准备。首先，是寻找和选择合适的译者。因为有着在大学外国文学教研室工作的经历，又在编辑岗位上工作多年，我积累了良好的作者资源，很快就为这套丛书的其他两卷，找到了合适的译者。他们都是大学外语系教授英美文学的老师，有着丰富的教学经验，精通英美文化和语言，之前也都有翻译作品问世，承担这样的翻译工作再合适不过了。而我本人，也开始借助于英文词典和工具书，认真地研读起《莎拉和塞斯奇遇记》原版书。

《莎拉和塞斯奇遇记》是埃丝特·希克斯和杰里·希克斯"莎拉的故事"系列第三卷。这是一本充满寓言色彩的小说，通过少年莎拉和塞斯的一段奇遇，讲述他们在一只智慧的猫头鹰所罗门的引导下，寻找到快乐生活的秘诀，从而驱散内心阴霾，重新感受世界美好的故事。《莎拉和塞斯奇遇记》的副标题是"教会孩子一生快乐的秘诀"，书中传递的那种美好的生活态度深深打动了我。在书中，两个孩子面对生活中、学校里的种种挫折和不快，郁闷而苦恼，在不知所措之际，他们逃离到一座简陋的小树屋，希望远离

世间的烦恼。就在这里，他们遇见了象征智慧使者的猫头鹰所罗门。所罗门认真倾听了他们的倾诉，告诉他们要学会始终对生活保持美好的感觉和信念，这样才有可能在这个世界上拥有幸福快乐的生活。所罗门告诫他们，一个人要遵从自己的感觉和愿望，不要指望取悦所有的人。还告诉他们有关这个世界的吸引定律，"如果你总是感觉美好，那美好的事情就会真的降临""要努力去寻找那些感觉美好的想法""保持希望才会真的有希望"等等，开启了孩子们的心智，传递了美好的价值。在这本书里，作者努力"向青少年提供一些简单实用的人生技巧"，帮助他们在这个世界上体验美好的事物，追求美好的生活。在小说的最后，莎拉和塞斯，这两个在生活中一度惶恐自卑和惴惴不安的孩子，在所罗门的引导下，改变了对世界的看法，重新感受到了世界的美好。而这种美好的生活态度，不仅使他们自己原本有些糟糕的生活，变得稳定和美妙起来，也帮助他们的家人，获得了

幸福。

我很快就被书中所传达的积极向上的理念和温暖健康的力量所吸引，决心尽最大的努力，做好这本书的翻译工作。当然，翻译是一个复杂的过程：塞斯面对父亲失业、家里失火、搬迁他乡、伙伴捉弄、老师冷遇等接二连三的生活挫折，在"梦想从未受到鼓励，嬉笑玩乐几乎不被允许"的沉重氛围中，幸运地遇到了智慧使者猫头鹰所罗门。如何准确完整而又优美流畅地把塞斯在所罗门的帮助下，理解并学会应对苦难和不幸，追求美好人生和体验的故事翻译成中文，对我是一大考验；而关于沉浸在青春期慌乱中的女孩莎拉，对她的心境和经历的表达，也似乎应该更细腻，更复杂。随着翻译的深入，在看到莎拉面对误解、挫折和失落，找到了保持自我、激发潜能、表达愿望的正确途径，并最终获得了幸福和安宁时，我也由衷地为她感到喜悦和欣慰。在书中，"只要你一心向往美好的事情，那美好的事情就会真的来临"是一个警句，它以各种不同的方式不断出现；但如何让它既具有始终如一的内涵，又不给人以重复的感觉，这些在翻译的过程中，都让我反复琢磨。书中借所罗门之口，传授了很多人生的智慧和法宝，无不深刻、简洁、富有哲理，而我的努力方向是，如何以准确优美的语言，使它的深刻内涵得以保持，并得到准确呈现。

翻译的过程是艰难的，有时甚至是困窘的，常常为了一个词、一个句子，需要翻阅几本甚至几十本书，琢磨几个甚至几十个夜晚；翻译的过程也是愉悦的，有时甚至是令人享受的，书中所传达的生活理念和美好情绪让我喜悦，给我启迪，迫不及待地想把它们分享给读者。书中对青少年成长期的情感引导和方法指导，也让我看到青春文学另外一个图书板块的重要性，即青少年情感培育、性格养成的教育类图书，目前还存在着巨大的缺口，

启发我开始把目光转向这一类图书的选题和策划。

此类充满温情的励志类图书，后来有了一个共同的名字，叫作"治愈系"。而在当时，我们把它称为《心灵鸡汤》，还未引起出版人的足够关注。

3

国内心灵励志类图书的出现，与处在转型和变革时期中国社会的发展、人们的心理需求息息相关。现代社会的高速运转，商品经济的激烈竞争，带来巨大的压力和隔膜；同时，社会的繁荣，物质的丰富，也使人们更关注精神生活的愉悦和健康。为了缓解快节奏现代生活所带来的无处不在的压力，情感励志类、心灵治愈系图书应运而生。人们需要从图书中寻找纾解压力、激励自己的方法和能量，处于成长期的青少年更是如此。我至今还记得，在饶雪漫作品分享会上出现的那一幕。当饶雪漫分享了她在生活、工作中听到的青少年成长故事，讲述她所看到的孩子们在成长过程中所遇到的种种苦恼和压力时，教室里不断传来掌声和哭泣声。分享会结束后，更是有女生冲上前去，抱住饶雪漫失声痛哭，感谢雪漫姐姐说出了她们的心声，为她们迷茫的青春找到了走出困境的路径。这也让我看到了在传统的教育中，情感教育和心智教育的严重缺失，让我对成长小说、励志读本、情感教育图书的出版前景和意义，有了一种全新的认识。

最早传入中国并引起国内读者热捧的情感励志图书，是美国作家杰克·坎菲尔和马克·汉森创作的《心灵鸡汤》。作为世界上最畅销的图书之一，杰克·坎菲尔和马克·汉森的《心灵鸡汤》以简短精练的语言，为读者讲述了一个个充满哲理的小故事，充满正能量和励志意味。它的引进出版，带动了国内图书市场励志类、治愈系图书的出版，也成就了一大批畅销书和畅销书作家。它们给迷茫的现代人以更好地发现自己、激励自己、实现自己的力量，带他们走出精神困境。从卢勤的知心姐姐系列、于丹的《〈论语〉心得》，到后来畅销一时的东野圭吾的《解忧杂货店》、弗朗西斯·伯内特的《秘密花园》，都可以看见读者和市场对这类图书的迫切需求。

　　而在当时，虽然情感励志类图书还未成气候，但受到朋友启发，我也开始探索青少年读本多品种出版的运作，策划了"少儿必读经典丛书""少儿科普知识读物""少儿益智成长读物"等一系列选题，以适应青少年知识、情感、成长的多方面需要；并且开始着手组织一批中学、高校的教师，针对中国青少年读者的情感心理需要，打算编辑一套属于中国人自己的青少年版《心灵鸡汤》。虽然因为种种原因，这个选题计划最终没有落地开花，

但翻译《莎拉和塞斯奇遇记》让我扩展了视野，对青少年成长励志类图书有了深入的了解，为我后期拓展相关系列选题，打下良好的基础。

更重要的是，在组织翻译这套丛书的过程中，我和其他两本书的译者建立了良好的合作关系，他们后来都成为我策划编辑"名家推介外国中短篇小说系列""青少年必读外国经典读本"，以及新译"世界文化名著宝库"等丛书的有力支持者。

4

引进和翻译外国儿童文学图书，虽然只是一次尝试，但给我的编辑工作带来了新的体验和领悟，丰富了我的编辑生涯。然而，也有一些书一些事，经过我个人的努力仍然不能实现，让我至今还感到遗憾。

市场化带来了出版业的大繁荣，也带来行业间的激烈竞争，特别是民营文化公司的发展，在给传统出版带来活力的同时，也带来极大的压力，以致名家的稿件常常是一稿难求。即使是那些刚刚在写作上崭露头角的作者，也立刻有编辑找上门来，多家出版社争抢一部稿件的情况比比皆是。作为地方出版社的编辑，因为时间、空间的局限，也因为资源、资金的限制，同时，也是因为个人视野的限制，常常处在竞争的劣势，从而错失了许多好的选题、好的作者。

在多年编辑工作中，至今让我感到遗憾的，是错过了龙一老师和他的书稿《潜伏》。

已经不太能记得第一次见龙一先生的具体时间了，大概是 2003 年前后，我到天津出差。那时龙一先生在天津作协工作，名气不是太大，但介

绍我认识他的朋友说，龙一先生极有才华，写的东西很有意思。

　　龙一热情地请我去当时天津极有名的一家酒店吃饭，具体名字已经记不清了，印象中酒店的建筑极其宏伟，院子极其宽敞，据说早年是个老公馆。餐厅里楼上楼下、大厅走廊，到处陈列着各种古玩器皿，也有很多西式装饰品，呈现出悠久独特的文化气息。龙一点了几个特色菜，我们边吃边聊。席间他说了很多天津的风俗人情、奇人逸事，之后，又告诉我他正在构思写作一部有关革命历史题材的作品，主人公是一对假借夫妻名义，潜伏在国民党军统内部的谍报工作者。他说他最近在研究早期中国革命历史，接触到许多在龙潭虎穴进行谍报工作的共产党人的资料，很感兴趣；特别是许多原来并不认识，后来在组织的安排下，假扮夫妻深入敌人内部做谍报工作的共产党人，其中有许多人，后来成了真的夫妻。他对这些故事很好奇，在那样残酷的环境中，这些中国革命的先驱者是怎样应对腥风血雨、生死存亡的呢？又是怎样相互支持，在革命和斗争中升华他们的同志友谊和爱情的？他们做出了哪些牺牲，又有怎样的人生际遇？他希望能够还原他们真实的生活状态和情感状态，让今天的读者，了解在那些战斗的岁月，发生过哪些不可思议的事情，那些革命者，又有过什么样的生活和青春。

龙一讲得兴致勃勃，我也听得津津有味，并且立即意识到，这是一个好的题材。我问他是否打算写成长篇小说，什么时候动手。他表示目前他是按短篇小说构思的，这些年来，他一直只写中短篇小说。这个回答让我多少有些失望，我有点不甘心地问："可不可以扩展成长篇小说呢？由我们社来出？"

他有些犹豫，低头思索了半天，然后坚定地告诉我：目前只能写成短篇小说，无法扩展成长篇小说。他还告诉我，因为在作协工作多年，见得很多，于是，在写作之初，就立下了几个誓言，其中之一就是绝不重复写作，更不会做扩展之举。

龙一的态度让我有些惊讶。其时，市场化已蔚然成风，许多作者已经习惯了商业化操作，一年写几本书，一个书稿素材稍加情节、资料就做成另一本书的情况，比比皆是。龙一的认真和坚持，给我留下了深刻的印象。

但短篇小说的市场空间不大，作为一个已经积累了丰富市场经验的成熟编辑，我知道短篇小说无法在市场上炒作。那些年，正是图书市场高度繁荣之际，市场上各类题材百花齐放，各种图书品种闪亮登场，让人应接不暇，网络小说也正在蓬勃兴起，中国出版市场进入了高数量生产期。短篇小说的市场极其小众，如果没有充分的市场宣传和营销跟进，肯定会淹没在茫茫书海之中；而且，就短篇小说体量而言，出版成书的难度也很大。

我从编辑和市场前景的角度，说了我的真实想法，但龙一始终面带微笑地听着，并没有热情响应，这次约稿也就不了了之。

那时的我，并不知道我错过了一部日后将红遍大江南北的电视剧，以及之后的畅销书《潜伏》。

后来的一天，龙一给我打来电话，说是他的朋友，时任天津作协副主席的肖克凡先生，要带队来安徽采风，主要是到皖北去考察天津与安徽的历史渊源，以及天津方言的起源。因为历史上燕王朱棣，曾经从他家乡凤阳带了大批兵马到北方，后来驻扎在天津，所以天津的方言与安徽的蚌埠、固镇、宿州、淮北一带的方言，有着千丝万缕的联系。肖主席带领天津一批作家来皖做寻根之旅，中途经过合肥，龙一请我代为招呼。我自然是热情接待，席间谈到龙一，知道他的《潜伏》已经在《人民文学》上发表，收获了不少好评。

之后有一次，我去天津参加一个图书博览会，因为公务繁忙，办完事就匆匆往回赶。在去火车站的路上，接到龙一的电话，他是从朋友处听说我到天津，问我为什么不告诉他，还说要和肖克凡主席请我吃饭，答谢上次去合肥的热情款待。

再之后，就是他的《潜伏》被改编为同名电视剧后迅速走红，成为国产谍战剧的经典之作，龙一也因此声名大振。我打电话向他表示祝贺，他谦虚地说，跟他关系不大，都是电视剧拍得好，姜伟的剧本改得好。后来我在媒体上看到有关龙一的采访，他依然是这么说。

龙一暴得大名后，我们多年没有联系。2015 年的一天，我准备去天津出差，忽然想到，应该去拜访一下龙一。我翻看手机，找到了他的电话，却不能确定这个号码还是不是他的。毕竟已经四五年没有联系了，许多人都换了手机号。我试着拨通了电话，居然听到了龙一的声音。他一如既往地热情，听说我要去天津，非常高兴。可惜的是，之后因为一些事情耽搁，这个差我最终没有出成，和龙一的见面终究也没能实现。

但是这么多年，我们的联系一直断断续续，我手机的电话簿和微信上，他的名字一直都在。也经常从朋友圈里看到他的消息，知道他坚持写作之外，还练习书法，并且尝试着拍电影，当演员，做了很多事情。我看了也不觉得奇怪，因为他一直是一个对一切都充满好奇的人；同时，他身上又有一点"仙气"。

5

让我遗憾的，还有与著名官场小说作家王跃文的失之交臂。

1998 年，王跃文写成《国画》，随即闻名遐迩，之后，文坛掀起了一股"官场小说热"。官场小说因为描述和展示官场倾轧和权力博弈，揭露官员的心理状态和生活隐私，特别是真实尖锐地揭露了官场的腐败和斗争，受到众多读者的关注和追捧。记得当时《国画》风靡一时，身边的朋友几乎人手一册，我当然也不例外。从事编辑工作以来，特别是出版市场化以后，我渐渐养成了随时跟踪市场动态的习惯，对图书市场出现的热点图书和热点现象格外关注，也养成了经常去书店购买畅销书的习惯。这一方面是为了了解图书市场的动态，另一方面也是为了借鉴学习同行们策划选题的思路。仔细阅读了《国画》后，我十分惊讶，王跃文并非专业作家出身，而恰恰是这一点，使得他的作品具有特别的真实性和震撼力。《国画》中许多有关官场、官员等生活和心理的细节描写，因为来自他自己的从政经验和体验观察，有真实的生活原型，因而特别能够触动人心。由此，我萌生了约请王跃文，编辑出版一套《王跃文文集》的想法。

其时，我刚刚编辑完"当代百家小说精品集成"，这部精品丛书不仅给我带来巨大的社会效益和经济效益，更给我带来丰富的作家资源和业内人脉。通过朋友介绍，我顺利地拿到了王跃文的电话号码，得知他在湖南省某政府部门工作。我很快就拨通他的电话，幸运的是第一个电话就找到了王跃文本人。我自报家门，电话那头的王跃文声音沉稳，温文尔雅。听我说完自己的出版意向，他有点犹豫。我是第一个约他出文集的编辑，他虽然已经声名鹊起，但作品的总体数量还不够丰富，对能否精选出版文集不太确定。不过，他答应考虑一下。

有了这次与王跃文的直接交流和沟通，我对《王跃文文集》的编辑出版更加有了信心。随即，我开始设计文集的内容框架，准备按中短篇小说、散文随笔、长篇小说分类编辑为三册。长篇小说当然是《国画》，中短篇小说选收他的《官场春秋》等，散文和随笔则请王跃文自己选择。总体设想是以"王跃文作品首次结集出版"和"王跃文本人自选集"为市场切入点，相信会有很好的销售前景。我把这一想法与王跃文在电话中沟通后，得到了他的认可；同时，我还得到一个令人兴奋的消息，他正在酝酿另一本有关官场故事的新作，王跃文告诉我，可以将这部新作品纳入本套文集首次出版。这样一来，文集就又有了一个"新作首发"的营销亮点，这让我欣喜不已。

之后的市场调研，更是让我信心爆棚，市场和读者对王跃文的文集和新作充满了期待。我兴致勃勃，开始着手按常规流程，进行出版前期的筹备工作。

然而，市场总是千变万化，机会也是稍纵即逝。正当我们在进行选题论证申报的过程中，传来了其他出版社拟约请王跃文新作的信息，而相关的约稿条件是当时我所在的地方社难以匹敌的。这让我们陷入很纠结的境地之中，毕竟我们运作大众畅销书的经验还不多，市场、渠道、推广的资源还不够丰富，与资本雄厚的出版社竞争，我们只能甘拜下风。

就在这样的犹豫和踌躇中，我错失了《王跃文文集》的出版机遇。

而王跃文这次推出的新作，就是后来蜚声文坛的《梅次故事》。

之后，王跃文又相继推出了《朝夕之间》《官场无故事》《亡魂鸟》等系列小说，成为中国当代官场小说领域最负盛名的作家之一，"王跃文"三个字在很长时期内，成为畅销书的代名词。

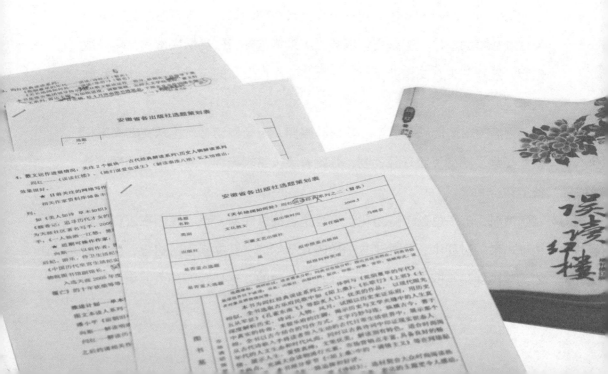

6

如果说错过龙一和王跃文，是因为我们这样的地方出版社力所不及，那么安徽作家闫红和她的读书杂记，实在是不应该错过。

初见闫红是在 2002 年一次朋友聚会上。那时，她刚刚从皖西北的一座小城来到省城一家报社供职，写作发表了一些散文作品。朋友介绍说她文笔绮丽，是圈子里少有的才女。

虽然同在一座城市，但我们也只是在不同的场合遇到，彼此交流一些工作和读书状况。几年间，我在网络和报纸上陆续看过一些她的文字，很是喜欢。闫红的文章，常常是以现代视角解读历史、诗词、人物和风月，别出心裁，新颖有趣。那种既冷静又时尚的气质，既犀利又清丽的文笔，让我心生欢喜。同时她所涉猎的题材领域，正好也契合市场阅读的热点，于是我郑重约请她，有机会为我写些东西。闫红当时正在写一本有关《红楼梦》的书稿，已经答应了外省出版社，不过，她表示等完稿后稍有空闲，会和我交流合作事宜。

说过这话不久，一天忽然就接到闫红的电话，说是她写的有关解读《红楼梦》的书，有两家出版社都来约稿，因为我在出版行业，向我咨询哪家更合适一些。

后来，就听说她的《误读红楼》出版了，王蒙先生为她写了热情洋溢的 5000 言的长序，称赞这是一本"青春和时尚"的读本。闫红送了一本书给我，我读了以后很是吃惊，被她作品中展露出来的才情和魅力所震动，赶快打电话祝贺她，顺便再提约稿的事情。

这一时期，古典文学解读类图书，正在成为市场阅读新的热点，安意如的《人生若只如初见》频频登上畅销书排行榜。在激烈的市场竞争中，人们，特别是城市白领女性，需要在忙碌的工作之余，捧读一本婉约的图书来静心养性，而安意如等女性作家给散文随笔图书带来了新鲜的气息。她们以全新的手法，时尚的语言风格，带领读者品味古典诗词，解读历史人物，以迥异于学院学术的视角和世俗的理念解读历史，形成了新的市场阅读潮流。

而闫红在中国古典文学的另类解读中又独树一帜，很快从新生代作家中脱颖而出，在网络上更是深受女性读者的欢迎。跟进《误读红楼》的出版，我和闫红商量，约请她推出一套"经典误读"系列，因为我相信她作品中所呈现出来的独特的视角、内敛的质地、清丽的笔调，都极具畅销图书的潜质。

闫红爽快地答应了我的约稿。我们开始频频见面，商讨选题的选材和角度。闫红说她正在读《诗经》，这让我心里一动，想起《蒹葭》《关雎》《子衿》等优美的诗篇。《诗经》是中国古典文学一个光辉的起点，从多方面表现了那个时代丰富多彩的生活，立体地再现了上古的生存环境、人情世态，尤其是对情感和爱情的歌唱，特别扣人心弦。如果能从现代人的视角和理念，紧扣现代人的心灵和情感需求去解读，使古老的《诗经》与现代的人生有机结合，不是很具备时下流行的大众畅销读本元素吗？一个选题在我心中形成，可否约请闫红从她的视角解读《诗经》中的一些著名诗篇？同时浮上我脑海的还有《古乐府》中那些动人的歌唱：《长歌行》《孔雀东南飞》《上邪》等等。于是，我和闫红商量，以"经典误读"为丛书名，选取《诗经》《古乐府》中那些脍炙人口的作品，以她独特的眼光和笔法，诠释古典诗词，展示那些美好诗篇中古人繁花满树的感情世界和浪漫往事，做一套解读《诗经》《古乐府》名篇佳作的系列丛书。

　　闫红欣然同意了我的意见，我立刻开始着手准备选题申报。这是 2008 年的夏季，我们一起探讨丛书的内容，选择可供解读的篇章，耳边日夜响彻的，是周杰伦《东风破》的歌声。受他歌词的启发，我们给解读《诗经》起了个浪漫的书名《荒烟蔓草的年代》，给解读《古乐府》用了《天长地阔如何处》命名。我们一致认为，这两个书名，非常契合这两个选题的诗情画意和古典风韵。

　　选题的申报和通过都很顺利，我也雄心勃勃地筹划着出版后的营销事宜。然而正当这时，因为岗位的调整，我离开了原来的出版社，而闫红的书，又一次和我擦肩而过。

　　几年后，闫红的文集在兄弟出版社出版，文集中收有她的解读《诗经》的文字，用的是另一个颇具诗意的书名：《心悦君兮》，遗憾的是没有对《古乐府》的解读。我给她打电话，聊起此事，感叹这一错过，不知什么时候才能相遇了。

　　在二十多年的出版工作中，我遇到了许多美好的人和事，也错过一些优秀的作者和书稿；认识了许许多多写书、读书、爱书的人，有些成了终生的朋友，有些匆匆而过，还有些，则就此错过。时光流逝，许多事都已成过往，唯有美好的记忆，留存在岁月的长河里。

INTERVIEW

访谈札记

他们的探索和思考

在出版改革大时代浪潮中，有许许多多优秀的出版人，参与了对它的推动。这些文字，力求多角度、多层次地记录和呈现他们中的一些人，在这一期间所做的种种努力和探索，以及他们对出版业未来发展方向和路径的思考与展望，分享他们的成功和经验。

锺
叔
河

◆ 嘉宾简介：

　　锺叔河，1931 年生，湖南平江人，曾任岳麓书社总编辑。著名出版家、学者、作家，曾获得中国出版界最高奖"韬奋出版奖"。20 世纪 80 年代，他主持编辑"走向世界丛书"36 种 800 万字，以宽广的视角介绍欧美及日本文化，被称为"推动中国人第二次开眼看世界"的出版人。他也是国内最早主张重新编印曾国藩和周作人著作的出版人，对当代中国的出版界和文化界产生了深刻影响，也因此深为业内同仁所敬重。

◆ 主要著作：

　　《走向世界——中国人考察西方的历史》《走向世界以后》《念楼集》《笼中鸟集》《念楼学短》《学其短》《与之言集》《书前书后》等。

◆ 编辑代表作：

　　"走向世界丛书""凤凰丛书"及《知堂书话》《曾国藩往来家书》《周作人散文全集》等。

出版人要有情怀、学识和胆识

◆ **精彩观点：**

"编一本书不是简单地汇编作者的书稿，编辑要有自己对书稿的思考和提升，做编辑是需要学识和眼界的。"

"出版人要有情怀和学识，同时，也还需要一些胆识的。要想做一些引领时代和市场的图书，需要胆识和气魄，就是我们常说的担当。"

"现代的知识分子，应当心境自由，凭自己的本事吃饭；既要融入社会，又要保持独立人格，有较为宽广的精神世界。"

访谈嘉宾： 锺叔河（以下简称锺）

访谈人： 马晓芸（以下简称马）

马：锺老，听说您做出版只有十年，但这十年中所做的工作对中国出版界影响非常大。

锺：我做出版工作时间不长，从 1979 年到 1989 年。十年间主要做了三件事：一个是编辑"走向世界丛书"；一个是出版周作人的书，从 1982 年开始，是我最早倡议出的；第三个就是使重编《曾国藩全集》列入国家出版规划。"影响非常大"这个评价对我太高了，我只是做了一个出版人应该做的事情。

马："走向世界丛书"被称为一代人了解西方文化的启蒙读本。2017 年，历时三十余年终于合璧的"走向世界丛书"100 种出齐后，在国内外学术界、出版界引起了极大的反响。在改革开放之初的 1979 年，您就开始策划编辑"走向世界丛书",当时是怎么想到要编辑出版这样一套书呢?

　　锺:我向来喜欢看书,也喜欢思考,经常琢磨中国的过去和未来。1979 年,我到出版社工作。那时我经常想的是:中国怎样才能改变?怎样才能变成一个现代化国家?那个时候,我们对外面几乎不了解,没有机会出国,只有从以前接触西方国家的人们的文章中去发现他们的体会,让早期走向世界的人现身说法。所以,到了出版社我就想要做一套这方面的书。选择这些先人的游记和笔记出版,是因为我小时候就读过一些相关的书,有较为深刻的印象。我父亲是梁启超的学生,家里有梁启超的《新大陆游记》和康有为的《欧洲十一国游记》。1980 年,我编辑出版了"走向世界丛书"的第一种《环游地球新录》,之后平均一个月出版 1 种。原计划出 100 种,出到三十几种时,因人事原因而中止。前几年,岳麓书社重启这个项目, 到 2017 年,总算把 100 种书出齐了。

　　"走向世界丛书"在当时确实引起了学界的轰动。也因为这套丛书,我和钱钟书先生结下了文字缘。他建议我将所有导言结集单行,还表示愿意为之作序,这就是后来的《走向世界——中国人考察西方的历史》。杨绛先生说,这是钱钟书先生平生唯一一次主动愿意作序的书。这也是两位先生对这套丛书的嘉奖吧!

　　马:编辑出版"走向世界丛书"是一项庞大而又复杂的工程,那个年代对海外了解不多,资料又十分匮乏,您当时选编书目的标准是什么?对于丛书内容设计安排是怎么考虑的?

　　锺:我们手头当时能占有的资料确实很少,我就想把近代中国人对西方的观察、感受汇编起来,让容闳、郭嵩焘与黄遵宪这些先哲来讲述一个多世纪前的"变革图强"与"西学东渐"。那是中国人第一次开眼看世界的感受，对中国近代史影响很大，希望对今天的人也能有所启迪。编印"走向世界丛书"的目的，就是希望让国人知道早年出国的中国人是怎样观察和认识外部世界的。最早推出的李圭的《环游地球新录》，写的是作者1876年去美国费城参加万国博览会时的见闻，是很早的一部中国人写的美国游记。据说，当年22岁的康有为就是读了这本书，为书中描绘的新事物所吸引，从此选择了向西方国家寻求真理的道路。

又比如，1866年斌椿的《乘槎笔记》和张德彝的《航海述奇》，算是中国人第一次游历欧洲的记录。斌椿此行还写了不少诗（结集名《海国胜游草》），其中有咏他在巴黎、伦敦照相的诗："意匠经营为写真，镜中印出宰官身；书生何幸遭逢好，竟作东来第一人。"斌椿自称"东来第一人"不是夸张。瑞典皇太后在接见斌椿时便说，在他们之前，还没有中国人到瑞典游历过。斌椿回答道：中国官员从来没有远出重洋者，此次如果不是亲自来欧洲，确实不会知道海外居然有这样的"胜境"。

这些"东来第一人"与海外世界的直接接触，使中国人终于获得了关于西方的真实信息。这在中国人走向世界的征途上，具有破天荒的意义。

马："走向世界丛书"在改革开放之初的中国，被称为"重新开启国人看世界的思想新风"，具有启蒙意义。今天，中国的社会环境发生了很大变化，现在怎么看待"走向世界"这个话题呢？

锺：中国走向世界的过程远未完结，"走向世界"一直在路上。走向世界，传播西学，并不等同"全盘西化"，而是要学其所长，为我所用。清朝光绪年间，围绕办洋务、设海防，大臣和言官们各抒己见，目的是要挽救时世。传统文化主流是保守的，但并非铁板一块。不是要"取其精华，弃其糟粕"吗？传统文化哪些是精华，哪些是糟粕，正需要通过走向世界，在与世界其他文明的对照中显现出来。我认为当时走出去的人，总体上

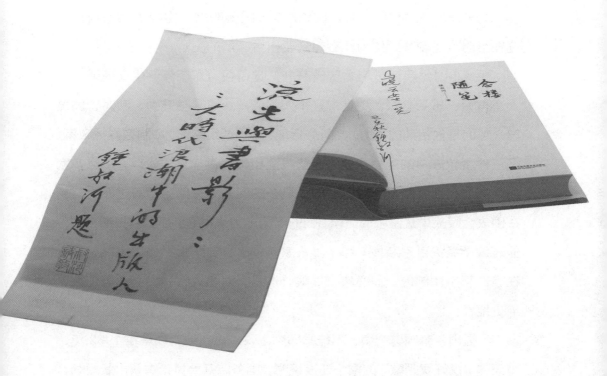

在思想上还是有追求的，理想主义也更多一些。作为中国第一批与世界有过接触和交流的知识分子，他们认识到中国和世界存在的差距，开始审视中国的命运，并努力为了国家的强盛发展建言献策，这些是值得尊重的。回过头看，近代中国人的探索与思考对今天的我们仍有很多启示。

马：《曾国藩全集》被列入国家出版规划，它的出版最早得益于您的"力争"。在20世纪80年代出版曾国藩的书，需要很大的勇气，这在当时也是创举，您为什么想到要出曾国藩的书？

锺：小时候我读过刻本曾氏家书，觉得很有可读性，生动诙谐。长大了再读，感受更深，更觉得这个人不简单，有人格魅力。我对曾国藩感兴趣的是他超凡的能力：判断分析能力，协调组织能力，制定方针政策、把一件事做成功的能力。他的道德观念和伦理哲学自成体系。那么多家书、书信、批牍都是他自己写的，最多的时候一天给弟弟写过四封信，在围攻金陵战事最紧张的时候。他的学习能力也很强，那么紧张那么忙，他还编《经史百家杂抄》和《十八家诗抄》，治学很严谨，值得学习。在当时那个体制内，他必然有局限。但是，对古人，我们必须辩证地、历史地看。

我提出《曾国藩全集》不能影印刻本，应该新编，那是在1982年，曾氏的"汉奸卖国贼"的帽子还没摘啊。国务院开会讨论古籍出版规划，省市级出版社只通知三个人去，北京一个，上海一个，湖南我一个。原来规划只影印刻本《曾文正公全集》，是我三次发言，力陈刻本删节太多，未刊资料丰富，必须新编扩大容量。我还跑到北京图书馆去，把旧的刻本和新发现的材料同时搬到会场上，一篇一篇、一条一条指出旧版本为什么不完善，不能简单地影印。就这样，新编《曾国藩全集》才被列入了国家出版规划。

马：《曾国藩全集》在出版过程中会承受不少压力吧？

锺：1984年，我被调到岳麓书社当总编辑。此前，在我从北京归来后，书社已经将《曾国藩全集》列入了选题。我去当总编辑后，发现原来确定的责编更适宜编文学书，于是重新选定了唐浩明来责编《曾国藩全集》。一本书的编辑很重要，某种程度上决定了图书的品质和品位。唐浩明工作努力，不仅做好了责编，还收获了副产品——他创作了小说《曾国藩》，成为著名作家。

为了出《曾国藩全集》，书社和我承受了很大压力。但是，我是书社的总编辑，所以这个压力当然主要由我来承受。《曾国藩全集》付印的头一本《家书》出版后，有媒体发了一篇大文章《如此家书有何益？》，反对出这个书。我对社里的同志们说，沉住气，我们不必出面参与争论，这种争论一开展起来，就会没完没了。我们只要埋头快出书，出好书，在国际上、在全国范围内产生正面的影响，只要大家觉得这个书出得好，反对的声音自然就压下去了。书出来后，《人民日报》《光明日报》都做了正面报道，给予了肯定。事实证明，我们是对的。

马：在中国现代史上，周作人是个很有争议的人物。但是，从20世纪80年代起，您却率先倡导编辑出版周作人的著作，您是如何看待"人"和"文"两者关系的？

锺：20世纪80年代出版周作人的书，是要挨一点骂、挨一点棍子的。国家的文化政策很开明，倒是有些文人很严苛。但我认为，"人归人，文归文"。对周作人其人如何评价是另一回事，其著作文章却是五四新文学新思潮中有代表性的存在，肯定它也好，否定它也罢，都是无法绕开、无法视而不见的。就是要批评他，也要看他的全部作品嘛！所以，我在岳麓书社出书时，先在《光明日报》上打广告，开头就是"人归人，文归文"两句话。意思是，人呢，是什么样的人就是什么样的人；文章呢，是什么样的文章就是什么样的文章。

事实证明，周作人的文章是有人要看的。《雨天的书》《自己的园地》《泽泻集》等他的"自编文集"，从 1987 年起在岳麓书社一再重印，总印数达 20 多万册。后来止庵等人继续努力，终于将所有的"周作人自编文集"印出来了。成功不必在我，我愿意乐观其成。"人归人，文归文"，这终于成了大多数人的共识。所以，出版人要有情怀和学识，同时，也还需要一些胆识的。要想做一些引领时代和市场的图书，除了要有学识、眼光，也需要胆识和气魄，就是我们常说的担当。

马：听说您很喜欢读《儒林外史》。《儒林外史》被誉为"中国传统社会士林百态的浮世绘"，这本书给您的最大收获是什么？

锺：我不过是一个普通的读书人，但一生中不读书的时间很少，书是我生活中很重要的东西。年轻时，我心里瞧不起以文墨为生的人，以为文字是空的，随意性大，那时我更热爱自然科学。我未承想到此后以文字为职业，也不料一生沉浮皆在此中。

《儒林外史》是一面镜子，多读一读，有助于认识自己、认知自我。中国古代的读书人，为了功名富贵，只能依附权力与权威。现代的知识分子，应当心境自由，凭自己的本事即知识吃饭；既要融入社会，又要保持独立人格，有较为宽广的精神世界。

马：您编辑出版了许多重要著作，也撰写了很多个人作品，对您写作和出版生涯最有影响的是什么？编辑怎样才能引领市场和读者？

锺：编一本书不是简单地汇编作者的书稿，编辑要有自己对书稿的思考和提升，做编辑是需要学识和眼界的。读书对提高一个编辑的知识视界和人文素养很重要。

　　编辑"走向世界丛书"是源于我以前读近代人写的外国游记而得到的启发。我从小就喜欢读书，看家里的古旧书。古书没有很多适合儿童看的，不懂的书也拿来慢慢地看。《史记》《左传》对小孩来说确实很难懂，慢慢琢磨也就看懂了。找到一本《阅微草堂笔记》，开头也看不太懂，很多字不认识，看多了，慢慢就认识了。比识字更难的是通词义。读《阅微草堂笔记》时常见有"承尘"两个字，写书生夜读，忽然听得承尘上有响动，抬头一看，是美丽女子的纤纤小脚，接着整个人儿就下降寒斋了。这个"承尘"是什么意思呢？到后来才明白它就是天花板。我也看过几本大姐寒暑假回乡带回的新书，像西风社编的《天才梦》，是以张爱玲的篇名为书名的。等到抗战胜利到长沙读高中，我开始大量阅读翻译的文学名著。应该说，民国以来用白话文翻译的外国小说，像陀思妥耶夫斯基、巴尔扎克、狄更斯等人的作品，我在那两三年中基本上都看完了。后来兴趣慢慢转到了社科书，克鲁泡特金的《我的自传》和《互助论》给我的印象很深。

阅读对我的写作和出版生涯有直接的影响。从前没有更多的信息传播渠道，阅读是通向外部世界的唯一窗口。因为阅读的影响，除了学校的作文以外，我比较早就开始了个人的写作。最早是十三四岁时用文言文写的一部笔记叫《蛛窗述闻》，文字当然幼稚，但大体还算通顺。旧体诗也学着写过一些。新诗则于 1948 年起在长沙的报纸上发表过几首。

阅读和写作在我的生活中占有很重的分量。尽管现在信息渠道多，电脑上可以阅读，但是，读书还是不可替代的。不止于阅读，有时还不禁掩卷深思。只有开卷细读，才能掩卷深思。读书对编辑工作很有帮助，你要编一本好书，你对内容的理解一定要比读者深，才能引导读者。这需要编辑具备比一般人更深厚的学识、更高远的眼界。

我在编辑"走向世界丛书"时，写的总序、绪论，都是自己思考的结果，主要是想对作者当时"走向世界"的历史背景以及个人的研读体会进行一点阐述，出版后没想到成为亮点。当然，这样的编辑过程是辛苦一些的。这套书因为是清朝人的原作，涉及古籍整理、考证和校勘。我去北京、上海等地的图书馆搜集了上万种刻本、抄本和印本，都要断句、校勘。一百多年前译名没有统一标准的中文译法，丛书中有大量由作者原创的音译词，需要追根溯源，查找依据，有些地名要对着世界地图找，等等，对编辑者来说，这些都需要一定的古文学、古文字功底，难度很大。

马：您都快 90 高龄了，现在每天还读书吗？

锺：还读书，很厚的书都看，偶尔还写写。像后浪文化编辑的《现代世界史》、浦睿文化编辑的《耶路撒冷三千年》，前段时间看的是《世界历史上的蒙古征服》。凡是能增加自己知识的书就会想看，这是习惯，几十年的习惯。

马：您对中国出版的贡献和影响都很大。作为出版界的前辈，您认为做出版最重要的是什么？

锺：当前，潮流整个地来说还是在走向全球文明，走向世界。面向全球文明和文化，中国的传统文化当然有自己的优势，但我们仍然要以开放的心态看待外部世界，要充分吸取好的营养。

我觉得做出版的人要热爱这个行业，要有理想、有情怀。对编辑来说，首先你要喜欢这个职业。自己编的书，应该是自己觉得有价值，应该把它编辑出来、传播出去的，这很重要。有热爱和情怀，你才会克服一切困难做好这个事情，否则的话，肯定不行。

做出版是需要有情怀的，因为出版人要承担推动优秀文化传承和社会人文精神提升的责任，要有使命感。现在有些出版人，问题不在读书太少，而是缺乏热情和情怀。社会在进步，文化要传承，真正的好书还是有市场的，中国的出版还是大有可为的。

王立翔

◆ **嘉宾简介：**

王立翔，1985 年进入出版行业，从事出版三十余年，曾任上海古籍出版社副总编辑，现任上海书画出版社社长、总编辑。他主持编纂出版的"中国碑帖名品"系列 100 种，以框架系统、版本珍稀、释读专业和品质优异而深受广大书法爱好者喜爱，被称为"字帖大红袍"。在他的主持下，上海书画出版社以传统书画艺术为核心，坚持专业立社，品牌立社，成绩斐然，荣膺中国出版政府奖先进出版单位，社会效益和经济效益连续多年位居全国美术类出版社前列，被誉为"艺术出版的金字招牌"。

◆ **编辑代表作：**

主编"中国碑帖名品""中国绘画名品""中国书画基本丛书"及《艺术与鉴藏》等图书系列；主持《翰墨瑰宝》《董其昌全集》《吴昌硕全集》《海派绘画大系》《艺术史界》《珍藏中国》等出版项目。

专业出版社的"专""精""特"

◆ **精彩观点：**

"一个编辑和一位作者的缘分，是人生美好的际遇，不会因时间而淡忘。"

"专业出版就是要追求品质和创新，就是要深度挖掘内容的多元价值，形成叠加效应，使出版的产品做到'人无我有，人有我优'。"

"专业出版社还是要保持定力，坚持专业立社，品牌立社，上海书画出版社的成功证明了坚持走专业出版发展路径的可能性。"

访谈嘉宾： 王立翔（以下简称王）

访谈人： 马晓芸（以下简称马）

马：您是 1985 年进入出版业，从编辑到出版社领导，应该说，见证并参与了新时期出版业三十多年的发展。以您的从业和人生体验，如何看待这些年的出版变化？又是什么促使您一直扎根在出版行业？

王：这三十多年的出版变化确实很大，从个人经历来说，阶段性体会很明显，大概可以概括为三个阶段：第一个阶段是在事业体制下的出版阶段，主要是在国家规划、主导下的出版，没有完全进入市场化运作，1985 年前后正处在这个阶段。第二个阶段是随着改革开放深入，90 年代初期到中期，出版开始面临市场化。这个时期有一个重大变化，就是经历了由出版社卖方市场向读者买方市场的变化。以前是知识饥渴，图书出版不能满足读者需求，到了这个时期，图书品种迅速丰富，图书选题和发行的竞

争进入十分激烈的阶段。第三个阶段，是进入新世纪，尤其是2004年前后，国家在出版政策上有了很多新的调控，包括推动出版转企改制和产业升级，出版社的社会职能愈加清晰，出版管理的体制机制愈加成熟，这给出版的发展带来了更多的机遇。

　　我选择出版主要是源于喜欢，当然也是觉得适合自己。我读的是古籍文献专业，当时上海古籍出版社需要图书编辑，20世纪80年代古籍整理领域正处在人才断档时期，在这样的背景下，我有幸进入了出版队伍。现在看来，自己的选择是对的，无论是个人兴趣，还是知识结构，都在这里找到了支点，我个人的价值得到了体现。

　　马：在您三十多年的出版生涯中，印象最深刻或者说最难忘的编辑经历是什么？

王：这些年从事出版工作，编辑了很多书，也和很多作者、读者因书结缘。印象最深的还是与我第一次独立编辑的一本书有关，也就是在古籍目录学史上占有重要地位的宋晁公武《郡斋读书志》校证整理本。那时我刚进入上海古籍出版社当编辑，就遇到这样近百万字、涉及文献极广的重点书稿。我花了一年多的时间编辑审读书稿，其间学到很多，尤其是古籍整理书稿的编辑规范体系和审稿技能，也扩展了自己对古籍整理的认识视野。对图书品质的追求有助于锤炼一个编辑的基本功，这是我的体会。

这部书稿的整理者孙猛先生对我的出版生涯也起到极大的影响。他非常认真执著，花了十几年的时间，校对善本，钩稽文献，提升了原书的史料价值。他的治学方式、执著精神都给了我深刻影响。有趣的是，我们合作了十多年未曾见面，一直是书信来往。后来有一次我去东北出差，在吉林大学的食堂吃饭，偶尔听到隔壁桌上有人交谈，零散的几句话，让我觉得这个人讲的事跟《郡斋读书志》有关系，就贸然上前询问。我说："您是孙猛先生吗？"他说："是啊，我就是孙猛。"我们居然在这样的场合第一次见面了，真是冥冥中的缘分，这是出版工作带给我的无数惊喜中的一个吧。后来我们再次合作，编辑出版了《日本国见在书目录详考》，这部书获得了中国出版政府奖。

一个编辑和一位作者的缘分，是人生美好的际遇，不会因时间而淡忘。一位作者因为一本书对编辑产生好的印象，深刻地记忆着你，信任着你，我想，这也是出版人成就感、满足感之所在。

马：您在上海古籍出版社拿了很多国家级大奖，获得了很多荣誉，古籍文献又是您的专业，为什么又去了上海书画出版社呢？

王：一方面，上海书画出版社历史悠久，在美术专业领域非常有影响，历经几代人的努力，打造了一些很好的平台，这些特质与古籍出版社类似；另一方面，我从小喜欢书画，心中也有一份从事艺术工作的向往。我在古籍社的时候，就做了很多艺术类图书，积累了不少经验，有一些专业出版必备的基本能力。因为有这些基础，我觉得到书画社不妨是一种尝试，就这么过来了。

马：您到上海书画出版社后，主持编辑的"中国碑帖名品"一出版就被行业内视为标杆，做到了专业精品和大众畅销的结合，被读者称为"字帖大红袍"。当初是怎么想到要编辑这套书呢？

王：我是做古籍整理出版出身的，书画社的核心业务与传统文化存在着密切关联，我就盘算着应该充分利用好这个基因。书画社的前身是朵云轩，有着百年历史和极丰富的书画资源，我认为可以通过深入挖掘书画艺术的文化底蕴创造出新的价值，以形成与其他美术类出版社不同的风格。

字帖一直是书画社的强项产品，原来在市场上就有口碑。我对书画社历年出的字帖做了研究，觉得可以在原来基础上对内容深度挖掘，对市场进行细分，根据读者需求提供差异化产品，打造字帖出版新的品牌，并形成规模效应，所以有了低价入门级的"中国书法宝库"、普及提高级的"中国碑帖名品"、研读收藏级的"法书至尊"三条产品线布局。"中国碑帖名品"的编辑出版，前后花了五年时间，应该讲是下大功夫精心打造的。做之前，我们做了大量的调查评估，研究市场的需求、读者的需求，发现书画社虽然做了很多字帖，也有很多已经被读者接受的图书品牌，但是随着时代的发展，一些不足也初露端倪。我决心出版"中国碑帖名品"这个系列，主要是希望延续此前"中国碑帖经典"的效应，同时以优质图像和更为丰富的内容来提升品质、增强内涵，并以百种规模，形成书画社一条新的字帖重点产品线。这在当时来讲是难度极高的挑战，但幸得所有参与者的努力，我们基本实现了初衷。这套丛书的成功，后来也被上海市出版协会作为案例编入《经典策划119》之中。

我到书画社是2008年，那时候我已经接触到很多非常好的资源，尤其是碑帖方面的出版资源。我在古籍社的时候曾经主持出版了《翰墨瑰宝——上海图书馆碑帖丛刊》，后来得了中国书法"兰亭奖"。我觉得这种优质图像资源应该更为书画社所用，以此来体现书画社的专业地位，这是其一。第二，读者需求在发展，大家都开始接触彩色图书了，尤其是艺术类的，而书画社当初没有这种意识，认为高端书才用彩色的，普及书读者的接受能力、消费能力不够，我认为这个看法应该结合具体情况有所改变。第三，原来传统碑帖的编辑出版，比较注重临写的需求，视觉层面的东西考虑得比较多，但是内涵的东西，比如碑帖的产生与流传、版本的沿革和递藏、后世的题跋与评价，还有碑帖文本的释文、解读等等，做得还不够。这是以前出版字帖的美术类出版社普遍存在的现象，它们往往以简单翻印为主，所以造成同质化现象十分严重。我想书画社应该率先去改变这一现象，我们做到了。

马："中国碑帖名品"从"小众"走向"大众"，完成了从书法临本向大众文化读本的转变，可以这样理解吗？您觉得这套丛书成功的原因是什么？

王：可以这么说吧！我们是把"中国碑帖名品"当作可阅读的字帖来做的，所以对图书的内容品质要求很高。第一是图像资料的品质，这是读者购买字帖最直接的一个理由。图像资料的品质由优质版本和高清晰度图像两部分组成。我们就是从这两点出发，竭力收集一手来源的原始图像，购买也好，合作也好，征集也好，包括从原先自己的库房中调用，确实是花了大力气。"中国碑帖名品"给读者的第一感受，就是版本更佳，图像

质量大大提升了。

　　第二是文本的品质,即通过帮助读者准确解读碑帖内容和书法艺术,来提升丛书内涵。首先是碑帖内容的释和读。以前常见字帖连释文都不做的,而我们则对 100 种碑帖全部做了释文。有些难度非常大,比如篆书、隶书、草书,其中早期古文字,如甲骨金文简帛书,释文难度非常大。其次是对碑帖内文进行标点和名词解释。这就如同在做古籍整理了,许多作品以前从未有人做过这些工作,而我们请到了专业学者,请他们进行校勘整理。这堪称一项重大突破，其用意也是希望我们的丛帖还具备阅读、研究的价值。

其实，在"中国碑帖名品"策划之初，我们给自己设置了不少"难题"。比如全系列定为100种。我希望用这100种碑帖来体现中国书法发展演变的轨迹，而不是像其他字帖那样，能出几种就出几种。这100种碑帖是从书法史的定位来选目的，相当于一套书法史图录。另外，以前出版的字帖都聚焦于老经典，在"中国碑帖名品"中，我们增加了许多新发现的书法材料，如最近发现的战国秦汉简帛等，呈现了更广阔的专业视野。我们还提出作品"全璧呈现"的编辑思路，就是原碑帖首尾任何细节均完整收入，碑刻有整纸拓的也影印刊出。这些内容信息使得丛书具有了赏鉴、研究意义，突破了临写碑帖的一般功用。

所以"中国碑帖名品"出版后，它的受众面就大大拓展了，不仅仅限于原来纯粹学碑帖的读者。这众多的难点突破和附加值，都使这套丛书不仅价值独特，含金量还尤为高，有效地规避了字帖类出版同质化严重的问题，因而得到了广大读者的认可。

我认为专业出版就是要追求品质和创新，就是要深度挖掘内容的多元价值，形成叠加效应，使出版的产品做到大家常说的"人无我有，人有我优"。没有这种特质，产品会处于较为低端的层次，无法形成优质品牌。我们要打造专业高地，必须要花点特殊的功夫。我相信"中国碑帖名品"的编辑用心，将在未来若干年后显现出更多的积极意义。

马：您说，专业出版要追求品质和创新，这样对编辑就提出了更高的要求，对吗？

王：对，需要综合素养。编辑除了有专业知识，还要有文化修养、理论素质。出版是内容产业，把内容转化成产品并形成产业，人的素质起着巨大的作用。编辑的素养越丰厚、越多元,能给予读者的东西就会越多一些。以前讲编辑是杂家,是极有道理的,杂家在另一个层面的意义是底蕴丰厚。如果不是从杂家的角度去看待自己的职业的话,你拿出来的产品就会比较单一。当前出版选题同质化、平庸化,究其原因,是源于出版者对内容的肤浅认识。

马:专业出版社要做到又"专"又"精",实现"两个效益"并重,您认为可持续发展的路径和方向是什么?

王:我觉得这是值得专业出版人多去探究的一个问题,非常重要。专业出版社,往往因为受众面小,发行量小,而读者对于内容要求又很高,市场压力是比较大的。当初我在上海古籍出版社的时候,图书发行量一度萎缩得蛮厉害,经常会遇到这样的矛盾:这本书的专业价值很高,但是它是亏本的,到底做还是不做?怎样处理这种专业书和大众需求的关系?怎样处理眼前利益和长远利益的关系?这些问题都是非常尖锐的。好在这个过程我们挺过来了。随着国家文化政策的重大调整,出版从业人员对出版事业特性认识的愈加成熟,以及社会对阅读的尊重、文化需求的不断提升,对专业出版精品图书的需求也在扩大,这是社会发展进步的结果。

对专业出版发展规律的认识,需要我们出版人不断摸索,要拥有更长远的眼光和更加坚定的定力。我认为专业出版有特定的读者需求,因此就有足够的生存价值。我们一直非常看重自己的专业特性,深耕愈深,专业内的认可度就愈高,就拥有了自己的立足点。我在书画社这些年,主要就是抓两个方面:一个是专业。专业定位一定要牢固,不因市场的变动、读者的分化、短暂的困难影响,而忽视了自己的专业特性,去追逐非我所长的热点,这是专业出版社发展的大忌。另一个就是品质和品牌。我们有良好的品牌,但是品牌要发挥市场效应,其基础是品质。品质要打造好,品牌才会不倒，这两者是互相促进的。这是我从事专业出版工作多年后得出的结论。来书画出版社时我就先确定了这个总基调，就是要立足长远，坚守品质。专业出版社还是要保持定力，坚持专业立社，品牌立社，上海书画出版社的成功证明了坚持走专业出版发展路径的可能性。我们走出了一条自己的路。

马：我自己也是多年在出版市场一线，感觉专业出版、品牌塑造，因为周期长，收效慢，面临的市场压力很大。所以我很想知道，上海书画出版社是如何克服困难坚持下来的，经营发展上有什么秘诀吗？

王：还是要有具体的运作方案来解决经济效益问题。立足长远，不是不顾当下，而是要长短结合，不断攻克眼前的现实问题，稳步前进。现代出版人，不仅要有情怀、有使命，还要有超强的解决现实问题的综合能力，在理想和现实之间求得平衡。大众图书出版有其解决之道，专业图书出版，也有其解决之道。

书画社这些年有所成功，一条重要经验就是对中国书画艺术内容的不断深耕。内容是专业社取胜的根本。我们在内容开掘方面，首先是加强学科意识，将编辑部专业化，要求编辑部从自己的领域出发，为读者提供丰富而可信的专业内容和有益指导，满足不同层次的读者阅读、教学、研究的需求。其次，是细分市场需求，提供差异化产品。我们为不同层次的读者群打造了不同的内容产品，在小众的市场努力做好各种适应读者需求的文章，进行选题规划和产品布局。比如字帖，是上海书画社口碑最好的产品，也是重要的产品线之一。我们依据读者的不同需求，从内容的深与浅、宽与窄、传统与创新、功效与品质等诸多方面入手，对字帖板块进行了全方位、多层次的布局，形成了差异化产品。通过细分市场需求，我们不断开掘内容价值，采取精确的市场策略，架构起多重产品组合，将有限的内容与读者群体进行了有效的对接，从而形成了自己的市场竞争优势。

正如您所说的，专业出版的特点是周期长，见效慢，在初始阶段这个问题尤其突出。我觉得认准方向，有坚持，也要有调整，任何事情都客观理性地去分析解决，而不要固守成见，目的是解决问题。要用好产品一盘棋，坚信品牌图书是会反哺你的，虽然它到来的时间可能会滞后。现在"中国碑帖名品"等系列，都已是我们很好的效益来源，这证明了专业图书是能够获得社会效益和经济效益双丰收的。

马：现在一些专业出版社开始转型，尝试做相关产业链的拓展，您是怎么看的？

王：就专业出版社而言，这是值得思考的问题。美术社与以文字内容为主体的出版社有很大不同，确实有很多其他可能性，因为它与艺术创作、艺术图像、艺术教育、艺术活动、艺术经营有千丝万缕的关系。以前书画社和朵云轩是一块牌子，朵云轩曾经为书画社创造了非常好的品牌联动效应。出版社进入市场后，我们在艺术品经营方面最早介入，搭建起艺术出版很好的产业架构，拍卖公司、古玩公司、文化经纪公司相继成立，在20世纪90年代后期逐渐形成一个非常完整的产业链，各延伸端都得到比较充分的发展。以朵云轩为品牌的产业发展，对出版社形成了非常好的反哺。但出版还是这个产业链的核心，起着主导作用。这很重要，为什么？因为我们是一个以出版为主的架构，出版社的高素质人才和专业内容锻造能力，形成了对其他延伸端的有力支撑，这与从一个艺术品经营公司出发去扩展产业链，站位和资源有着明显的不同。我认为这个认识很重要。

从这个经验来看，对未来的美术出版来说，进行产业延伸，走复合型出版道路，可以是一个很好的路径。艺术出版是有很多路径可以走的，但我认为关键还是要做强出版主业。

上海书画社选择了现在这条道路，证明了美术类出版社还是有做好专业出版的又一种可能的。关键还是要依托自己的优势、资源和人才，来对自己的发展进行定位。当然，做专业出版，需要很多储备和积累，人才、资源、资金，像蓄水池一样，要慢慢积累。

马：当今，科技发展迅速，数字出版是否会直接影响到传统的纸质出版？您如何理解出版业的创新发展？

王：数字出版或者说数字化转型，肯定是未来发展的大趋势，传统纸质出版必须面对这个问题。早期，面对数字化浪潮时，人们曾经认为纸质出版肯定不行了，后来逐渐意识到纸质图书依然有生命力。现在大家更冷静成熟了，也许未来它和数字形态可以并行。

但是，数字技术的迅猛发展对出版业的影响，将是具有变革性意义的。因为载体、技术手段不一样了，阅读习惯也将随着阅读主体的迭代变化而发生变化，出版必须去迎接这种变化。这个过程到底有多长，现在很难说。也许会有相当长时间并行，尤其是美术类出版社，因为它的特殊属性，就目前而言，其本质形态还没有发生颠覆性变化。但是，美术类图书的受众不是单一的，还有很多非专业读者，这就提醒我们美术出版人，要积极掌握新技术，对接新业态，与时俱进。

创新是时代的主旋律，这不仅因为国家在大力提倡，更是社会发展的要求。具体到出版业，创新涉及从经营管理到产品锻造到营销模式的各个方面。创新肯定是企业发展的重要命题，不过关键还是要处理好变与不变的辩证统一。出版是内容产业，需要遵循内容生产的规律。出版社凭借严谨的流程把控和专业的编校能力，成为社会各个行业学习、教育和科研的可靠的内容提供者，这是其赖以存在的基石，是不能变的。出版业创新，重在观念和运营，要在新技术条件下，敏锐辨别读者内容需求和阅读方式的变化，以此推进我们各项工作的变革。比如出版社拥有大量内容的积累，如何通过创新手段开掘出更多新内涵、新价值，以提升我们的"双效益"，这里有大量的工作可以做。尤其是对数字产品的开发利用，目前往往因为数字领域人才和营销方式与传统出版有着较大差异，出版社普遍推进迟缓。当然，创新还是要依托于原来的基础，与你没有什么关联度的，即使是有不错的创新，你去做了，读者认同度、市场接受度都有问题。我们不能为创新而创新。就目前来说，许多出版社还存在产品模式单一、生产效益低、动销率低的问题，如何通过创新提升能力，改变现状，这是我们迫切需要解决的问题，也是我们这代出版人需要共同努力的方向。

汪家明

◆ **嘉宾简介：**

汪家明，1984 年进入出版行业，历任山东画报出版社总编辑、三联书店副总编辑、人民美术出版社社长。1996 年策划出版的《老照片》系列丛书创造了单辑销量 40 万册的纪录，掀起一股老照片出版热潮，被认为开启了中国出版业的"读图时代"。《老照片》系列丛书因此入选 "1978–1998 二十年难忘的书" "改革开放三十年来最具影响力的 300 本书" "共和国六十年 60 本书"。

◆ **主要著作：**

《难忘的书与插图》《难忘的书与人》等。

◆ **编辑代表作：**

《老照片》《老漫画》《耕堂劫后十种》《汉字王国》《小艾，爸爸特别特别地想你！》等。

《老照片》和《老漫画》的故事

◆ **精彩观点：**

　　"《老照片》的成功在于我们努力改变以前简单图解新闻的方式，增加文字量，释读图片的文化内涵，尝试以别开生面的图书样式、回望历史的新颖视角，通过图片直观立体地表现社会、人生。"

　　"一个成熟的出版社，要形成编辑核心。编辑是图书产品的主要生产者，优秀的编辑对出版社出版优质的产品起到很大的作用。"

　　"优秀的图书可以创造读者，创造市场。读者的阅读习惯很多时候是被创造出来的，如果说有什么是先天的，那就是读者先天需要新鲜的、别致的东西。出版人要有开启文化时尚和阅读时代的勇气和能力。"

访谈嘉宾： 汪家明（以下简称汪）

访谈人： 马晓芸（以下简称马）

马： 听说汪社长最初并不是做出版的，您是从什么时候起进入出版行业，做图书编辑的？

汪： 1984 年以前，我一直是中学语文老师，从事教学工作。调入山东画报杂志社做编辑时，适逢全国画报改革，我策划、编辑并撰写了《青岛老房子的故事》《运河风情录》两组大型连载报道，每组连载一年，在读者中和画报界影响较大。1993 年 6 月，山东画报出版社成立，可以出书了。按当时规定的出书范围，只能出版摄影类图书。我们出版的第一本重点书是《图片中国百年史》，既是摄影，又是历史，满足了爱好历史文化的读者的需求，1994 年出版后获得当年"五个一工程"奖。我们策划的第一套丛书是"名人照相簿丛书"，既是摄影，又是文化，满足了读者

对文化名人传记的阅读兴趣，同时，也尝试了图文书出版的形式。这套丛
书前后出了十几种，最早出版的是弘一大师、张爱玲、冰心、艾青、马一
浮、钟敬文等人的传记，每人四五十幅生平照片，十多万字的文章。采用
这么多照片做传记图书在当时还是第一次。由于编写形式新颖，这套丛书
对图文书的兴起产生了一定推动作用。后来我给张洁出书，就是《世界上
最疼我的那个人去了》的单行本，也用了很多照片，效果很好，书出版后，
成为卖得最好的版本。

　　马：您在三十年的出版生涯中编辑了很多书，最有名的有《老照片》。
1996 年，《老照片》丛书一经面世，就引发了风靡全国的"老照片文化热"。
出版这套书的最初机缘是什么？

汪：《老照片》出版创意和《图片中国百年史》的编辑有关。为了《图片中国百年史》，我们在全国范围内搜集、购买了 6000 余幅历史照片，书中只用了 2741 幅，剩下 3000 多幅也都很有价值，但大多是逸闻性质，不适合作为正史内容入选。起初想再编一本《图片中国百年轶事》，但转念一想，既然是轶事，做成一本沉重的大画册，谁看啊？后来改变编辑思路，何不化整为零，围绕照片讲故事，一二十个故事，七八十幅照片，分设几个栏目，图文混排，图片和文字在同一页，做成杂志书，一本本编下去呢？我设想图书样式可以仿照《读书》杂志的模式，这个想法得到大家的赞成。书名想了好几个，比如《照片与往事》等，但都不满意。我一直在苦苦思索，也许是太入心了，一天半夜醒来，忽然想，就用"老照片"不是很好吗？真有点豁然开朗的感觉，十分兴奋，干脆不睡了，起身写下了"名人一瞬""私人相簿""故时风物""秘闻片影""凝望集"等几个主要栏目的名字，基本架构也就有了。那一刻，就觉得一本可爱、可读的小书呼之欲出，几乎可以拿在手里了……

产生出版《老照片》的想法，还有一个技术的原因。在那以前好几年，我一直在和印刷厂的师傅做试验，尝试在普通胶版纸上胶印黑白照片，以便降低画报的成本。因为此前是凹印，需用铜版纸，成本高，而且生产中有害气体含量也高。这个试验基本成功，《山东画报》在全国较早实现了单色印刷、图文混排，从此改变了过去照片和文字用不同纸张，因此只能图文分排的画报印制状况。这在当时，也是一种创新吧。

我是在 1995 年 10 月的选题论证会上提出《老照片》丛书编辑设想的，同时请杂志社的同事冯克力主持。第一辑做了整整一年，于 1996 年 12 月出版。其中 29 个题目，有一半是我和冯克力以及其他同事、朋友写的，基本上我们是又编又写，参与了书稿出版的全部过程。图书封面上的一枚秋叶，还是美编蔡立国在马路上捡的，用在封面设计上，效果很好。第一辑的最后一页，是我写的编辑后记《一种美好的情感》，其中讲述了《老照片》的出版背景和内容特点。书出来后，我们带到北京请专家学者和书店老总指导，结果一片叫好。一个月后，当时影响很大的《文汇读书周报》在第一版发了一条新闻：《为〈老照片〉鼓掌》。很快，《老照片》风靡全国，后来出版界将《老照片》的出现作为进入"读图时代"的标志，也是对这种图书出版形式的褒扬。如今，二十多年过去了，《老照片》也已出版了 120 多辑。

马：《老照片》出版后获得巨大成功，被称为开启了一个"读图时代"，您觉得《老照片》成功的原因是什么？

汪：《老照片》的成功有很大偶然性，是多种因素叠加的结果，算是机缘巧合吧！比如，我们在编辑《图片中国百年史》后余下了大量照片，世纪末人们普遍的怀旧心理，印刷技术的改造，杂志书（MOOK）的出现，还有，我们本来就是编辑摄影杂志的，资源、队伍有优势，等等。

当然，也有一些必然性。比如，我本人从小对老照片有极大兴趣，而且曾经从事美术工作，我的同事冯克力对政治和历史文献素有涉猎。另外，当时我们出版范围的限制，逼得我们必须从摄影、图片方面创新突破等等，这也从侧面说明，坚持自己的长处和特色对出版是多么重要。当然，在当时，我们也没想到《老照片》会引起那么大的反响，被列为影响中国当代出版的重要图书之一。

当然，《老照片》的成功主要还在于我们在当时率先开始了图书出版内容和形式的变革创新。我们努力改变以前简单图解新闻的方式，增加文字量，释读图片的文化内涵，尝试以别开生面的图书样式、回望历史的新颖视角，通过图片直观立体地表现社会、人生，使照片绝不仅仅是呈现一个个事实，还承载丰富的历史内涵、深刻的象征意义，以及许多值得留存和记忆的东西。《老照片》所成就的一段业界传奇以及其呈现历史人生的创新态度，我想对后来人会有一些启迪和借鉴意义。

马：您从一开始就喜欢采用图文并茂的编辑模式，是基于什么原因？您成就了《老照片》丛书，在出版生涯中，又是谁成就了您，对您的影响巨大呢？

汪：一开始就喜欢图文书的编辑模式，主要是因为我的出版职业起点是在山东画报杂志社吧。但怎样给图片注入文化内涵和历史要素，确实是我们首先尝试的事，这方面我们也是受到很多出版前辈的启发和影响。对我做出版工作影响最大的是范用先生，他曾任三联书店总经理，是著名出版家。他主持的《读书》杂志、出版的《傅雷家书》等，都对我的出版理念和编辑思路影响很大。山东画报出版社成立后，当时我们就是以三联书店为榜样来跟着做的，像《老照片》图文并茂的出版形式，以及出版后记的写法都是模仿《读书》杂志的风格。我当时在山东画报出版社做的很多书，都和范用先生有关。从 1997 年开始，我经常去看他，从他那里拿走很多选题，像张光宇的《民间情歌》、麦绥莱勒的 "木刻连环图画故事" 等等。当然，对我来说，最大的受益还是来自范用先生的精神影响。范先生有了不起的人格，非常纯粹，对书籍有深入骨髓的热爱和了解，品位很高，经历又广，和顶尖的出版家、文化人都有长久的交往，对三联的贡献巨大。我认为他是 "文革" 后中国出版的第一人，受到他影响的不仅仅是我。

还有刘杲，他是中国编辑学会创始人，在出版的宏观层面上许多观点既高屋建瓴，又很务实。比如，他不赞成一味地都搞大集团，说要重视中小出版社，大集团抗风险，中小社机动灵活，可以形成完整的、生动活泼的市场；还有，他认为编辑功能是选择、加工、传播，缺一不可。这些观点对我做出版工作也产生了很大的影响。

马：《老照片》大获成功之后，您紧接着又策划出版了《老漫画》系列，这两者之间有什么不同？

汪：《老照片》引起轰动后不久，我就开始筹划《老漫画》了。老照片和老漫画都是"图"，都形象地记录了历史和社会，都可以通过文字加以新的阐释，讲述"图"片背后的故事。若说有何不同，主要是大多数老照片在拍摄之时，不过是一种客观的记录，而老漫画则是作者主观的创作。20世纪二三十年代中国漫画极为繁荣，达到世界一流水准，漫画杂志花样翻新，出现许多有个性的画家，留下数不清的作品，但世事推移，大多已被遗忘。我以为，挖掘老漫画大有可为，题材取之不尽。

马：《老照片》最初的图像资料主要来源于《图片中国百年史》，那么《老漫画》主要来源于什么？《老漫画》系列最终达到您的编辑预期了吗？

汪：我请山东画报杂志社资深美编冯雷担任这套丛书的主编。为了收集《老漫画》书稿资料，我和冯雷分别在1997年10月、12月，1998年1月，连续三次赴北京拜访范用先生。范用先生是"漫画的大情人"，谈起老漫画如数家珍，且与中国现当代许多漫画家交情极好。接下来的几个月里，我们根据范用先生的指点，拜访了老漫画家方成、丁聪、黄苗子、江有生、王复羊等，以及漫画史研究者毕克官、黄远林。还经范先生介绍，去上海请教魏绍昌先生。为《老漫画》做的另一件准备工作，是与南京图书馆特藏部合作。南图特藏部是民国时期的中央图书馆，国民党败退台湾，未及带走大部分图书，后来就在原址整体保留下来，其中全部是民国遗物。我的好友李继锋是南京大学第一位民国史博士，与特藏部交往多，知道他们一直为这些珍贵的藏品不能为社会所用而着急，我们挖掘老漫画的想法与他们不谋而合。《老漫画》的许多资料即来源于此。

根据出版《老照片》的经验，《老漫画》设八个栏目，如"漫史寻踪""社会百相""方家自述""原版照登"和"短窥集"等。开篇就是魏绍昌先生的《"王先生"与"蜜蜂小姐"》，既介绍了20世纪30年代两位漫画家笔下的明星，又介绍了叶浅予、梁白波这对男女漫画家的一段传奇的情感经历，以及这段恋情对各自创作和生活的影响。另外收集有黄远林的《漫画·毛泽东及其他》、陈星的《丰子恺的两幅"黑画"》、钟灵的《愧对胡风先生》、李滨声的《没嘴的人》等，都是关于20世纪五六十年代的故事。丁聪的《我的几幅漫画像》则展示了张光宇、万籁鸣、胡考、张乐平六十多年前为他所画的风格完全不同的几幅漫画像以及背后的故事，内容生动有趣。

和编辑《老照片》时一样，我也写了一篇"编余絮语"，介绍《老漫画》的编辑缘起和内容情况。1998年7月，《老漫画》第一辑问世，开印3万册。8月1日，在北京三联书店韬奋图书中心举办《老漫画》座谈会，丁聪夫妇、方成、范用、毕克官夫妇、姜德明、徐城北、李辉以及张光宇的儿子张大羽、汪子美的女儿李蔚蔚等到会。会场上挂满了老漫画的复制品，引得媒体和读者朋友争相观看，讨论会上各位漫画家发言踊跃，称得上是一次成功的推广。二十天后，在上海举行了同样内容的会，魏绍昌、徐昌酩、天呈等画家、学者以及上海媒体参加，又热闹一回。

《老漫画》至1999年12月，共出版了六辑，其中第一、二、五辑各印3万册，第三、四辑各印1万册，但第六辑只印了5000册。和《老照片》的成功相比，《老漫画》没有达到我最初的编辑目标，成为我出版生涯中的遗憾。

马：《老照片》《老漫画》是传统出版的代表。随着数字技术大发展，出版业面临着诸多机遇与挑战。对于专业出版社而言，您觉得未来发展的道路在何方？

汪： 我在人民美术出版社时做了一些尝试。我们成立了数字中心，希望能借助"中国美术全集""中国现代美术全集""中国民间美术全集""中国碑刻全集"等优质资源，做一个权威的中国美术作品的数据库。我觉得对于出版社来说，数字出版目前还没有好的商业模式，出版社还是应该发挥原有的内容资源优势，先做好数据库，在此基础上寻求拓展。没有好的内容，再数字化也没用。

对于专业出版社来说，未来发展的道路，还是要坚持自己的优势和特色，出版"人无我有"的独特产品，这一定是持续发展的道理。我是1984年进入出版业的，做过山东画报出版社总编辑、三联书店副总编辑、人民美术出版社社长，2015年退休，前后从事出版工作三十一年。我认为，一个成熟的出版社，要想形成自己的出版优势和特色，出版优质、独特的产品，首先要形成编辑核心。编辑是图书产品的主要生产者，优秀的编辑对出版社出版优质的产品起到很大的作用。也就是说，一个社内要有几个编辑，是大家公认的最强的，他们的爱好、取向决定出版社的编辑方向，他们做的书也往往是读者口碑最好的、市场卖得最火的。他们还要会带徒弟，一代代传下去。出版社要是形成不了编辑核心，没有几个名编辑，是很难发展的。

就目前情况看，我所见到的能形成编辑核心的出版社不多。有些出版社的编辑们似乎是七零八落的，大家各自为政，既没有重点特色，也缺乏持续规划。这时候做领导的就要善于建立优质编辑核心。当然这个过程会很慢，因为编辑核心是慢慢形成的，不是说我给你权力就成，权力形成不了编辑核心。

马： 您提到"编辑核心"的概念，这对编辑的要求很高，您认为衡量编辑优秀与否的最重要的标准是什么？

汪：一个优秀的编辑应该要有编辑出独一无二的作品的能力，要有能力创造市场，创造读者，《老照片》的成功即源于此。一个人要成为好编辑，甚至出版家，需要一种能力，能够培养作者，经营作品；同时，还需要有一种本能：凡是随大流的东西，都本能地排斥，凡是别人做过的同质化的产品，先天就会觉得，做这样的东西没意思，挣再多的钱也不想做。没有这种本能，只会跟风，成不了好编辑。

优秀的图书可以创造读者，创造市场，出版社也有责任培育市场。读者的阅读习惯很多时候是被创造出来的，如果说有什么是先天的，那就是读者先天需要新鲜的、别致的东西。出版人要有开启文化时尚和阅读时代的勇气和能力。

李景端

◆ **嘉宾简介：**

　　李景端，曾就读于清华大学经济系，毕业于中国人民大学外贸系。1979 年创办大型外国文学杂志《译林》，1988 年出任译林出版社首任社长兼总编辑。多次受聘担任国家图书奖及出版政府奖评委，现任中国翻译协会理事。他在改革开放之初创办的外国通俗文学杂志《译林》，在作品选译、特色出版上首开先河，在当时产生了巨大影响。任职译林出版社期间，因率先组织翻译出版世界文学名著《追忆似水年华》《尤利西斯》等在业界获得盛誉。

◆ **主要著作：**

　　《翻译编辑谈翻译》《波涛上的足迹》《心曲浪花》《如沐清风》《风疾偏爱逆风行》《我与译林》等。

◆ **编辑代表作：**

　　《译林》杂志创刊号及《尤利西斯》《冰心译文集》《二十世纪外国文学大词典》等。

我和译林的出版缘

◆ **精彩观点：**

"搞翻译引进，不要与人比胆量，而要与人比胆识。面对良莠并存的外国作品，贵在精于选择。"

"面对引进版图书，应坚持'洋为中用'的方针，努力增强文化自信、谨慎筛选、适应市场三个意识。我觉得，今后引进版图书出版实力之争，就在于拥有版权之争。"

"做出版，要勇于创新，敢为人先，要有超前眼光，以及第一个'吃螃蟹'的勇气。"

访谈嘉宾： 李景端（以下简称李）

访谈人： 马晓芸（以下简称马）

马：《译林》在 20 世纪 70 年代创办后，在当时产生了巨大影响。作为《译林》杂志的创办者，您能给我们谈谈创刊初期的故事吗？在当时，《译林》定位为"外国通俗文学杂志"，又是出于什么样的考虑？

李：1978 年初，当时的江苏省出版局局长高斯要我考虑，办一本介绍外国现状的翻译刊物。我觉得，介绍外国社会科学，内容不好把握，不如介绍外国文学。这个主意得到了高斯的支持。当时我是白手起家，因为我的前半生跟文学和翻译都不沾边，对照办刊条件，没有一项符合。后来，江苏省出版局原副局长高介子有一次对我说："当年高斯挑你这个外行办《译林》，真是冒风险；而你敢接手，胆子也够大。"这话一点也没错。如果按现在时尚的用词来说，当年高斯和我，"都没按常规出牌"。

　　既立下军令状，只好硬着头皮上。首先想刊名。有一天我同搞古籍的编辑孙猛聊天，他无意中提到"译林"两个字。我听了一震，脑子里顿时浮现林茂叶繁的景象。用"译林"做刊名多好呀！《译林》后来走红，少不了孙猛偶然起名的功劳。

　　刊名定下之后，接下来要给刊物定位。当时北京有《世界文学》，上海有《外国文艺》，都是老牌刊物。我觉得，不能重复走他们的老路。从读者的角度，我有一个朴素的想法，就是文学杂志，内容要有新鲜感，故事一定要吸引人，抓住"好看耐看"这个点，刊物才有生命力。我认准了《译林》就是要面向大众，开辟介绍西方通俗文学，尤其是当代流行小说的道路。

　　编《译林》创刊号，起初只有我和新编辑金丽文两个人。我负责向北京组稿，她负责向南京和上海组稿。那时影院放映的英国影片《尼罗河上的惨案》很红火，说来也凑巧，我们得悉上海外国语学院有位英语教师正在翻译这部影片的文学原著，我觉得这是个机会，立即派金丽文上门约稿。当时根本没考虑这是一部侦探小说，更没料到这部小说后来会给《译林》惹上麻烦。

现在回想起来，创办《译林》，无论是选人、选材，还是定位、运作，确实是风险与机遇并存。对我这个外行来讲，难免有"歪打正着"的幸运。高斯同志也在多年之后表示，《译林》的成功使他有"无心插柳柳成荫"的感觉。

马：《译林》创刊之初就"火"了，您觉得是什么原因导致它迅速走红？发展过程中也会遇到一些困难吧？

李：我认为，《译林》定位为"外国通俗文学杂志"这一独辟蹊径的办刊方针，正好适应了改革开放之初中国百姓渴望了解西方当代文化的需求，以至一创刊，就大受读者欢迎。我记得创刊号是16开240面，定价才1元2角，初版20万册几天就脱销，加印20万册很快又卖完。书店买不到，许多读者就汇款到编辑部邮购。头一两期，邮局送来的邮购汇款单都用大邮袋装，一次就送来好几袋。甚至黑市上还有人倒卖《译林》，每本要卖2元，还要外加两张香烟票。那是个求知若渴、全民读书的时代，给《译林》的发展提供了机遇。

当然，《译林》的发展也不是一帆风顺的。《译林》意外走红才几个月，就遇到一场麻烦。当时有位老专家对出版《尼罗河上的惨案》《钱商》《珍妮的肖像》和《飘》这样的欧美通俗文学，提出了十分严厉的批评，还写信给中宣部领导，指责说："自五四以来，我国的出版界还从来没有像现在这么堕落过"，"希望出版界不要趋'时'媚'世'"。

　　幸好高斯同志表态说，介绍西方健康的通俗文学没有错，若有责任，由局党组和他来承担。加上十一届三中全会之后，我们党对文艺实行"不扣帽子，不打棍子，不揪辫子"的政策，《尼罗河上的惨案》带来的风波总算有惊无险地过去了。

　　但当时社会上对外国通俗小说的争议并没有结束，有些人认为出版社翻译出版外国通俗小说就是为了赚钱和迎合读者。为此，1980年3月，我在《译林》总第二期上发表了《试评美国当代小说〈钱商〉》一文，强调介绍这样的文学作品具有认识西方现实的作用，没有不当。这篇文章当时引起了学界的关注，北京国际关系学院资深英语教授、翻译家巫宁坤先生还专门写信给我，称赞《试评美国当代小说〈钱商〉》"很有说服力"，"可被选为中国第一篇为畅销书辩护的宣言"。

　　不过，囿于长期禁锢的束缚，翻译界当时确有不少人对外国通俗文学抱有偏见，以至《译林》在译界"学院派"某些人眼中，处于被排斥的状态。那个年代，出版社本身没有翻译版本，翻译稿件多是通过译者找外文版本。没有译者，就失去了翻译版本的来源。"巧妇难为无米之炊"，无奈之中，我决心前往上海寻求出路。那时京沪大社出版翻译书，眼睛多盯着有名气的翻译家。上海高校有一批中青年外语教师，有翻译能力，却没活干。我觉得这是待开发的富矿，是《译林》可利用的有效资源。

　　我先在上海外国语学院约请到一批中青年教师，采取了一些优惠措施，使他们实际上成为《译林》的"签约译者"，并将这种做法逐步扩展到其他多所高校。这个举措，不仅解决了《译林》缺乏译者之困，同时也培养和扶持了一批翻译人才。像曾担任中国翻译协会副会长的张柏然和许钧，前上海外国语学院副校长谭晶华，还有后来成为著名翻译家的杨武能、黄源深、张以群、朱威烈、孙致礼、朱炯强、力冈等等，都在与《译林》的合作中得到锻炼和提升，从而在翻译道路上获得瞩目的成就。同时，这也为后来译林出版社的发展积累了优质的译者资源。

马：坏事变好事，压力变动力，一场风波却给杂志带来了新天地、新发展。接下来，《译林》是怎么干的？

李：眼看刊物脚跟站住了，稿件也不愁了，我就想，该做点什么事，让翻译界和社会上更多的人，能了解《译林》。这当中我们做了两件事，在当时影响很大。

第一件是和上海外国语学院联合举办英语翻译征文竞赛。这是新中国成立后首次举办的全国性翻译竞赛，参赛者多达 4020 人，在社会上引起很大反响。这项活动，作为一个词条，被收入了 1997 年出版的《中国翻译词典》。

另一件是举办岛崎藤村日语翻译评奖。因为岛崎藤村曾长期在日本小诸市生活和写作，所以这次活动由《译林》与日本小诸市合办。1987 年 5 月 5 日，在南京金陵饭店举行了颁奖典礼，出席典礼的中外来宾达 200 多人。一本省属的刊物，竟能与一个日本城市牵出如此的情缘，成为一项民间外交的成果，这无疑又给《译林》加了分。

马：译林由杂志社发展成出版社，又是怎样定位的呢？

李：《译林》杂志形成一定规模和影响之后，在有关领导的支持下，经过多方努力，在 1988 年 6 月成立了译林出版社，我出任译林出版社首任社长兼总编辑。《译林》杂志靠外国通俗文学起家，在当时行业内、社会上都有良好口碑，这个特色优势不能丢，所以当时给出版社定位，就是世界文学名著与通俗文学两条腿走路的出书路子。

马：您带领译林出版社率先组织翻译《追忆似水年华》《尤利西斯》这样的现代派文学名著，这在当时也是创举，出版过程难度很大吧？特别是《尤利西斯》，您是怎样"把一部晦涩奇特的天书，变成了既得大奖又畅销的热门书"呢?

李: 引进优质外国文学作品，是推进中外文化交流的需要。《追忆似水年华》和《尤利西斯》都是享誉世界的西方现代名著，当时却是我国文学翻译史上的两大空白，为此我决心要啃下这两块硬骨头。出版过程当然很艰难，主要是翻译难度大，合格译者难找。但经过法文编辑韩沪麟的努力，1990年，我们率先成功翻译出版了七卷本的《追忆似水年华》，获得良好的社会和经济效益。接着，我就把目标瞄准《尤利西斯》。当时组织出版这部名著，确实是要担风险的。《尤利西斯》在文学史上争议很大，加上该书文字晦涩难懂，又涉及多种语言和众多陌生领域，翻译难度极大。当时我几乎请遍国内英语界一流学者，没人敢接活，后来经过多方努力，才说动萧乾和文洁若夫妇，当时两人合起来已经有150岁高龄。为翻译《尤利西斯》，两位先生费尽心血，仅做卡片就多达6万余张，历时五年，终于在1994年，完成了这部号称"天书"的世界名著的翻译工作。

为了推介《尤利西斯》，我那时也想了不少营销的方法。除了在海内外报纸、期刊、电台上大量持续宣传以外，特意刊发了一篇我与萧乾的问答对话，引导读者理解《尤利西斯》的文学和艺术成就，消除人们对它"涉黄"的误解。还配套出版了一本《尤利西斯导读》，组织了"乔伊斯与《尤利西斯》国际研讨会"，举办了萧乾夫妇签名售书会、捐献翻译稿费等活动，取得了良好的效果。《追忆似水年华》和《尤利西斯》这两部译著都荣获"全国优秀外国文学图书奖"一等奖，《尤利西斯》还荣获"国家图书奖"提名奖，市场销售所获利润也很可观。把晦涩难懂的意识流小说，做成市场认可的畅销书，译林出版社可谓名利双收。

马: 您在业界以"敢于创新"和"富于胆识"而著称，译林从杂志社到出版社，都在作品选译、特色出版上首开先河，在翻译出版界创造了好多项属于首创的业绩，留下了可贵的经验，可以给我们说说吗？

李：主要还是凭着一份对出版的热爱，还有，就是保持和发扬了《译林》杂志那种不断创新的传统精神。做出版，要勇于创新，敢为人先，要有超前眼光，以及第一个"吃螃蟹"的勇气。做出版，既需要激情，也需要智慧。前者就是要有执著精神，看准了就咬住不放，坚持做下去；后者则要观察形势，善于动脑筋。20世纪90年代，我国刚加入世界版权公约，出版界有些人还不习惯或不舍得向外买版权。而我觉得，今后引进版图书出版实力之争，就在于拥有版权之争。所以，我们加强搜集西方当代畅销书的信息，积极购买外国版权。由于我们出手早，信誉好，所以成本低，收益也好。像《沉默的羔羊》的版税率一开始才3%，每本预付金不超过1000美元。当时英美最流行的畅销书，其版权大部分都被译林买下。我们又发挥独有的刊与书联动优势，推出"外国流行小说名篇丛书"等，形成刊、书互补特色，以至市场上流传着"想看外国畅销小说，就去买译林版图书"的说法。在保住通俗文学这一块的同时，我们不忘抓名著，随后又推出"译林世界文学精品丛书""译林外国漫画系列"等，从而扩大了译林版的影响，逐步形成了译林版图书的市场品牌效应。

当社长、总编辑最重要的职责就是把好选题关。搞翻译引进，不要与人比胆量，而要与人比胆识。面对良莠并存的外国作品，贵在精于选择。译林出版社这么多年在导向上没有出问题，主要就是在充分调查研究和掌握各种信息的基础上，坚持正确导向，精心判断，选材果断。对于文化价值高的作品，不受旧观念的约束敢于出，赔本也要出；对于不符合我国出版方针的，即使能赚钱也不出。这是出版人需要具备的胆识和眼光。

同时，作为专业翻译出版社，无疑要为促进中外文化交流做更多的贡

献。所以我们在推动图书版权输出方面也积极做了一些工作。比如，我们同美国斯通·沃尔出版社合作出版的英文本《拯救白鳍豚》，是第一次由美方负责向世界发行的译林版英文书。我们还组织出版了中英文对照的紫砂壶画册《茗壶竞艳》和《苏州园林》，以及《边城》《老舍文选》等英文版本图书，较早地为推动图书"走出去"做出了一定的贡献。

我是半路出家搞出版，在文艺、翻译、出版界人脉少，译林出版社刚成立时，规模也不大。为了扩大影响，也为了多结交一些不同领域的朋友，我在任期间很重视图书的宣传营销和行业内的资源合作，组织了许多行业内的研讨、交流活动。其中影响比较大的有两件事：一是倡议成立外国文学出版研究会；二是受新闻出版署委托，承办了六届"全国优秀外国文学图书奖"评奖活动，使许多优秀的译作、敬业的译者和辛勤的责编，有更多受表彰的机会。通过这些活动和交流，译林出版社在行业内的声誉得以提升，许多资源也得以积累。

马：作为资深的翻译出版界前辈，以您多年工作的经验，能否就外国作品的版权引进出版工作给我们提一些建议？

李：随着市场经济深入发展以及国际交往日益密切，如何提高对引进版图书的管理效果，使它更加规范和有序地发展？我认为，面对引进版图书，应坚持"洋为中用"的方针，努力增强文化自信、谨慎筛选、适应市场三个意识。

一是增强文化自信意识。翻译引进优秀外国图书，有利于促进我国社会文化发展，但我感觉这些年引进版图书数量增长很快，有些质量却难以保证。究其原因，除了有些人受到"崇外"思想的影响，觉得"洋书"新鲜，容易吸引眼球，还有一个因素，就是组织原创图书要下大气力，见效慢，不如做引进版图书省劲。其结果就难免缺失了自主判断的意识，对引进版图书盲目地趋之若鹜，追求数量而忽视了质量。

我们需要做的是增强文化自信意识。我国不仅拥有灿烂的传统文化，现在的文化也有巨大的进步，在许多领域，与世界先进水平的差距日益缩小。近年来，我国版权引进与输出的逆差已大大缩小，文化"走出去"的成效越来越显著。因此，面对引进版图书，出版人必须切实增强文化自信，明确引进目的，应该是"洋为中用"，坚持选其精华，以更好地服务我国读者和社会发展，做到宁缺毋滥。

二是增强谨慎筛选意识。互联网时代，外国出版物的海量信息势必给选择工作带来巨大挑战，这需要我们出版人具有高度的责任心和敏锐的选择眼光。

以往选引进版图书，大多依靠外国获奖书、畅销书排行榜、国际书展、版权中介商推介等渠道。今天看来，光凭这些已经远远不够了。比如以往每年诺贝尔文学奖的获奖者作品，都是引进版图书的首选。可是这几年，几届获奖者及其作品都令世人感到意外，书也未见受捧，更有一届诺贝尔文学奖竟然缺选，反而是一些名不见经传的小国家作者的作品被市场看好。因此，引进版图书选书的视野必须大大拓宽，要及时跟踪世界各领域的变化动向，丰富有效信息来源，加强对各类信息的鉴别与筛选，坚持理性选择。

同时，作为承担传播社会正能量责任的出版人，在选择引进版图书时还要严守政治方向和出版导向，不仅要注意排除涉黑、涉黄、涉暴及违反政策等明显的不良内容，还要特别注意到有些外国作品中可能隐含的意识形态问题以及不符合我国国情的不当内容。对此，必须更加谨慎筛选，认真审读，坚持三审制。尤其是引进少儿读物，包括视觉产品和动漫视频，不能只看它故事有趣、插图新颖，还必须认真审视它的"三观"是否正确，是否符合我国核心价值观的要求，对一些怪诞、猎奇、虚幻的描述要切实审核把关。

三是增强适应市场意识。如今，引进版图书市场竞争同样十分激烈，有没有做好市场的工作，其销售效果相差巨大。那种当"搬运工"，只把外国作品版权买到手找人翻译就算完事的时代，已经过去了。做引进版图书，在选好书、译好书之后，还要考虑如何做好市场营销工作，使引进版图书实现有效销售，有效传播。例如译林出版社曾与腾讯视频合作，在《一本好书》这档节目中，组织演员做《麦田里的守望者》短剧演出，接着又在塞林格诞辰纪念日，邀请其子来华，举办"塞林格周"，开展讲座、交流、对话等一系列活动，使这本老书再次走进读者视野。这种"老书新做"的营销模式有创意，接地气，使引进版图书能在市场上持续保持温度，很有参考意义。

马：近年来，许多出版社竞相出版进入公有版权的世界文学名著，外国文学新译、重复出版现象引起人们关注，您是怎样看待这个问题的？

李：公版书再版，是传承文化的一种正常出版现象，当然可以修订、充实、重译，但必须严肃对待。公版书的重复出版问题已经存在多年，有些人靠剪辑拼凑出所谓新版本；有些人滥用公版书贬低前人，抬高自己；有的人不仅是吃"唐僧肉"，甚至糟蹋"唐僧肉"；还有什么"标题党"，拿名著的书名开涮，借以吸引眼球，这比滥用公版书版本更令人憎恶。我是搞翻译出版的，所以更多地就外国名著公版书的出版来观察。为了解决使用公版书版本中的某些乱象，我有以下几点建言：

首先，再版公版书，要首选有公信力的版本。从翻译书来讲，版本有公信力是指：公认作品好，译者有一定知名度，译本经过多年流传，在市场上受到好评。外国文学名著，经过长期历史积淀，大多是经典著作，通常原著没问题，差别主要在译者方面。选知名译者的译作，这没有错，但有些名家早期译本，受当时历史条件限制，也难免存在瑕疵，而有些后来的译本，又确实青出于蓝，并得到广泛认可，所以要善于比较。譬如，德国名著《少年维特的烦恼》，译界大多认为，后译的杨武能译本，要比先译的郭沫若译本好。著名的《莎士比亚戏剧》有梁实秋、朱生豪、方平等人的多种译本，但人们读《莎剧》，演《莎剧》，仍然首选朱生豪译本。杨绛的《堂吉诃德》译本，尽管有人说它有误译、漏译，但市场上仍数她这个译本最畅销，人文社累计已销出几十万册。由此可见，译本公信力的大小有多么重要。

其次，要尊重公版书的道德权威。过了版权保护期，公版书在法律上已不享有专有的权利，众人都啃"唐僧肉"也不算违法。但是公版书毕竟是前人的知识成果，是作者智力的投入和创造。一个文明的社会，对历史文化遗产，应该抱有尊重和敬仰的态度。这是传承文化的需要，也可以视为道德规范的要求。"四书五经"、唐诗宋词，恐怕不会有人对它们乱改滥印，这不是法律的效力，我认为是传统道德的一种约束力。希望出版公版书的出版社，不要只想到免费"唐僧肉"好赚钱，还应考虑对前人劳动成果尊重的道德成本。你做了，当然没人来追究你，但你是传承文化的出版人，有些事，即使未违法，但于理也别去做。书店和电商在进书时，是不是也应该考虑一下上述这个道理？

最后，相关部门要协同加强对公版书重版的管理。每年对各出版社上报的公版书选题出版计划，要严加审核，对缺乏公信力、属于滥出的，应予扣减书号。有必要鼓励人们对重印书，包括公版书，进行评比，褒优责劣。现在只对出版的新书举办图书奖，建议中国版协下属的各类专业出版委员会，在适当时候酌情组织本专业公版书的质量评比，逐步建立不同形式的奖惩机制。通过一些网站也可以举办公版书质量和声誉排行榜，借以引导市场销售，尽量改变"劣币驱逐良币"的反常现象。

蔡玉洗

◆ **嘉宾简介：**

蔡玉洗，1949 年生，南京大学毕业。编审、文学博士、著名出版人。曾先后出任江苏文艺出版社总编辑、译林出版社社长。从事出版工作三十多年，策划编辑多种优秀经典图书。他在业内被人津津乐道的一件事，是 20 世纪 90 年代末，他由一个出版社社长转型到当时江苏出版局所属饭店任总经理，打造了国内第一家独具特色的书香文化主题饭店——凤凰台饭店，创立了专属饭店的读书俱乐部，并首创属于饭店的杂志《开卷》，是出版人兼饭店总经理的国内第一人。

他在出版主业和产业发展方面，都有自己独特的体会和见解。

◆ **主要著作：**

《凤凰台上》《我的开卷》《中国菜的故事》。

◆ **编辑代表作：**

"外国文学名著丛书""外国文化社会译丛""中国当代纪实文学丛书""中国新时期著名长篇小说丛书""中外作家传记丛书"等。

从出版人到饭店总经理

◆ **精彩观点:**

"做社长,要明白自己是干什么的,要有胆识和学识,要懂得取舍,更要心胸宽广,知人善任。这涉及一个出版企业的基本素质和品格。"

"产品的品质特点和市场差异化是核心竞争力的基础,没有这个东西,或者有这个意识但缺乏有力的措施去实现产品的完整生产,都是不行的。无论是做出版,还是做饭店,这个道理是一样的。"

"从出版社社长转型为凤凰台饭店总经理,也给了我职业生涯全新的体验,让我看到了出版改革发展、产业创新拓展的多种可能。但不管岗位怎样变化,我们身上的出版人情怀不能变;不管做什么事情,我们自己的文化品位和行业特色不能丢。"

访谈嘉宾： 蔡玉洗（以下简称蔡）

访谈人： 马晓芸（以下简称马）

马：您是资深出版人，曾在多家出版单位工作，担任过总编辑和社长多种领导职务。作为出版企业的经营者、管理者，您认为最需要具备的素质有哪些？或者说，如何才能做好一个出版社的社长？

蔡：这个问题有不少朋友问过我。作为一个出版社的社长，要具备哪些条件？要有什么样的准备？如何去管理、经营一个出版企业？对这些问题还真不好给一个标准的答案。当然，主管人事部门肯定有他们的标准和原则。如果从个人的角度来看，从一个过来人的经验来看，社长如何当才算靠谱，才算一个基本称职的管理者，我觉得，做一个出版社的社长，要明白自己是干什么的，要有胆识和学识，要懂得取舍，更要心胸宽广，知人善任。

　　作为一个出版企业的管理者，首先要是一个明白人。不少人可能会说，作为一个社长哪能是个糊涂人呢！我觉得不见得。有人就是不明白自己，不明白自己的下属和要管的企业，觉得自己什么都行，什么都懂，实际上不是这回事。出版社虽然是企业，但它生产的产品跟其他企业的产品不一样，是智慧型和精神性的产品，是特殊的文化产品。文化产品特别强调精神和情感的内容，一部好的文学艺术作品，能够影响、感召一代人甚至几代人。许多经典文学作品，一两千年下来，仍然在影响人、感动人。所以，生产这样的产品，和其他产品就不一样，要求和生产的方式也不一样。一个社长如果不明白这些特性，就不会选对编辑队伍，他的队伍也不知道如何去选择作家和艺术家。如果这两个方面都出问题了，他领导的出版社就不可能生产出读者喜欢的作品。所以我说，作为一个出版企业的负责人，首先要明白自己是干什么的，需要组织什么样的队伍。我在江苏文艺社和译林社当领导，都对这个问题非常重视，这涉及一个出版企业的基本素质和品格。

有了好的编辑和作者队伍，是否就可以把一个出版企业搞好了呢？也不见得。一部好的作品，特别是文学作品，往往对传统思想和惯有思维会有所突破，会在情感上、精神上做出一些新的探索和开拓。出版这样的作品，有时会引起较为强烈的反响和争论，甚至会给个人和企业带来风险。面对这个问题，往往是社长最难决策的时候，也是对一个出版企业负责人的最大考验。我不主张傻大胆式的拍脑袋决策，这个时候需要冷静地分析作品，评估社会各种人群的认知和接受程度。如果经过深思熟虑和认真评估后，仍然觉得这是个好作品，就要敢于拍板。这种建立在科学认知、全面评估基础上的胆识和担当，是一个出版企业领导的可贵品质，因为有时甚至会面临是"当官"还是"当出版家"的两难选择考验。当年江苏文艺社的"现代文学别集丛书"和"新时期作家丛书"，译林社的"人文与社会译丛"中的不少作品，都牵涉到这个问题。我们坚持了自己的判断和意见，后来都被历史证明，当初的抉择是对的。

另外，作为一个出版企业的负责人，也要清醒地认识到出版社也是企业，它的产品是商品，需要进入商品的流通渠道，有一个市场销售的问题，必须在市场的博弈中占有自己的位置。我的工作经验是，作为出版社的负责人，在社会效益和经济效益的相较中，要懂得取舍，既要防止因为经济效益的考虑妨害有价值而暂时看不见经济效益的图书的出版，也要懂得根据市场需要、本社特点适当调整出书结构。

作为一个出版企业的负责人，当然要考虑员工的工资福利、衣食住行。如果一个出版企业的领导不能保障他的员工有一个稳定体面的生活，那他就不是一个称职的领导。出于这些考虑，在社会效益和经济效益有矛盾的时候，有时候容易偏向经济效益这一面。这也是考量一个出版社社长思想水平和全局把控能力的时候。这时候就需要他有能力根据社里的出版结构和市场需要做出适当调整和选择。图书作为一种商品，它有满足不同文化层次读者需求的功能，譬如纯文学作品和通俗小说，还有各种图书的不同类型：学术精品和大众读本，教辅类、实用技术类、技能类图书等等。一个出版企业的负责人，就如同一个厨师，各种材料摆在面前，该做什么菜，他的胸中一定要有数，要会根据消费者的口味做出自己的选择。在江苏文艺社建立初期，我们也适当安排出版了港台地区的言情和武侠类作品。因为改革开放初期，图书品种单一，书荒现象严重，我们在重点出版新时期作家作品的同时，也兼顾了通俗文学的出版，既满足了纯文学读者的需求，也考虑了大众读者娱悦怡情的需要，较好地解决了社会效益和经济效益的关系问题。

马：作为出版企业管理者，选人、用人也非常重要吧？在出版社带队伍和在其他企业带队伍有什么不一样吗？

蔡：一个将军领兵打仗，没有打硬仗的队伍，仗肯定打不好。作为一个出版企业的负责人，当然要注重编辑队伍的建设。在出版社做社长和在其他部门做领导确实不太一样。出版社是一个文化人成堆的地方，文化人比较有个性。作为社长，一定要心胸宽广，有容人的雅量，不能嫉贤妒能、小肚鸡肠。要敢于引进有能耐的编辑能人。开拓性的人才往往不是全人，有的恃才傲物，自命不凡，甚至怪癖不少，对这样的人要宽容大度，让他充分发挥特长，他往往会在某一方面有惊人的表现。

选人、用人，首先是从"爱"字出发，不要求全责备，更不能吹毛求疵，专找缺点。一个出版企业的兴旺主要看人才，人才多了，水平高了，出版物的质量也就上去了。江苏文艺出版社成立初期，叶兆言研究生毕业，来到文艺社当编辑。他喜欢创作，有的领导就不高兴，认为他不安心工作。我不这样认为，叶兆言会创作，小说写得好，才会知道什么样的作品是好作品，什么样的作家是我们需要的。作家们信任他的鉴赏水平，才会放心地把作品交给他。著名书籍装帧家速泰熙、著名传记文学作家张昌华和著名法语翻译家韩沪麟都是我们出版社的名编"大咖"，还有《译林书评》和《开卷》的主编董宁文，没有他们的坚持和多年的精神守望，一个出版社的好稿子从哪里来呢？

作为一个出版企业的领导，自己并不需要多么优秀，只要能够为这些优秀的出版家、编辑家提供一个发挥特长的平台，给他们展翅飞翔的天空就可以了。

马：当年，您从译林出版社社长任上被抽调去当饭店总经理，有思想准备吗？从一个出版人熟悉的行业，跨界到一个完全陌生的行业，您当时是怎么想的？

蔡：应该说，出版局的领导给我打电话征求意见时，我是感到突然的，没有这个思想准备。领导和我讲，选择我来搞饭店，是经过出版局党组慎重考虑筛选的，相比较下来，他们认为我是合适的人选。

我如果当初一口拒绝，态度坚决，是可以不去饭店工作的。从一个出版社的社长到饭店的总经理，这个弯转得太大，这两项工作性质毕竟相差太远。当时的领导对我是比较爱护的，他说，你不必急着回答，可以思考几天再说。

想了一两天之后，我还是答应了下来。我这人是有点不安分的，有时会做一些被别人认为不靠谱的事情。譬如，人过中年，不想干出版社的总编了，就跑到南京大学去读博士研究生，整整三年，一门心思读书，做了一回老学生。当时的领导不理解，很多朋友也不理解。博士毕业后回到出版社，领导还是比较重视我，把我从文艺社挪到译林社当社长。我当时也是一头劲，要把译林社从一个单纯的文学社变成一个文史哲类型的综合性出版社。想法很多，有的很快实现了，有的正在进行中，有的仅仅在规划中，还没有来得及组织和实施，就又发生了变化。当时出版局党组要调我到饭店去当总经理，我就想尝试一下，挑战自己。

　　饭店当时叫云湖大厦。我到筹备小组后成立了饭店公司，给公司起名字的时候，各种名字都有，我记得有几十个。我认为一个企业的名字很重要，比一个人的名字还重要。我是学文学的，知道南京历史上，特别是六朝的刘宋时期，南京的凤凰台很热闹，很多来南京的文人都到过凤凰台，写过很多诗词名篇，其中李白的《登金陵凤凰台》最为著名。我觉得，历史上的凤凰台没了，成为南京人的历史记忆，也是一座城市心灵史里的一个痛点，我们要唤醒它。我对这个名字情有独钟，当时确定饭店名字要董事会投票，我还背地里给出版社的社长们打招呼，希望他们投"凤凰台"一票。最后这个名字成功入选了。当时对起这个名字还有争议，一个老干部给党组写信，说我们不讲政治，起一个灰暗、不明亮的名字。他把李白的诗歌内容和饭店的名字寓意联系起来了。我登门向他解释，争取他的理解。几年之后他想通了，觉得这个名字起得好，他的孙女结婚，一定要在凤凰台饭店办，他说，凤凰和鸣，夫妻恩爱，百年好合，图个吉利。

　　不当社长而去饭店做总经理，有不少朋友不理解，觉得这是我人生方向上的错误。早知如此，何必当初呢？如要经商，就没有必要读博士。我却不这么认为。我觉得人生就是一场自己跟自己的较劲，一场考验自己综合能力的长跑。我高中毕业回乡当了农民，很快就当了生产队的会计，不久就干了生产队长，管几百人的吃喝拉撒，对于一个不到二十岁的学生来

说，也是不可思议的。但我干得不错，带领生产队两年就脱了吃国家返销供应粮的"帽子"，变成全公社的一个典型，这段经历对我后来的成长和工作，产生了不可估量的影响。从那时起我学会了如何组织动员群众和配置资源，如何经营土地，了解了商品生产、流转的规律。

后来，我大学毕业到了江苏人民出版社。20 世纪 80 年代中期，江苏文艺出版社从江苏人民出版社中分立出来，由我来主导文艺社的复建，同样是百废待兴，从头再来。我凭着以往的工作经验和经营管理方法，使一个困难重重的穷社在很短时间内发展起来。所以当年我接受饭店这个烂摊子时，也是胸中有数的，不是傻大胆，一时心血来潮。

马：出版社和饭店是两种截然不同的业态，您是如何看待这两者之间经营异同的？

蔡：从某种意义上说，出版社和饭店从行业形态上并没有多大的区别，无非是经营的产品不同。一个是作家、作品结合，生产出来的产品是图书；一个是物质材料生产出来的商品——客房和餐饮。卖书和卖客房，都是商品的经营活动。看清楚问题的本质，就知道我们该如何去组织队伍，如何去设计、生产我们的商品。

当然，话说回来，卖书和卖客房，还是有很大不同的。如果我们只在"同"的方面做文章就会有问题，做出一个一般化的产品。不管是图书还是客房，如果陷于一般化就麻烦了。你的商品在市场上没有特点，就没人关注你，就卖不出去，形成不了核心竞争力。产品的品质特点和市场差异化是核心竞争力的基础，没有这个东西，或者有这个意识但缺乏有力的措施去实现产品的完整生产，都是不行的。无论是做出版，还是做饭店，这个道理是一样的。

这个道理要弄明白不容易，有的人一辈子都没有弄明白，所以这样的人搞什么都不成。我对图书的认识是很充分的，搞图书驾轻就熟、水到渠成。对饭店客房和餐饮产品，以前只是作为一个消费者体验过，没有很透彻的认识和把握，更没有作为一个生产者来思考这个问题。后来，坐在了饭店总经理的位置上，思考问题的角度就自然而然地转移到生产者的立场上了。

马：您是出版业第一个跨界办饭店的出版人，也是第一个在饭店办书吧、杂志的总经理。从出版人到饭店总经理，您是如何实现自我角色转换，成功转型的？凤凰台饭店当时被称为"中国最有文化气息的饭店"，您是怎么做到的？

蔡：凤凰台饭店的成功，主要得益于20世纪90年代末出版改革发展，产业多元拓展，当然，我们自己也做了很大的努力。我从三个方面去努力：一是找有关饭店的书看，从观念上弄懂它；二是出去考察饭店，看看那些好饭店是怎么做的；三是请一批专家当顾问。工程、客房、餐饮和营销，都向专家咨询。这样我对饭店的产品概念逐渐清晰起来。当然还要自己动脑筋，因为在总体产品的定位上，专家只能给你一些规律性的东西，具体产品的特色和定位，主要还得靠自己把握。我经过考察和思考，认为我们的产品和其他商业饭店的产品不能一样，否则就没有竞争的优势。我们作为一个饭店行业外的饭店，在管理和服务上要异军突起，没有自己鲜明的产品特色，肯定会失败的。

我觉得作为一家由出版单位管辖运营的饭店，总要有点和一般商业饭店不同的特色。我希望凤凰台饭店能够成为有独特文化品位的星级饭店，希望每一个住在凤凰台饭店的客人，在感受星级饭店贴心服务的同时，更能获得丰富的文化体验和精神愉悦。

办一个文化饭店，我们的优势在哪里呢？在出版、在图书上。应该把我们的行业优势和特点，大胆地体现在饭店的产品上，将凤凰台打造成为独具特色的文化主题饭店。这就是我们产品的特色，也是我们的核心竞争力，我们产品的差异化就在这里。

找到这个定位很重要，设计、装修、服务、培训员工都紧紧围绕这个点来展开，书香文化成为我们最大的特色。所以我们设计、装修的饭店不是珠光宝气的暴发户派头，也不是金碧辉煌的贵族风格，而是文质彬彬的书卷气质，是一个有文化有修养的读书人办的饭店形象。这里不仅有酒吧，更有书吧。我们的客房有书架，有我们自己出版社出版的图书，而且这些图书的品种都是为客人精心挑选的，可以让住在店里的客人充分地了解南京这个城市，读懂这个城市，让他在这个城市公干、商务、旅游、探亲访友有方便和亲切的感觉。我们还拿出近千平方米的经营面积，设计了一个大大的文化体验区域：有书房、影院、美术馆、棋艺室、英语沙龙和茶馆，还办了一个读书刊物《开卷》。另外，在饭店的员工服装、服务手册、背景音乐、信纸信封、包厢名字和招牌用字上，都请名家专门设计，把我们的理念融合在其中，让人感觉这个饭店本身就是一个有品位、有格调的文化艺术品。

这样，我们的饭店产品就锁定了基本的核心客源：来自新闻出版、宣传文化、文联作协、教育培训系统的客人。由于经营定位准确，特色鲜明，在很短的时间内，我们文化饭店的名声就远近闻名了。全国各地，不管是出版行业内还是行业外的客人，都知道南京的凤凰台饭店。现在，文化饭店、书香酒店已经不是什么新鲜事了，但在当时，"文化凤凰台"，算是一种创新，因而被称为"中国最有文化气息的饭店"，也获得了良好的社会效益和经济效益。

凤凰台饭店已经开业二十多年了。由于凤凰台饭店在全国的影响力，新世纪初，江苏出版成立集团时也用了凤凰的名字。对我个人来说，从出版社社长转型为凤凰台饭店总经理，也给了我职业生涯全新的体验，让我看到了出版改革发展、产业创新拓展的多种可能。但不管岗位怎样变化，我们身上的出版人情怀不能变；不管做什么事情，我们自己的文化品位和行业特色不能丢。

在饭店开业二十周年的会上，我写了一首诗：

二十长成树顶天，其中辛苦和甘甜。

百花酿就书香酒，传遍四方入心田。

马： 您是中国出版业改革发展的见证者、参与者、贡献者，作为一个资深出版人，您对传统出版业的现状和发展前景怎么看？您觉得互联网会对出版业产生什么样的影响？

蔡： 经过改革开放四十多年的发展，中国出版业整体是向好、向上的。当然也面临很多挑战和压力，市场的、新媒体的，都对传统出版业提出了新的要求。还有一个令人担忧的现象：泛行政化。我是 20 世纪 70 年代末进入出版界的，那时是百废待兴，民心思变，各方面的事业都呈现出一派欣欣向荣、蓬勃向上的气象。新组建的出版界领导许多是文化名人，都是一些学养深厚、腹有诗书的学者。他们思贤如渴，爱才如命，各方网罗人才；他们熟谙出版和文艺作品产生的规律，对书籍有很深的认知和感情；他们爱书，从他们身上你能感受到对书和文化事业的温情与体温；他们知道出版是干什么的，知道好书的生产过程，知道书籍对于一个民族文化积累和国民素质提高的重要性。这些对出版的发展起到了很好的影响。出版部门不是一个当官的地方，它是一个内容生产部门，有特殊的规律。但是，我接触过一些新到出版部门工作的同志，交谈之后，发现他们对图书出版没有感觉，对书籍没有认知能力，这是令人担忧的。

改革开放四十多年了，中国和世界都变了，出版作为一个传统的文化行业，也因现代传媒工具的改变而产生了很多新的变化。微博、微信、抖音、网络直播、网红销售，一个人坐在家里，仅凭一个手机就可以调动千军万马，席卷天下资源。这种千古未遇的大变局如同钱塘江潮席卷而来，不以人的意志为转移。现代新闻出版企业也以迅雷不及掩耳之势，朝着泛民化、普众化、娱乐化和碎片化的方向发展，纸质媒体日益被自媒体边缘化、消融化。作为现代出版人，能否在 21 世纪跟上互联网和云媒体的潮流，尽快转变自己的思想和观点，确实到了紧要关头。

现在，出版单位作为国有企业还有一些政策、资源优势，但面临的市场挑战会越来越大。不过无论怎样变化，有一个东西是不会变的，有生命力的产品要靠人文精神和优质内容支撑，在互联网时代，这两个因素可以看得更加清楚，也显得更加重要。因为任何精神产品，最后都由作为消费者的人在网上自由选择。精神产品保持生命力的最终法宝只能是内容的吸引力。你不站在人类人文精神的制高点，如何去拨开人们心灵的迷雾，照亮人们前行的道路呢？如何生产出优秀的产品来吸引读者购买呢？出版企业获得新生的唯一支点，是凭借原来积累的出版资源和人才优势，紧紧抓住"内容为王"的牛鼻子，花大力气网罗互联网和自媒体精英人才，在观念和思想上向优秀民营文化机构学习，这样才有突围和破茧成蝶的可能。

罗立群

◆ **嘉宾简介：**

罗立群，毕业于南开大学中文系。1989 年进入出版业，历任安徽文艺出版社编辑、珠海出版社编辑部主任、副总编辑、总编辑。2006 年入职暨南大学，从事文学研究和教学工作。编审、教授、博士生导师。

他是海内外第一位编辑出版"古龙作品集"的出版人，也是第一部《中国武侠小说史》的作者。现为中国武侠文学学会副会长、中国红楼梦学会理事。著名武侠小说评论家，被称为"中国内地新时期武侠文学研究领域的开创者"。

◆ **主要著作：**

《中国武侠小说史》《中国剑侠小说史论》《〈红楼梦〉导论》《梁羽生小说艺术谈》《中国侠文化》《谈剑录》及《中国武侠小说辞典》（主编）等。

◆ **编辑代表作：**

"古龙作品集""21 世纪前沿科学技术普及丛书"及"中国传统文化精粹"丛书、"中国古典名著文库"丛书等。

"古龙作品集"第一次结集出版的往事

◆ **精彩观点：**

"编辑必须深入了解图书市场，善于梳理、筛选和整合信息，对选题要有准确的认知和预判能力。"

"编辑不仅要编订书稿，还要用自己的学识和思考挖掘编辑对象的潜在特质，凸显其个性色彩，引导读者去鉴赏和阅读。"

"编辑出版'古龙作品集'是我的编辑生涯中一次重要的职业经历，也是我的一次深有感触的生命体验。它让我的编辑能力得到磨炼，给我留下了一段难以忘怀的记忆，同时也影响了我的人生走向。"

访谈嘉宾： 罗立群（以下简称罗）

访谈人： 马晓芸（以下简称马）

马： 您很早就开始关注武侠小说的图书市场，这是因为出版市场驱动，还是因为您的"武侠情结"？

罗： 1989 年 6 月，我从南开大学中文系毕业进入安徽文艺出版社工作。因为在南开大学读研期间，研究方向是中国小说史，硕士论文是《中国武侠小说的创作发展与民众文化心理研究》，所以走上编辑岗位后，我很自然地关注武侠小说的图书市场情况。

20 世纪八九十年代，武侠小说盛行一时，街头的书摊和租书店摆满了各种各样的武侠小说，港台地区的著名武侠小说作家，如金庸、梁羽生、古龙、卧龙生等人的作品，更是广受读者的欢迎。但这些销售的图书很大一部分不是正规出版物，编校和印刷质量都十分低劣。更为恶劣的是，其

中有相当数量的作品是假冒金庸、梁羽生、古龙等人之名的伪劣之作。我当时就想：能不能将一些著名武侠小说作家的作品结集出版，这样既可以获得良好的出版效益，也可以为广大武侠小说爱好者提供武侠名家的真作精品，对图书市场的武侠小说出版乱象，还能起到一定的遏制作用。

有了这样的想法，我就开始着手对内地武侠小说的出版现状进行调研。利用出差组稿的机会，我跑遍了北京、上海、广州、南京、长沙、西安等地的新华书店和图书批发市场，与图书编辑、新华书店销售人员、批发市场里的图书经营者交谈，了解武侠小说的出版销售情况。经过一段时间的走访，我总结出这样几个结论：一是港台武侠小说名家的作品很受读者欢迎，销售前景看好，其中金庸、古龙的作品更是受到读者的追捧。二是当时还没有任何一位港台武侠名家的作品在内地得以完整地结集出版，都是各出版社零星出版和销售，或是盗版。三是北京三联书店正在与香港明河出版有限公司洽谈有关《金庸作品集》在内地的出版事宜。四是香港、台湾均有金庸、梁羽生的武侠小说作品集出版，唯独没有出版过古龙的武侠小说作品集。

马：找到了市场空白点，于是，您就有了出版"古龙作品集"的想法？但毕竟是第一次出版古龙的作品集，您考虑过市场风险吗？

罗：你说得对，算是找到了市场空白点。编辑策划选题，就是要寻找市场空白点。编辑必须深入了解图书市场，善于梳理、筛选和整合信息，对选题要有准确的认知和预判能力。当然，我也有些犹豫，因为在市场调研中发现，这里面也存在着风险。在跑市场的过程中，我看到满大街都是古龙的武侠小说，虽然都是零零散散的单行本，但基本上品种都有了。这时候再出版一套"古龙作品集"，还有市场吗？带着这个问题，我走访了全国各地的市场销售人员和读者，同时对图书市场的现状进行分析，发现市场上租售的古龙作品虽然很多，但真假混杂，编校、印刷质量低下，许多图书差错很多，读者对此很不满意。通过调研，我坚定了编辑出版一套高品质的古龙武侠小说集的决心。我想，如果能出版一套文本质量高、印刷工艺精美的古龙武侠小说权威版本，一定会大受读者欢迎。看到出版商机，我就开始想方设法联系古龙武侠小说的版权。

马：选题设想要最终落实也不是一件容易的事情。在当时情况下，编辑出版古龙的作品，过程也很艰难吧，版权问题怎么解决呢？

罗：是的，等到真正开始联系古龙武侠小说的版权时我才发现，事情并非想象的那么简单。与梁羽生、金庸、卧龙生、温瑞安等作家的著作权相比，古龙武侠小说的著作权要复杂许多。古龙在1985年去世，他在世时，对其作品的著作权益的保护不够重视，作品的版权比较分散，有的作品更是直接卖断给出版公司，自己的家人都不再拥有权益。20世纪90年代初，通讯交通也不像现在这么方便，我需要想方设法找有关朋友帮忙，才能解决版权问题。

通过朋友介绍，我总算找到了台湾的于志宏先生，请他帮助联系古龙著作的版权。于志宏先生当时是台湾汉麟出版社的社长，也是台湾武侠小说作家，又是古龙的生前好友，曾经为古龙武侠小说《风铃中的刀声》代写结尾部分，请他帮忙联系版权是比较合适的。

马：和于先生的联系顺利吗？

罗：起初很不顺利。我给于志宏先生打电话，却意外地被泼了一盆冷水。于志宏先生在电话里表示，这件事非常难办，劝我打消这个念头。我当然不死心，在电话里反复向他阐述此事的意义，告诉他，在大陆首次系统全面整理出版古龙先生的作品，对读者、对武侠小说研究者、对提高武侠小说创作以及对古龙本人的声誉和作品的流传，都功德无量，请他一定想想办法。在我的反复请求下，于先生答应先了解一下古龙作品的版权现状，同时劝我别抱太大的希望。那一刻，我真是又失望又不甘心。

大约是1992年6月中旬，于志宏先生和台湾万盛出版有限公司的王达明先生要来北京办事。我得知这一消息后，立刻给于志宏先生拨通了电话，恳请他在北京见个面。我相信以自己的诚心，一定能够打动于先生。于先生总算答应了我的请求，那个夏天，在北京于志宏先生下榻处，我第一次见到了心仪已久的台湾出版前辈。于先生一如我想象中的儒雅严谨，有关古龙作品出版事宜，在前期，于先生已经如他所承诺，做了充分的调研，并带来了有关古龙先生作品版权的全部资讯。但同时，他也再次明确表达了自己无法处理此事的态度。我至今还记得于先生当时说的话，他说："古龙作品著作权的情况，我大致了解清楚了，主要集中在四家出版社，联系起来有很大难度，我不想管这事。"

我一听就急了，我说，让我去台湾找他们不太现实，在我认识的朋友里面，您是最佳人选，您不帮我，我真是没辙了。于先生还是没有答应，只说现在很忙，过两天还要去上海。我不管那么多，立刻办理入住手续，住在他下榻的酒店里，见缝插针，一有机会就劝说他。两天后他飞上海，我也买了机票飞往上海，仍然住在他下榻的酒店里，不间断地与他探讨此事的可能性、社会意义和经济效益。或许被我的真情所打动，又或许被我的韧性所折服，最后，于先生终于答应帮我联系联系看。

1993 年初，我忽然接到于志宏先生的电话，约我去南京见面。这个电话让我激动不已，我预感到古龙武侠小说版权一事有希望了。果然，见面后，于先生告诉我，古龙小说的大部分作品的版权他都谈妥了，只有 6 部作品没有办法解决。这 6 部作品的著作权归属台湾真善美出版社，出版社的创办人已经去世，他的家人现居美国，没有联系方式。我看了 6 部作品的名字，有 3 部是《楚留香传奇》前传，分别是《血海飘香》《大沙漠》《画眉鸟》。这 3 部作品都是古龙武侠小说的代表作，如果缺少了这 3 部作品，这套"古龙作品集"就太有缺憾了！怎么办？我思来想去，决定先收入作品集，以后和著作权人联系上了，再补交版税。当然，这只是权宜之计。

马：著作权问题解决了，接下来的工作应该相对轻松了吧？不过，我听说您为了出版这套"古龙作品集"，一年 16 次飞往北京，这是怎么回事呢？

罗：一点都不轻松，恰恰相反，困难相当大！版权谈定之后，接下来就是申报选题。当时，我调到刚刚成立的珠海出版社工作，珠海出版社时任负责人成平女士非常有魄力，我向她汇报了策划出版古龙武侠小说的构想以及古龙作品版权的联系情况，建议立即组织申报。成平女士十分敏锐，认为这是一个极好的选题创意，当即表示要作为出版社重点选题申报，并让我全权负责这套书的编辑和出版。

选题申报上去后，在广东省新闻出版局很快获批，但再往上级管理部门申报却卡壳了，主要是当时书号控制得紧，认为像我们这样的小型地方出版社，出版这么一大套台湾武侠小说不合适。从 1993 年下半年至 1994 年上半年，我飞往北京多达 16 次，到相关部门申请书号，每次得到的答复都是：还没研究批复，你们再耐心等等吧。可此时，为了尽快出版，我已经安排好了"古龙作品集"的打字、排版、编校，但是选题还没有获得上级管理部门的批复，漫长的等待真是难熬啊！

为此，我还特意回了一趟母校南开大学，请德高望重的老师、古代小说戏曲研究专家宁宗一先生出面协调。之所以请宁先生出面，是因为他是中国武侠文学学会的创会会长。宁先生性情直爽，古道热肠，听我说完后没有丝毫犹豫，马上就答应了。经过多方努力，终于在 1994 年下半年，拿到了上级管理部门的批复，同意珠海出版社出版发行古龙武侠小说的申请，批准出版 20 种古龙武侠小说作品。

马：古龙的武侠小说作品近 70 种，批复只同意出版 20 种，这意味着你们只能出版发行其中约三分之一的作品。这与您的编辑思路初衷相距甚远啊，找到解决的办法没有？

罗：为了能够拿到古龙作品在大陆的出版权，我所在的出版社已经向台湾的古龙武侠小说代理人支付了相当一部分版税，同时，我们也已经排版、编校了古龙绝大部分的作品，如果只能出版 20 种古龙武侠小说，损失也太大了。那段时间，我整天埋头书案，对古龙武侠小说一本一本地阅读研究，翻来覆去，还是觉得如果只挑选其中 20 种作品编辑出版，很难取得良好的出版效应，也违背了系统全面编辑出版古龙武侠小说集的初衷，这项工作也就失去了意义。

有什么办法既不偏离管理部门的规定，又能够实现当初的出版愿景呢？经过数日对古龙武侠小说的反复研究和思考，我终于想出了解决的办法，决定采用这样的编辑策略：一、古龙有几部作品，如《剑毒梅香》《剑气书香》《白玉雕龙》等，其中相当一部分文字是由别人代笔完成的，这一类作品暂且不编入作品集。二、有一些作品，古龙只是挂了个名，或者只描绘了一个故事轮廓，整个作品基本上是由枪手代写的，这一类作品也不编入作品集。三、另有一些作品，或主人公相同，或小说情节互有牵涉，或书名可以相互关联，或篇幅比较短小，这样的作品编成一个系列，可以只用一个书号。如"楚留香系列"共有 8 部作品，主人公都是楚留香；"陆小凤系列"共有 7 部作品，主人公都是陆小凤；"小李飞刀系列"共有 6 部作品，小说情节都与"小李飞刀"有牵涉；"七种武器系列" 共有 6 部作品，每部讲述一种武器，古龙原计划写 7 部，却只完成了 6 部，因为书名是"七种武器"，为了多收入一些作品，我就将《拳头》编入其中，于是"七种武器系列"就包含了 7 部作品；"七杀手系列"共有 9 部作品，我把它们收入了古龙的短篇小说集，也就是将短篇小说编为一个系列。

这个编辑方案一确定，问题就基本解决了。在具体编辑过程中，由于采用了上述方法进行操作，这套"古龙作品集"虽然只是 20 种，也就是说只用了 20 个书号，但实际上却囊括了古龙 62 种武侠小说。这样，这部作品集就成为市场上最全面系统而且权威的古龙作品集，完全能够满足读者的期待，因为古龙武侠小说的精华，已经全都包含在其中了。

我真正体会了什么叫作好事多磨！也再一次体会到，编辑一旦认准选题，就要坚定信念，要有不达目的不罢休的韧劲。

马：现在谈起当时的情形，依然觉得不容易，幸好有您的敏锐、执著和韧劲，才让喜欢古龙的读者们看到了这套全新的"古龙作品集"。当时，版权问题解决了，编辑方案也定下来了，后面的工作应该就顺理成章、水到渠成了吧？

罗：工作做到这一步，关键性的疑难问题都已经解决了，接下来就是设计封面、校对书稿。但是细节往往决定成败，如何使这套通俗读物具有自己鲜明的特色，扩展它的读者群，使其真正成为读者阅读、研究和收藏的古龙作品经典版本呢？我一直在思索这个问题。

首先是封面设计，色彩要鲜亮，要在第一时间吸引读者眼球。为此我和美编反复交换意见，不断比对，最后决定以中国龙作为封面底色背景，映衬"古龙"二字，再配以简洁的武功打斗画面，每册封面在相应固定的位置上标示"古龙作品集"字样，以使全集 59 册形成一个整体风格。为了彰显这部作品集的权威性，我还特意与中国武侠文学学会的同仁联系，取得他们的认可后，在每册书封底用大号字标出"中国武侠文学学会推荐作品"，借以提升这套作品集的市场号召力。

其次，我留意到，古龙的武侠小说以往在首次刊行时，在一部分作品中，古龙自己会写一个前言，而这些前言在内地出版时，往往都被出版者删掉了。我认真阅读了这些前言，感觉古龙在这些前言里呈现了他当时写作的心态，有的还探讨了武侠小说的文体特色、人物性格、情节安排等，可以说是研究古龙武侠小说的第一手资料，具有重要的价值。所以，我在编辑整理"古龙作品集"中的作品时，尽可能地保留了这些前言，以便读者全面了解古龙创作时的心境，更准确地理解古龙的作品。

为了提升"古龙作品集"的研究价值，我还特别邀请于志宏先生整理了一份《古龙武侠小说首次出版年表》，不仅标出古龙武侠小说首次刊行

的时间和出版社，还特意标注出请别人代笔完成的作品，这样可以完整、准确地呈现古龙武侠小说的创作情况。我将这份出版年表附录在每部作品之后，以便为研究者提供全面真实的信息。

马：听说您亲自操刀为这套"古龙作品集"写了序言，因此还获得了"罗大侠"的美誉。

罗：古龙的武侠小说与金庸、梁羽生的武侠小说有很大的不同。古龙有着自己独特的叙述方式，其作品呈现出独特的文体和语言，融会了古龙本人独特的生命意识和人生感慨，昭示着古龙独特的灵性与个性，而不了解这些特点，就不会真正读懂古龙。

经过反复斟酌，我觉得自己还是应该为"古龙作品集"写一篇总序。我认为编辑不仅要编订书稿，还要用自己的学识和思考挖掘编辑对象的潜在特质，凸显其个性色彩，引导读者去鉴赏和阅读。我的这篇序重点是从作品内容、人物形象、小说情节、武功特色、语言风格等方面解读古龙武侠小说的思想和艺术特征，具有一定的导读性，当然，序言中融入了这些年我对古龙作品的研究心得。为了让读者更好地理解古龙武侠小说的风格，我特意将古龙作品和梁羽生、金庸的武侠小说进行了比较，凸显他们各自的风采与特色。我在南开大学读研时，毕业论文是武侠小说研究，后来又撰写出版了《中国武侠小说史》，朋友都戏称我为"罗大侠"。"古龙作品集"面世后，这篇序文又为我圈了不少粉丝，许多读者给我来信，也都直呼"罗大侠"。

后来，"古龙作品集"第三版刊行时，我重新写了一篇序文，着重阐述古龙作品的艺术个性，展示其在求新、求变、求突破的创作理念引导下，作品展现出来的全方位的"自我表现"，诸如"诗化空灵的语言""奇崛诡异的情节""简约无形的武功""寂寞慷慨的人物"等。这些序言有利于读者更深入地理解古龙作品，也增加了图书的编辑含量，因而收获了不少好评。

1995年3月，历经三年的编辑努力，"古龙作品集"终于正式出版发行，这也是古龙武侠小说作品在海内外第一次结集出版。

编辑出版"古龙作品集"是我的编辑生涯中一次重要的职业经历，也是我的一次深有感触的生命体验。它让我的编辑能力得到磨炼，给我留下了一段难以忘怀的记忆，同时也影响了我的人生走向。正是因为对古龙作品的编辑工作，让我对武侠小说有了更深刻的理解，对其研究走向了深入，并促成了我从一个编辑出版人向一个学术研究者的转型。不久，我就离开了出版界，到了大学，开始了潜心研究的岁月，一直到今天。

马：虽然离开出版社多年，但您对出版行业始终保持着关注和研究，在大学里也还教授有关编辑出版的课程。您是怎样看待出版业的现状以及今后发展的？

罗：我认为这些年来，中国出版业的最大进步是走向市场化，即实行事业单位的企业化管理。管理体制、运行机制、发行体制、价格体制等方面的变革，大大提升了出版业的市场竞争力与服务水平。

改革开放给中国出版业带来了巨大变化，从专注强调出版的社会功能逐步转向兼顾社会功能和经济功能，出版业各项指标稳步增长，图书结构不断优化，体制改革日趋深化。据有关部门统计，改革开放以来，中国出版业的产业总量、利润总量和市场消费总量以年均10%的速度增长，中国由出版大国逐步迈向出版强国，这些都是改革所带来的巨大红利。

至于说到互联网时代出版业怎样发展，未来编辑应该具备什么素质，我认为互联网的出现与发展，改变了图书的生产方式与人们的阅读方式，出版业应尽快转变传统型出版理念，充分发挥互联网在整个出版产业生态要素和资源配置中的集成和优化作用，将互联网技术和平台的创新成果融入出版和营销，通过"互联网＋"的优势延伸传统产业链，改革传统盈利模式，提高创新力和生产力，形成以互联网为基础和支撑的行业新生态。同时，要立足核心领域，增强文化自信，扩展国际视野，协调处理好数字出版与纸质出版的关系。

具体到出版从业者，在"互联网＋"的大背景下，编辑出版活动出现了稿件来源多样化、出版形式立体化、出版资源价值化、出版技术数字化等特征。要适应这些新特征，编辑除了要有较强的语言文字功底和文化知识储备外，还必须具备用户意识、大数据意识、跨界合作意识、创新意识和新型营销意识，同时，还必须具有信息筛选与整合、计算机应用等综合能力。

董宁文

◆ **嘉宾简介：**

　　董宁文，生于 20 世纪 60 年代，当过兵，做过编辑，发表过百余万字作品。他用二十年的时间，一个人独立编辑、出版读书刊物《开卷》杂志，以浓厚的人文底蕴和书卷气息，把《开卷》在爱书人的圈子里，做成了一个有重要影响力的读书品牌。《开卷》自 2000 年 4 月在南京创刊以来，以每月一期的月刊形式，连续出刊 200 多期，并编辑出版了"开卷文丛""开卷书坊"等 200 多种图书，成为业界一个独特的文化符号。他以一个人的坚守和付出，记载、传承着这个时代的文化记忆和脉络。

◆ **主要著作：**

　　《人缘与书缘》《书脉人缘》《闲话开卷》等。

◆ **编辑代表作：**

　　《开卷》及"开卷文丛""开卷书坊""开卷读书文丛""开卷随笔文丛""开卷薪火文存""开卷文库""大家文库"等。

一个人的杂志

◆ **精彩观点：**

　　"我认为做出版要有一股痴爱，这样才有坚守的定力。我做事还是有些韧劲的，南京话说'有些呆'，也是靠着这点呆劲，才坚持这么多年吧！"

　　"我希望《开卷》这本民间刊物，能影响更多的年轻人喜欢并爱上纸质阅读。《开卷》的'文气'，不仅是作者、文章的'文气'，还有刊物封面、内文、版式、设计的'文气'。这些文化元素，是千人一面的电子屏幕无法传递的。"

　　"有关出版的未来，我认为不管怎么变，能带给读者美好感受、精神能量的作品，就会走得长远。《开卷》这些年的存在，就很好地说明了这一点。"

访谈嘉宾： 董宁文（以下简称董）

访谈人： 马晓芸（以下简称马）

马：《开卷》从创办到今天，已经走过了二十个春秋，成为一个有重要影响力的读书品牌。当时，为什么想要办这么一个刊物？

董：20 世纪 90 年代末的一天，我接到老社长蔡玉洗的电话，当时我并没有意识到，就是这个电话，改变了我的后半生。那时我正在译林出版社的《译林书评》担任执行主编。蔡玉洗担任凤凰台饭店总经理后，他认为作为一家由出版单位管辖运营的饭店，要有点和一般商业饭店不同的特色。他希望凤凰台饭店能够成为有独特文化品位的星级饭店，这里不仅有酒吧，还要有书吧，于是想办一本专属于凤凰台饭店的杂志，因此找到了我。

2000 年 1 月 16 日，蔡玉洗、薛冰、徐雁等人和我，在凤凰台饭店的凤凰文化中心，举行了凤凰读书俱乐部和会刊首次正式的筹备会。说是筹

备会，其实就是几个学人的漫谈。我们为书吧起名为"开有益斋"，沿用清代金陵藏书家朱绪曾的斋号；而杂志名则从"开卷有益"而来，定为《开卷》。蔡玉洗、薛冰、徐雁和我等十余人，组成了最初的编委阵容。当时，大家也只是想做一本简朴的小册子，真的没有想到能办成今天这样。我更没想到自己，从此和这份杂志结缘，这一坚持，就是二十年。

马：这么多年，"小册子"做出了大文章。《开卷》的主要定位是什么？栏目设置、内容选择上都有哪些考量？

董：2000 年 4 月 22 日，《开卷》创刊号问世，是只有 1 个印张、32 开的小册子，轻巧单薄，适合旅途阅读和携带。首期有众多文化名家亮相，赢得了读者的认可，这既是《开卷》刊物创办的理念，也得益于蔡玉洗等编委的眼光和资源。在创办之初，我们就有一个明确的定位：走高端的名家路线，为爱书人打造一个纯粹的精神文化家园。

《开卷》是月刊，首印 1 万册，但是没多长时间就一书难求了。每期刊登的文章不超过 10 篇，大多数是千字短文。所载大都是文史类的文章，史料性、知识性、可读性是其选文的基本倾向。因为《开卷》的作者都是读书人，刊物也就天生具有了书卷气。对于选稿标准，我们十分重视"文气"，入选的稿件讲究文字清新，具备浓郁的人文内涵和情怀。《开卷》的作者，"三观"都差不多，情趣也差不多，虽然工作领域、文笔功底有所差异，但提供的稿件，水平不会相差太远。有的作者，像当代散文家黄裳先生、大出版家锺叔河先生，对《开卷》的趣味都了然于心。正因为如此，《开卷》吸引了很多文化大家，比如季羡林、黄苗子、杨宪益、范用、黄裳、何满子、周有光、杨绛、朱正、锺叔河、流沙河等人，都是《开卷》的支持者、作者。

除了刊登文化名人的文章外，从《开卷》创刊号开始，我们每期还开设一个《开有益斋闲话》专栏，后来易名为《开卷闲话》。开设这个栏目，最初是想以随笔、小品的形式，记录一些书人书事，一些读者和作者之间交往的逸事，所以开始有不少是众编委的集体创作，也就是大家想到就写的一段段的文字，后来逐渐就由我一人操刀了。有的文章虽然记录的只是些小事，却很有文史资料价值。而且，看起来是事无巨细地记录文坛趣事，其实还是有所选择的，重点是记录一些有益于文化传承的信息，至于八卦、讥讽或暗藏玄机的东西一般不会写入。此外，每一条"闲话"也都有一根线牵引，如果几年的"闲话"看下来，肯定能看出其中的关联或妙处。

《开卷闲话》被评论界认为具备《世说新语》或明清小品的风格，主要是文体融入了书信、谈话、见闻、考证、辨析以及短信、微信等等，都是原生态的文字，读起来轻松有趣，但也包含了深厚的底蕴，不经意间能使人得到不少的收益。比如 2014 年第六期的《开卷闲话》，记录了我在

2014年5月11日看望著名学者吴小如的情景。当时躺在床上的吴先生，正在别人的协助下与他的儿子通电话，没想到三个小时后，老人就远走天国了。所以，这段"闲话"资料就显得特别珍贵了。

二十年来，《开卷》吸引了国内数百位当今学术界、文学界、艺术界、出版界的知名专家、学者为刊物写稿，其中还以100多位德高望重的文化老人的加盟，彰显了《开卷》所特有的优势资源。正是这些文化老人晚年留下的随笔、小品，甚至聊天、对话等极具个性的回忆和文章，为文学史留存了不少私人化、史料性的东西，这也成为《开卷》在业内占据独特地位的内涵和价值所在。近年来，随着不少文化老人离世，这一类文章越来越少，我们也有意识地约请一批中青年学者，甚至"80后""90后"的文化人加入《开卷》的作者队伍中来，让文脉绵延不断，这也是最令人欣慰的。

二十多年来，《开卷》"传播书文化、营造读书氛围、倡导书香社会、提升书卷气"的定位始终没有改变，也因此得到许多读书人、写书人、编书人的支持和厚爱，使这么一本只有1个印张，连封面和封底在内只有32页的薄薄的读书内刊，存活至今，不断发展，实在是我这个编者的荣幸。

马：《开卷》最初的编委有10多位，最后只有您一个人坚持下来，一个人编辑、印刷、出版。这二十年来，您一个人做一本杂志，其中一定有许多艰辛曲折，您是靠什么力量坚持下来的呢？

董：就是靠一份热爱和痴爱吧！我认为做出版要有一股痴爱，这样才有坚守的定力。我做事还是有些韧劲的，南京话说"有些呆"，也是靠着这点呆劲，才坚持这么多年吧！二十年来的编辑工作或许可以用黄裳先生十多年前给我题写的几个字来概括——"为书辛苦为书忙"。虽然这几个字是老先生的嘉勉之语，但也道出了这些年我的生活常态。

最初《开卷》的编委有十几位，实行的是编委轮值制，除了主编蔡玉

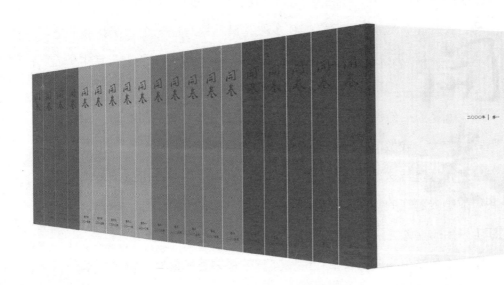

洗和我这个执行主编外，每期由两三位编委参与组稿编辑工作。但一两年后，就是我一个人承担主要的编辑工作，由各位编委协助。因为都是兼职，大家忙于各自的工作，没有时间顾及，我也就由最初的兼职，慢慢变成了全职的执行主编。每期刊物从约稿、编辑、校对，再到寄样刊、汇稿费，基本上都是我一个人。单就寄刊物一项，每次刊物印出来，我都会一笔一画地写好信封，再将刊物装进信封，送到邮局。每期至少要写四五百个信封，一年算下来，工作量也是不小的，二十多年累计下来，邮寄量就相当大了。所有的工作就一年一年周而复始如此这般地进行着，套用一句流行于多年前的话就是："累并快乐着。"

早些年，在编辑之余，我每年还会抽出一些时间去北京、天津、上海、成都、长沙等地约稿，拜访老作者，见见新作者。每次与那些前辈、作者相晤与交流，都可谓收获满满。在彼此的情感碰撞中，好的稿子也就自然而然地编入了一期一期的刊物中。

这二十年来，纸媒市场经历了一番浮沉。尽管《开卷》在书业界颇具口碑，但它并不会因此就顺理成章地容易生存。最初，《开卷》是凤凰台饭店的内部刊物，每一期的运转资金由饭店方提供，但在 2010 年后，曾因蔡玉洗总经理的退休而举步维艰，只在凤凰台饭店勉强坚持了不到一年。虽然一期《开卷》的费用，比不上绝大多数刊物成本的一个零头，但也常常让我犯难，不得不拉下面子，四处寻求赞助。心里也有过放弃的念头，却又一直在坚持。这或许就是"真爱"吧！很多事情，因为热爱而无法放弃。

马：确实太不容易了。有人形容您"一个人像一个出版社"，真的是这样吗？

董："我一个人像一个出版社"这句话是彦武兄（指张彦武，《中国青年报》记者）2007 年刊发在《中国青年报》上的稿件题目。这句话源于彦武兄采访时，我对他说，我编书从策划、编辑到宣传等等，都是一个人亲力亲为地参与其中，我一个人就像一个出版社。不承想，不经意中的一段闲谈，却被彦武兄抓住，成为他采访稿的题目。其实我只是喜欢编书，而且好多事喜欢独自完成。当然，现在出版管理还是相当严格的，出版社的流程、责任编辑的工作是没有人可以取代的，我只是做了一些基础性的工作。所以说，这是因为一句戏言而产生的美谈。

马：可是，正是因为您这样的亲力亲为、独自努力，才有了《开卷》的坚守，才让一批文坛大家的珍贵记忆永久地保留了下来。在和这些文化老人的交往中，故事也有很多吧？

董：二十年来，编书已经成为我的一种生活方式，里面的故事实在太多了。特别是那些为《开卷》撰稿的学者、文人，因为《开卷》，大家走到一起，共同经历、见证风风雨雨，而这些，都是我人生宝贵的经历和记忆。二十年间，因为编刊，我结识了很多文化老人，在与这些专家、学者、作家、艺术家的交流中获益良多。

至今记忆犹新的是第一次拜访画家丁聪。有一天我在黄宗江家里闲聊，他问我有没有去看过丁聪。我说至今无缘拜见。他立刻说，你现在就去他家，一刻也不要耽误。我于是打车去了丁家。开门后丁聪的太太沈峻说："小丁不在家，出去了。"我没有放弃，说："丁先生真的不在家的话，我可否看看丁先生的书房？"沈峻只得让我进门。刚进书房，就看到丁聪从里屋出来了。我说明自己的身份和来意后，丁聪很高兴。此后每次去北京，只要时间允许，我总要和丁聪夫妇相聚。丁聪还给我画过一幅漫画，出版《开卷闲话续编》时，我将其用在了自己的书上。

华东师范大学中国现代文学资料与研究中心主任陈子善，我与他的交情不浅，曾经陪他到朝天宫旧书市场淘过书。陈子善先生高度近视，遇到好书,不肯罢手,要先睹为快。所以,陪他去淘书,总能看见他把书捧在鼻子底下认真品读,模样十分有趣。"开卷书坊"在上海组织新书发布、读书沙龙等活动,陈子善只要在上海,就会来捧场。

因为同住南京,我与翻译家杨宪益先生的妹妹杨苡交往也较多,常有机会见面。因为这份关联,杨宪益晚年的书稿《去日苦多》就交由我来编辑。稿子编好后,我曾与近90高龄的杨苡先生去北京杨宪益家两三趟,和杨宪益先生推敲、确定该书所收文章的篇目。书印出后,杨宪益在病床上看到样书特别开心,将自己人生最后一本书热情地送给来访者和医生、护工,那时老先生已走到了生命的最后时刻。

我为流沙河先生编辑的《晚窗偷读》,印制和装帧都很精美。流沙河先生看到后也很满意,他在题赠给友人龚明德的这本书的扉页上,写下了赞语:"这是我所出过的书中最漂亮的一本。"后来龚明德先生将这本书转赠给了我,这些年我一直把它当作宝贝收藏。我的藏书中有许多是这些文化大家的赠书,我一直小心翼翼地珍藏在书柜里,每每看到,就觉得这些年的坚持,有了特别的意义和价值。

马:后来,《开卷》从一本读书杂志延伸到"开卷"系列丛书,这是从一本民间刊物到一个出版工程的转变升级,这个工程量够大啊,是怎么考虑的呢?

董:《开卷》创刊两周年后,逐步形成了自己的特色。这时我就想,何不将《开卷》知名作者的文章结集出版呢?这样不是更有意义吗?就是这么一念之间,启动了后来近二十年的"开卷"系列丛书的编辑。自2003年开始,《开卷》以其作者资源为依托,开始和出版社合作,编辑出版"开卷"系列图书。"开卷文丛"第一辑由凤凰出版社出版。这一辑的作者阵容强大,其中有王辛笛的《梦馀随笔》、范用的《泥土 脚印》、流沙河的《书鱼知小》、锺叔河的《偶然集》、朱正的《门外诗话》、朱健的《碎红偶拾》、绿原的《再谈幽默》、舒芜的《碧空楼书简》等，其中有好几本，后来都被作者交由其他出版社再版，可见这些书在作者心里的重要性。

这套丛书出版后，达到了预期的效果，短时间内在读书界就赢得了不俗的口碑。2005 年 3 月，包含了谷林、彭燕郊、吕剑、章品镇、李君维、辛丰年、黄裳、龚明德等 10 位作者作品的第二辑"开卷文丛"，由岳麓书社出版。接着，"开卷文丛"第三辑由湖南教育出版社出版。此后，"开卷读书文丛""凤凰读书文丛""开卷随笔文丛""开卷薪火文存""兰阁文丛·开卷书坊"以及"开卷文库"等丛书不断推出，"开卷"系列丛书逐步在业界成为一个有影响力的图书品牌。

这些文丛的出版，进一步奠定了"开卷"系列的学术性、书卷气、可读性兼具的高端出版思路，为《开卷》这本读书杂志之外，另辟了一个图书出版的空间。2010 年春天，我又尝试将"开卷"系列文丛做成一套小精装出版。在 2011 年的上海书展上，一套八本的小精装"开卷书坊"亮相，受到读者和学界的热烈关注。接下来的八年中，每年一套"开卷书坊"都在上海书展如期而至，已成为上海书展上一道独特的人文风景。

马： 2020 年是《开卷》面世的第二十个年头，"开卷"系列丛书已经出到 200 余种。《开卷》未来的路怎么走，您有考虑吗？

董： 陈子善先生在庆祝《开卷》创刊十五年的座谈会上，曾经为《开卷》题写了"思想开放，文章潇洒"八个字，并高度评价："归根结底，之所以有今日的《开卷》，源于所有与《开卷》相关者的共同信念和不懈努力，那就是对历史真相的叩问和对自由表达的坚守。"在电子化浪潮冲击纸质阅读的今天，我希望《开卷》这本民间刊物，能影响更多的年轻人喜欢并爱上纸质阅读。也曾经想尝试编辑《开卷》电子版，但还是觉得，《开卷》的"文气"，不仅是作者、文章的"文气"，还有刊物封面、内文、版式、设计的"文气"。《开卷》的内容和形式的书卷气是密不可分的，这些文化元素，是千人一面的电子屏幕无法传递的。这也是《开卷》在爱书人圈子里能持续占据独特地位的内涵和价值所在吧。夜深人静，手捧一本散发纸质气息的图书阅读，听见那纸张一页页翻过的声音，感受那陈旧或新鲜的油墨气息，那种愉悦的感觉，不是电子屏幕或键盘能够给予的。

当然，新媒体时代已经到来，接下来的发展毫无疑问会超出我们大多数人的想象，它所呈现的面貌一定会突破我们的想象极限。未来的出版物一定不局限于现在这样的纸质媒体，因为我们日常与阅读有关的活动都自然而然在数字化所带来的便利之中进行着，尤其是这几年智能手机的普及，使得我们的生活已基本融入数字化的网络之中。这种状况已经改变了我们的生活。基于这样的一种新生态，我觉得未来出版应该是在数字阅读、纸质阅读之间相互穿插、相互补充的一种现实存在。从长远来看，数字阅读所占的比重会越来越大，虽然我想象不出新媒体在未来所呈现出的完整面貌，但有一点可以肯定，那就是一定会给人类的精神生活和物质生活的提升，带来更好的体验与享受。有关出版的未来，我认为不管怎么变，能带给读者美好感受、精神能量的作品，就会走得长远。《开卷》这些年的存在，就很好地说明了这一点。

二十余年来，《开卷》的书卷气一直不曾改变过，就是装帧设计、开本也都没有改变过。这在常人看来也许是一成不变，我倒觉得这种不变也许也是一种变吧，或者说就是《开卷》能够更长久地坚持下去的一种理由吧。至于长远的打算，不是一两句话能够说得清楚的事情，还是那句老话：坚持就是胜利！

◆ **嘉宾简介：**

　　陆三强，编审，中国编辑学会少儿读物专业委员会副主任委员。1992年进入出版社从事编辑出版工作，历任编辑、编辑室主任、总编室主任、社长助理；2010年就任未来出版社总编辑至今。

　　作为一家地方少儿出版社总编辑，他对少儿图书出版的现在和未来，有着自己的思考。

◆ **主要著作：**

　　《乐府雅词》校点、《唐才子传选译》(合著) 等。

◆ **编辑代表作：**

　　《儿童文学的多维思考》《生我之门》《白狐大雕和狼》《装进书包的秘密》等。

有关少儿图书出版的思考

◆ **精彩观点：**

　　"出版是文化活动，要依靠内容，没有内容就没有出版。要善于深耕内容，进一步挖掘纸质书中有价值的内容，一次出版，多次开发，形成 IP 效应。"

　　"今后的出版，一定是专业的人做专业的事。较好的方向是产品结构精细化，规模小而品质精，让出版社在产品结构、产品特色上获得身份识别度。"

　　"在新媒体时代，我们要用融合的思维去研究出版，探索新路。我感觉，纸质书、电子书同步出版或融合出版会是趋势。新媒体时代，变化更快，内容更精，跨界融合更普遍。"

访谈嘉宾： 陆三强（以下简称陆）

访谈人： 马晓芸（以下简称马）

马： 这二十年来，您一直专注于少儿图书的出版工作。以您的观察，这些年，少儿图书出版发展呈现出怎样的状态？

陆： 刚刚过去的二十年，是中国进一步改革开放的二十年，也是传统出版改革创新、巨大发展的二十年。我从事出版所经历的正是这二十年。这期间，我国的童书出版经历了一个前所未有的繁荣发展时期，尤其是2006—2015年，持续了有十多年时间，被业界称为"童书出版黄金十年"。当然，现在仍在继续，被视为第二个"黄金十年"的开始。

之所以把这十年称为"黄金十年"，是因为从21世纪初，童书零售细分市场出现了儿童文学图书的"爆发性"销售。在这"黄金十年"，儿童文学创作方面涌现出一批优秀作家、优秀作品，品牌作家、品牌作品，

畅销书作家和畅销书迭出。在出版领域，随着社会教育理念的不断更新，
经济的快速发展，国家、社会和家庭高度重视少儿阅读，促使童书出版迎
来了一个高速发展的繁荣时期。童书出版从原来的专业出版，演化成为大
众出版。随着改革开放大潮的推动，中国童书出版实现了"大国崛起"，
无论是品种规模、市场份额、增长速度，还是阅读人群基数，都充分说明
我国已是童书出版大国。当然了，即便是童书出版大国，也仍然存在很多
问题，诸如：重复出版，同质化严重；门槛过低，无序竞争；功利心切，
原创乏力；盲目引进，比例失调；心态浮躁，缺少精品；等等。

　　马：您亲身经历了出版业这二十年的改革和发展，有哪些感受、体会
和思考？

陆：由于长期从事具体业务，疏于总结提升，所以谈不上理性思考，只能谈一点自己的感受。

我认为，出版是文化的一部分，是文化的载体。出版与文化有着天然的渊源，文化是出版的内容。出版活动的产生和发展，本身就是一种文化现象，是人类发展创造的文明成果。同时，作为记载、传播、交流、延续文明成果的主要载体，出版又承担着人类文明传承和发展的重任。但是，出版在传承文化的过程中，也会受到各种非文化因素的影响。市场化推动了出版的发展，激发了出版的活力，但出版物的市场繁荣也伴随着一些出版物内容的肤浅、低俗，以及出版物的浮夸推介、严肃学术作品的戏说、文化领域的过度炒作等现象的产生。所以，我们还是应该花大力气，积极倡导优质"出版文化"，我们的出版物要积极发挥引导和提升社会文化风尚与读者审美情趣的作用。

马：出版行业确实要发挥"引导和提升"社会文化风尚的作用。那么，在您看来，目前出版业发展存在哪些问题和不足？

陆：从行业总体来看，出版产业的改革已经基本完成，但发展问题长期存在。目前的情况是，除了少数做得好的出版社外，大多数出版单位产品结构分布不清晰，使市场处于一种混乱状态，从而出现产能过剩、资源浪费等问题。因此，从目前的趋势来看，较好的方向是产品结构精细化，规模小而品质精，让出版社在产品结构、产品特色上获得身份识别度。

全国现有五百八十家左右出版社，出版童书的有五百二十多家，几乎是家家都在出，无非是看中了童书这块大蛋糕，想分一杯羹而已。我认为，今后的出版，一定是专业的人做专业的事。当然，即使是专业童书出版社也并非每家社都做得很好，而其他缺乏人才、没有资源的出版社也在挤进来做童书，最终只能造成无序竞争，不可能持续发展。

马：童书市场竞争激烈，您作为未来出版社的总编辑，压力大吗？您认为今后少儿出版应该从哪些方面着手，进行调整和延伸？

陆：未来出版社作为一家地方少儿出版社，面对市场，会有更大的压力，我觉得关键要形成自己的特色产品，才能在市场上保持竞争优势。我们这几年做了一些努力，目前一些产品板块已经开始萌芽或者渐成雏形，比如我们最近几年着力打造的青少年青春励志读物"意林系列"、引进版儿童文学"猫武士系列"等等，受到读者欢迎；幼儿教育图书、科普类、玩具类图书，也在逐渐形成产品集群。接下来需要做的是进一步细化、强化，产生影响力，从而树立未来出版社的产品特色，形成身份特征。这对少儿出版可以提供一定的借鉴，少儿图书出版要从产品结构到产品特色上获得身份识别度。

编发系统的改革也要进一步深化，要激发编发人员的活力。这个最终还是落在人才上面，人才的吸纳、培养、留住、成长等等，在拥有人才的基础上，图书板块和品牌才能真正地实现成熟。缺乏人才，啥也干不成。但什么是出版人才？不同的社长、总编有不同的看法，不同的出版单位也有不同的看法。是追求文化传承，还是追求利润？是做出版家，还是做出版商？我个人认为编辑应该是一个书迷，要有文化，喜欢书，否则对出版毫无益处。同时，出版行业的文化特性、出版的文化传承、编辑的专业化要求都不能小视，更不能忽视。

对于出版产业链延伸而言，我始终认为，出版是文化活动，要依靠内容，没有内容就没有出版。要守得住寂寞，要板凳坐得十年冷，一点一滴积累，扎扎实实做事。要做长久之事，不要做一时之事。要不断发现好作者，有了好作者，才有好选题和好作品。出版业最终还是内容为王，要善于深耕内容，进一步挖掘纸质书中有价值的内容，一次出版，多次开发，形成IP

效应，从而形成图书、在线教育、线下互动、影视、游戏动漫等多个产业链的开发，也反哺、促进实体图书的销量。

马：您在总编辑岗位上工作了十年，有着丰富的从业经验，您觉得如何才能做好图书选题、策划和营销工作？编辑和出版社需要特别注意些什么？

陆：做了十年的总编辑，有成功，也有教训。谈点做选题和做出版的感悟吧。一是做选题要结合出版社的历史和文化，结合本社优势。我现在常常对新编辑讲：做选题一定要结合自己出版社的情况，不是每一个好选题都适合你这家出版社。有的同类选题或相同作者的书，在别的社销得很好，在我们社就销售平平。编辑考虑选题除了自身资源优势外，一定要充分了解、认识自己社的特色。我刚当编辑的时候，因为之前从事过历史文献研究和古籍整理，这方面资源丰富，但当时我所在的大学出版社是以教材教辅和少儿读物为主的，因此，策划选题要么不成功，要么把好选题糟蹋了。后来我到了未来出版社，再策划选题时，就会认真了解未来出版社的历史文化和编辑队伍现状，它的营销能力和特长，它的市场辨识度。注意到这些，才能提出有效选题，策划出版的书才能销好，才能对出版社销售码洋有贡献。

二是要善于挖掘选题资源，形成产品板块，拓展产品线。选题策划成功很重要的一点是，选题要小，开掘要深。要挖富矿，不断延伸，不要打一枪换一个地方。一个选题成功了，要围绕着它继续拓展，或者做成系列图书，或者在相关方向延伸，逐渐扩展成板块，形成规模效应、集群效应。必须做板块，做产品线，这样营销上好推广宣传，也才能让经销商和读者有效识别。

三是选题策划应该以作者为中心。现在有些人热衷于选题策划，给作家、作者出题目。且不说文学创作是作家个人认识社会、认识人生、认识事物的总结和提升，不是你让他写什么他就写得好什么，即便是其他类图书，也不可仅从编辑的思路出发去创作。编辑定位要清楚，就是作品和读者之间的桥梁。编辑应当多与作者交朋友，随时了解作者的创作和想法，努力去发现好作品、好作者，挖掘那些能发光的好思路、好点子，把它们完善，形成选题，做成图书，推介给读者。

这方面我们有教训。陕西是文物大省、考古大省，近年有许多重大的考古发现。考古挖掘在大众心目中有许多神秘和浪漫的元素，市场上一些考古类的大众读物，效益也不错。为此，我们曾策划了一个《发现陕西》的选题，试图通过考古发现和文物，向少年儿童讲述陕西的历史文化及其在中国的地位等。我们与陕西考古研究院、西北大学等专家学者多次研讨，都觉得创意不错，可就是没有人能承担得了。新石器时期考古的专家不一定熟悉唐宋考古的内容，大家都是各搞一段，再加之各单位考核评价的原因，没有人能够写，也没有人愿意写，良好的想法无法实现。

四是要一点一滴积累资源，管理、经营好版权，切勿一曝十寒。出版社要不断积累资源：作品资源、作者资源。有了丰厚的资源积累，才能有大的发展。要管理、经营好版权，切不可猴子掰苞谷，不积累、不管理、不经营。这方面我们也有深刻教训：未来出版社成立之初在儿童文学出版方面颇有建树，出版过许多名家的儿童文学作品，举办过多次儿童文学笔会，"新时期幼儿文学大系"还曾获得过"国家图书奖"。老作家金波，现在的一线作家、当时名不见经传的杨红樱、保冬妮等，都在我社出过书，参加过我社的活动。但后来，因为没有进行有效维护，流失了一大批作者和书稿，现在回过头来，想约都约不来了。资源的维护和积累对出版社的发展非常重要。

马：进入互联网时代，专业出版面临着新的机遇和挑战。您是如何看待出版业未来发展趋势的？

陆：说到互联网，我们首先需要考虑的是互联网会为出版带来什么。我认为，互联网会影响出版形式的变革、出版技术的丰富、营销方式的多元化。出版形式变革的主要表现是融合出版，这要根据各个出版社的产品内容特色确定，有的内容适合数字出版，有的内容可能更适合纸质出版。同时，随着科技的发展，云技术等互联网技术的更新，包括印刷技术的提升，纸质书的出版有了更大的空间，比如夜光油墨、红外技术、AR/VR 技术、二维码等，对于童书尤其是低幼类的童书而言，图书的交互性可以进一步加强。

新技术的发展，还促成了图书营销方式的更加多样和多元。对于新媒体、自媒体的运用，图书营销方面一直反应最为迅速，从微博、微信、抖音直播等，都在不断地迭代，而且互联网大数据让精准的个性化的读者服务成为可能，也能更好地进行市场分析、读者需求分析，更好地策划选题。

我想，未来出版会更加专业化，专业度要求更高，但体量不一定很大。同时也要跟进时代、市场发展，进行产业链延伸，如果只局限于纸质图书出版，反而可能妨碍出版主业的发展。

在新媒体时代，我们要用融合的思维去研究出版，探索新路。我感觉，纸质书不会消失，但是会被压缩很多，纸质书、电子书同步出版或融合出版会是趋势。新媒体时代，变化更快，内容更精，跨界融合更普遍。

◆ **嘉宾简介：**

王雪霞，现任河北阅读传媒有限公司副总经理、《藏书报》总编辑。2002 年进入《旧书信息报》(《藏书报》前身)工作，主持了《藏书报》的更名和改版。《藏书报》作为全国唯一一份国内外公开发行的图书收藏类专业文化报纸，关注古旧书收藏，并积极推介新版可典藏精品图书，内容丰富，鉴赏专业，深受广大书报刊、古字画收藏者以及读书界、出版界人士喜爱。

近年来，《藏书报》利用自己特有的资源，在加强与图书出版的融合发展上做出不少努力；同时，在新媒体时代，《藏书报》在进行立体化出版方面的许多想法和做法，也给图书出版行业提供了借鉴和启发。

办一份与图书有关的特色报纸

◆ **精彩观点：**

"《藏书报》始终在探索提升专业服务、拓展多元化发展的路径，特别是在'内容＋活动''内容＋图书＋销售'方面做出了尝试，取得了成效。"

"传统出版应该积极借助新媒体时代的新技术、平台优势，同时充分发挥内容优势，进行双方优势结合的创新发展，进行立体化的全媒体出版。"

"归根结底，出版所面临的问题，不是载体，最主要的还是选题。没有适合的选题，就没有市场，因此，内容为王，始终是硬道理。"

访谈嘉宾：王雪霞（以下简称王）

访谈人：马晓芸（以下简称马）

马：《藏书报》是从《旧书信息报》改版而来的，在业内它是一份独特的报纸。相对于《旧书信息报》，它都有哪些改变？

王：《藏书报》读者定位是图书收藏爱好者。它的前身是《旧书信息报》。从踏上工作岗位，我就在《藏书报》，至2019年，已有十七年了。这一路，我与《藏书报》共成长，共发展，参与并见证了《藏书报》的每一步改变，每一个提升。2005年，在经过对读者、市场的全方位调研后，《旧书信息报》正式更名为《藏书报》，版面、内容和读者对象都极大丰富，主要是为了跟进时代发展，更好地服务读者，适应读者需求。

改版后的《藏书报》着力拓展内容优势，整合资源，在原有特色的基础上，拓宽了报道内容，不仅介绍古旧书信息，而且推介新版可典藏精品

图书，努力融古今中外、新旧书报刊于一体，突出一个"藏"字，成为全国唯一一份国内外公开发行的图书收藏类专业文化报纸。具体版面也进行了拓展丰富，形成了"今版／典藏""旧书／新知""旧书／经典""古籍鉴藏""连环画廊""报刊集萃""书友沙龙""书界人物"等版块，读者对象扩展为广大书报刊、古字画、古玩收藏爱好者以及出版社编辑、图书馆工作人员、图书发行人员、拍卖界人士和文科院校师生等。

马：面对新媒体的影响和冲击，作为传统的纸媒，《藏书报》是如何做到"独善其身"的？有哪些值得分享的举措和经验？

王：经过十多年的运作，《藏书报》逐渐成为业界的一份品牌报刊，我觉得它的成功主要得益于其内容的独具特色，具备专业化、特色化。在近几年纸媒逐渐受到新媒体冲击的大势下，《藏书报》就是凭借其内容特色独树一帜，在读者心中才保有了一席之地。

我们一直努力深挖内容优势，整合资源，让内容出效益。在常规报纸版面的基础上，我们不断推出针对特定图书收藏读者群的专刊，如《红色收藏专刊》《文博专刊》《拍卖专刊》等。后来，又尝试与企业合作，顺利出版了《三希堂藏书专刊》，推介传统线装书收藏文化。2017 年，我们与国家图书馆、国家古籍保护中心合作的《古籍保护专刊》得到了业界的一致好评，成为中国古籍保护事业宣传的专业阵地。

多年来，《藏书报》始终立足自身的特色，进一步优化内容设置，积极整合各方专业资源，增强与读者的黏合度，加强与高端资源的对接，品牌影响力得以不断提升。

马：进入互联网时代，传统出版业正面临着新一轮的改革。作为国内唯一介绍图书收藏的报纸，《藏书报》与图书出版联系密切。对出版而言，在市场运营、产业链延伸等方面，《藏书报》有哪些可供借鉴的做法和经验分享？

王：近年来，《藏书报》在运营方式方面做了一些探索与尝试，也取得了一定的成效。首先是深挖内容优势，向定制化专版专刊要效益。《藏书报》始终强调内容的原创与策划，并借此开拓出版合作。我们陆续推出了《三希堂藏书专刊》《阅读专刊》《古籍保护专刊》等，可以说都是对内容的深度挖掘所产生的效益。

其次，开展了一系列"纸媒 + 活动"，搭建拓展平台。《藏书报》经过十多年的运营，已经积累了一定的专家资源和读者口碑。但是，要擦亮《藏书报》品牌，还需要进一步在内容基础上谋划活动，搭建集聚资源的平台，让品牌真正出效益。近年来我们策划的"内容 + 活动"模式，取得了一定成效。2016 年策划的"公私藏书与经典阅读论坛",是与中国图书馆学会阅读推广委员会、河北省图书馆合作,最终实现了活动落地。紧接着,2017 年,我们再次创新模式,与沧州市文化部门合作,将论坛落户沧州,起名为"公私藏书与经典阅读(沧州)论坛",最终编辑出版了"藏品图录"和"论坛经典文章"文集,成为出版成果。

我们还举办了"京津冀文献资源的挖掘利用主题论坛""京津冀地方文献资源建设论坛",用论坛活动集聚图书馆界、出版界资源,为内容二次开发——图书出版、图书营销奠定了基础。2019 年,又与山东青岛相关企业联合谋划了"山东民间藏珍贵古籍展暨民间古籍收藏保护论坛",与荣宝斋、河南当地藏家联合举办了"河南民间珍贵古籍展暨首届中原古籍论坛"等,都取得了很好的效果。

再次是推行"纸媒 + 图书",拓展延伸服务。因为《藏书报》内容的对接领域主要是出版界和收藏界,在此基础上,我们积极整合出版资源,延伸产业链,除了出专刊,还与出版社合作出版相关图书。2013 年,《藏书报》牵头开启了"著名作家徐光耀日记整理工程",经过两年时间,组织编辑了《徐光耀日记》十卷本。这次整理出版的《徐光耀日记》,记录了 1944—1982 年间徐光耀先生跌宕人生的大部分历程,挖掘了重要的文献史料。同时,我们还发挥纸媒平台优势,提供贯穿出版方、需求购买方的垂直销售服务。在公司的整体布局下,2017 年我们成立了以特色图书营销为核心业务的语华文化公司,推出线上线下交易的"语华书馆"品牌。语华公司跟进新技术的发展,建立"语华书馆"微信平台,开办微店,在孔夫子旧书网等商务平台开展线上交易,不仅突出了原有的古旧书特色,而且大量增加了新版名家签名本、毛边本的销售,还试水了文创产品的营销,取得了良好的效果。同时,语华公司积极拓展馆配业务和大机构配售

业务，有针对性地推荐大套书，很快就实现了公司盈利。

过去的传统媒体是以读者为中心，在互联网时代，则应转变思维。读者就是"用户"，要以"用户思维"为中心来经营。《藏书报》始终在探索提升专业服务、拓展多元化发展的路径，特别是在"内容＋活动""内容＋图书＋销售"方面做出了尝试，取得了成效。当然，今后，我们还需在提高内容创新力、提升自身影响力的同时，满足收藏者、读书人以及公共文化服务部门、图书馆、拍卖界等用户的多元化需求，进一步打造藏书文化平台，提升服务能力。

马：《藏书报》利用自己特有的资源，在加强与图书出版的融合发展上确实做出不少成绩。媒体融合发展是大势所趋，作为一名资深新闻出版人，您认为可以从哪些方面入手拓展新闻出版的融合发展路径？

王：未来，各媒体的融合发展一定是大势所趋，从多媒体到全媒体，再到融媒体，关键是怎样找到契合点。融合、多元发展会给报业、给出版带来更多的机会和可能。就《藏书报》而言，在互联网时代，顺势而为，坚持内容特色，改进观念，不断创新升级，才能拓展发展路径。首先，我认为要充分认识新媒体的新特点，积极转变传统编辑思维，树立和强化互联网思维，强化内容策划和建设。要注重读者的阅读体验和服务需求，充分发挥新媒体短小直观、快速灵活、便利互动等优势。在理念和思路上，要主动适应当前媒体环境的改变，积极融入媒体融合发展的浪潮，站在互联网时代的高度，重新审视自身媒体定位、社会公众需求及业内读者需要，主动适应并全面掌握互联网信息传播特点和方式，增强产品意识、服务意识、市场意识、品牌意识和创新意识，进一步强化媒体融合新思维，彻底打破新媒体和传统媒体"两张皮"的现象，推进从相"加"到相"融"。

采编人员也要改变传统的编辑思维，向品牌运营化编辑思维转变，从策划组稿开始就要考虑新媒体的传播方式，不要单单考虑纸媒。同一内容的多渠道、多方式传播显得非常必要。

其次，就是要加强微信平台建设。从互联网的多媒体到移动互联的全媒体，这是前所未有的传播技术变革时代，也是媒体创新发展的重要历史关口。因此，传统行业，无论报纸还是出版，都面临挑战与机遇并存，只要跟上时代步伐，改革创新，扬长避短，突出优势，就能实现新突破。

更重要的是，要不断探索创新，发展新媒体产品。可以逐步探索针对性强、专业性强的视频直播、视频课程，提供线上知识服务等。

就《藏书报》和出版的融合发展而言，《藏书报》作为一份特色鲜明的报纸，具有行业特色优势，多年来积累了大量的作者、专家资源，同时也具有大量的"铁粉"优势。借助这个资源优势，未来，在加强和出版的融合发展上，我认为还大有可为——不少原有精品内容可进行充分挖掘，按照相应主题组合出版，进行二次开发，以图书方式面向读者；还可以利用大量文化大家、专家优势进行选题开发、图书出版；还有就是借助拥有的收藏资源，进行文献的影印出版等等。

如同报业一样，我认为新媒体时代给传统出版带来了冲击，同时也带来了机遇。传统出版应该积极借助新媒体时代的新技术、平台优势，同时充分发挥内容优势，进行双方优势结合的创新发展，进行立体化的全媒体出版。对于专业特色突出的出版来说，在转型升级的进程中，要创新内容，增强吸引力；打造平台，提升服务力；融合新媒体，探索增长点。这些都是发展路径。

归根结底，出版所面临的问题，不是载体，最主要的还是选题。没有适合的选题，就没有市场，因此，内容为王，始终是硬道理。

◆ **嘉宾简介：**

　　魏林，现任江西美术出版社副总编辑、副社长。编审、中国美术家协会会员。多年来致力于红色主题图书的出版和营销工作，在打造主题出版优质内容，扩大主题出版受众群体，提升主题出版市场影响力方面，积累了丰富的经验。

◆ **编辑代表作：**

　　《中华文明大视野》《中华美德图说》《一百个中国孩子的梦》等。

主题出版之我见

◆ **精彩观点：**

　　"努力做好主题图书出版，是我们图书出版工作的一项重要内容，是新时代对我们提出的要求，也是当代出版人的责任和担当所在。"

　　"对红色主题图书的编辑出版过程，就是我们不断学习，让自身心灵得到净化、思想得到洗礼的过程。"

　　"我接触到的都是这样具有满满的正能量的人和事情，这些都是激励我们做好红色主题出版的内在动力。"

访谈嘉宾：魏林（以下简称为魏）

访谈人：马晓芸（以下简称马）

马：这些年来，您一直致力于主题出版，江西美术出版社也探索了一条发挥地域优势的红色主题出版之路。您如何看待红色主题出版？江西美术出版社做红色主题图书出版具有哪些优势？

魏：努力做好主题图书出版，是我们图书出版工作的一项重要内容，是新时代对我们提出的要求，也是当代出版人的责任和担当所在。在江西美术出版社的图书编辑出版工作中，红色主题图书板块历来都有着极为重要的位置。

当然，我们也具备一定的优势：一是源于出版社地处江西，可仰仗南昌、井冈山、瑞金等红色革命根据地，拥有十分丰厚的红色资源和区域优势。二是领导重视，全社上下早已形成共识，始终把红色主题图书出版置

于优先位置。三是多年的专业出版工作使我们拥有许多全国一流的专家学者和知名艺术家，构建了人脉丰厚的作者队伍，为打造主题出版图书精品提供了良好的学术支持。四是在我社每年度选题出版计划中，红色主题图书板块与其他传统图书板块一直是均衡协调、同步发展的，已形成了自己清晰的产品线。

目前，江西美术出版社的一系列红色主题图书出版，有了一定的规模和品牌影响。特别是近年来在传承红色基因、讲好红色故事、构建红色主题图书板块方面，我们进行了一些有益的探索。

马：做好主题出版是我们出版工作者的使命和职责，但如何使主题出版在宣传正能量的同时，适应现代读者的阅读趣味，更有效地实现传播功能，做到叫好又叫座呢？

魏： 我们的红色主题图书之所以能受到广大读者的欢迎，主要得益于以下几点：

一是把握时代脉搏，紧扣红色主题，跳出美术做出版。江西是块红色的土地，这里曾发生过许多关乎并影响我党我军和中国革命历史进程的重大历史事件。这些极其丰富的中国革命斗争史料，一直为我们的红色主题出版提供源源不断的出版资源。不断挖掘整理、编辑出版好这类红色选题和图书，是我们当代编辑出版人义不容辞的责任。江西美术出版社社长周建森就明确提出："在做好传统出版板块的同时，要更加重视红色主题板块建设，这是新时代对我们出版人提出的新要求。"他把这个出版思路称为"跳出美术做出版"。大家也深刻地认识到，对红色主题图书的编辑出版过程，就是我们不断学习，让自身心灵得到净化、思想得到洗礼的过程。

在一些重要的历史节点，比如 2017 年 8 月是中国人民解放军建军九十周年（八一南昌起义），同年 9 月是纪念"三湾改编"和"秋收起义"九十周年，2018 年是纪念改革开放四十周年，2019 年是庆祝中华人民共和国成立七十周年，等等。在这几年的时间内，一系列重大历史事件和重要历史节点，为我们提供了良好的图书出版契机。为此，我们先后编辑出版了《父辈的勋章》《初心的力量》《革命：从南昌武装前行》《新中国画卷上的儿童》《闪闪红星——老红军的时代画像》等一大批红色主题经典图书。这些图书的编辑出版，形成了系列阵势，丰富了红色图书品种品牌，得到了广大读者的喜爱，社会反响十分强烈。

马：《父辈的勋章》策划非常成功，影响也很大，这部红色主题图书是怎么策划、设计的，编辑出版过程中有哪些难忘的经历？

魏： 那是 2016 年下半年，为了纪念中国人民解放军建军九十周年，我们策划了《父辈的勋章》这个选题。编辑设想的书稿主题是"传承红色基因，讲好红色故事"。图片则围绕部分老红军、开国老将军和革命老前辈在土地革命战争、抗日战争、解放战争时期，以及在创建新中国的风雨征程中的革命斗争经历和光辉业绩，展示他们的英雄风采。书稿内容选取反映他们在革命生涯中经历的相关文章共60余篇，每篇文章配有历史老照片若干幅。这些文章多半来自这些老红军、老革命的家人子女或身边工作人员的回忆，整体内容具有很强的史料性、可读性，对当代读者有着强烈的感染力和激励指导作用。

在《父辈的勋章》编辑出版过程中，我们得到了中国中共党史人物研究会井冈红军人物研究分会的指导和帮助。编辑们多次往返井冈山、莲花、永新三湾、瑞金等地，并到井冈山革命历史博物馆、三湾改编革命历史纪念馆等处参观学习。我们还专门拜访了中国中共党史人物研究会井冈红军人物研究分会副会长何继明将军。在何将军的引领下，我们编辑一行人来到三湾村的大樟树下，就是这棵大樟树，见证了九十年前毛主席创造性地确立了"党指挥枪""支部建在连上"等一整套治军方略，为人民军队走向胜利提供了正确保障。我们还来到莲花县拜访了甘祖昌将军的夫人龚全珍老阿姨，与部分老红军、开国老将军的亲属子女进行深入的交流互动。通过这一系列活动，我们切身感受到这些老红军的家人子女所受到的红色家风的浸润熏陶，他们对党的那份忠诚、对理想信念的那份坚守和对人民军队的那份热爱，让我们深受教育和感动。这些为我们编辑好红色主题图书，讲好红色故事，打下了坚实的思想基础。

《父辈的勋章》出版后，许多老红军的子女和家人自费购买多本。这本书还"走进校园"，开展"传承红色基因"主题读书活动，得到了广大师生的肯定和喜爱，获得很好的社会效果。

马："紧扣红色主题，跳出美术做出版"，这是成功的第一个"密码"。那么第二个"密码"是什么？

魏：二是跟进时代热点，讲好红色故事。举个例子，《闪闪红星——老红军的时代画像》是一个红色主题系列选题，在庆祝中华人民共和国成立七十周年之际推出，这是与时代热点紧密结合、遥相呼应的。编辑思路是在讲述老红军故事的同时，以写实的素描绘画形式为百位老红军画像，以图文并茂的形式结集成册，从而增加图书的可读性和审美感。

2019 年初，编辑方妹告诉我，准备用素描的形式来表现红军形象，我非常赞同。因为素描是朴素的，红军战士也是朴素的，但在这样的朴素背后却蕴藏着熠熠生辉的灵魂，用素描的手法来表现，十分贴切。

这本书先期选取了 30 多位老红军的革命事迹梳理成故事。在图书的编辑过程中，这些老红军、老革命前辈用鲜血和汗水铸造的英雄业绩和革命斗争故事，常常让我们感动不已。方志敏烈士踏上北上的征程，在狱中写下《可爱的中国》；甘祖昌将军居功不傲，勤劳为本，回乡当农民；左奇将军在战场上英勇杀敌，痛失右臂；老红军张元和初战会宁城……书中的每一位老红军、革命前辈都是中国革命历史奇迹缔造者中的一员，他们用鲜血和生命换来的新中国，为我们今天的美好生活奠定了坚实基础，他们留下的优良传统和红军精神是永远激励我们前进的宝贵财富。我们希望借助《闪闪红星——老红军的时代画像》的出版，让更多的读者了解红色故事，传承红色基因。

马：主题出版不仅需要主题性、特色性，还需要专业性。美术特色出版是不是你们成功的第三个"密码"？

魏：是的，我们红色主题图书出版之所以能够形成品牌和阵势，还取决于第三点，就是"彰显了美术专业出版"的特色。作为一家美术出版社，我们在主题出版上具有许多专业优势。像书画书法、连环画、动漫插图都是具备"来得快、效果好"的专业出版特点，这些图文并茂的表现形式非常适合红色主题图书出版。我们经常见到的"图说""绘本""连环画"等编辑形式就一直在主题出版、宣传教育、传统优秀文化传承和社科知识普及传播等诸多方面，发挥着积极重要的作用。

比如我社在 2018 年出版的《两个童年——改革开放给了我和爸爸不一样的童年》，就是以少年读者喜闻乐见的漫画故事的形式来呈现中国改革开放四十年的伟大变化。从故事主题、内容情节的确立，到"我和爸爸"等人物对话和插图风格创意，我们编辑都充分考虑到少年读者的兴趣爱好和阅读特点。该故事先期由我社少儿期刊《小猕猴》智力画刊刊出，受到了广大小读者的欢迎。

2019 年，我们推出了"共和国画卷上的红色经典"丛书。该丛书选辑了自 1949 年至今国内创作的中国画、油画、版画、水彩·粉画、素描、漆画、年画、宣传画等近千幅作品中与红色主题相关的内容和画面。这些来自全国各大博物馆、美术馆的经典绘画和艺术作品，在国内外艺术界均产生过重大影响，比较集中地展示了新中国在各建设时期所建立的丰功伟绩，是一幅幅画卷上的共和国历史。各卷通过总序和前言，解读每卷的红色经典绘画，文稿以论彰史，折射浓缩共和国的丰功伟绩和走过的不平凡历程，以经典的图画赏析与艺术解读形式为读者呈现一幅幅艺术画面，很有感染力。

为迎接 2021 年中国共产党成立一百周年的到来，我们又着手打造《时代印记》《百年风华》《话说中国革命精神》等一系列红色主题图书出版项目。这些项目的编辑实施仍然结合美术专业出版的优势和特点，将中国共产党百年辉煌的发展历程用美术画卷等多样艺术形式呈现给读者。这种专业特色，使我们的红色主题出版具有了独特的魅力和风格。

马：刚才聆听了您的介绍，江西美术社走出了一条属于自己的红色主题出版之路。做红色主题出版有压力和困难吗？主要体现在哪些方面？

魏：主题出版是个大的概念，里面有许多的"主题"板块。红色主题图书只是其中一个重要内容和板块。压力，我认为来自多个方面。主题图书的编辑出版最后都要接受社会效益和经济效益的检验，这就有了一定的压力。图书出版不仅仅是内容的整理与呈现，还涉及读者定位、市场定价、开本纸张、印刷工艺、编校质量、销售业绩等，这些都要接受市场的检验。压力不是单一的指向，是综合的，但只要我们能够把握时代脉搏，精心策划选题，编辑出精品图书，是会得到读者和市场的认可的。

至于困难，我觉得主要是我们对红色主题出版内容的学习还不够，对红色历史知识的了解还不深入，对红色历史知识里面的重要人物和事件的理解还不透彻。当然，有些记载中人物形象也流于概念化。其实，红色主题里面的人物事件情节，战争岁月的艰难困苦，战斗的惨烈和牺牲场景及革命战士的英勇不屈，其各种程度往往都远超现有文字的叙述。只有我们自己理解和了解得更多，我们编辑出版的图书才能更有感染力，这是需要我们重视和关注的问题。

马：面临这么多的压力和困难，是什么力量让您矢志不渝，始终坚持做红色主题图书呢？

魏：我给你说个故事你就明白了：何继明将军是老红军的后代，他的父亲李立前辈就是当年参加"三湾改编"的红军战士。何将军退休后，回到永新县三湾村居住。他带领乡亲们修公路，办"农家乐"，搞旅游；还与三湾村党支部党员们一起建立起"党员活动中心"，开办了"粮仓大讲堂"。他十多年如一日在三湾村，义务给全国各地来三湾学习、参观的人员讲解毛主席的建军思想和"三湾改编"的故事。我多次拜访过何继明将军，他平易近人，每次我到三湾村去拜访他，总能听到许多革命先烈的故事。

何继明将军是中共党史人物研究会井冈红军人物研究分会的副会长兼秘书长，在这个分会里，有着一批与他想法一致、阅历相同的人。他们当中有些人不顾年事已高，退休后仍然在全国各地积极宣讲井冈山精神、苏区精神。我亲眼看见并感受到何继明将军身上的那种红军传人的精、气、神。好几次到三湾村"党员活动中心"，我都遇上他在给大家讲解党史、军史知识或红色故事。

我接触到的都是这样具有满满的正能量的人和事情，这些都是激励我们做好红色主题出版的内在动力。

◆ **嘉宾简介：**

金浩，上海钟书实业有限公司董事长兼总经理，"中国最美书店"钟书阁的创始人。在学校执教十六年，出于对图书和阅读的热爱，1995年辞职，创办上海钟书实业有限公司。钟书阁第一家店于2013年4月在上海松江泰晤士小镇开业，旋即成为当地引人注目的文化地标，不仅获誉"中国最美书店"，还被视作中国实体书店转型发展的一个标杆。截至2019年底，钟书阁已在北京、上海、扬州、杭州、无锡、苏州、西安、贵阳、武汉等地开了23家店，多次被中国书刊发行业协会评为"中国最美书店"，十余次获国际设计大奖。钟书阁对传统书店进行了重新定义，致力于打造以图书为载体的综合性文化休闲概念书店，以创新的经营理念和独树一帜的精美装饰形式，获得众多读者青睐。

在实体书店日渐式微的情况下，钟书阁逆势上扬，呈现蓬勃发展的态势，成为出版业界一大奇观。

从最美书店到城市文化地标

◆ **精彩观点：**

"最美书店的灵魂还是要有最美的书、最好的书，这是最重要的。给读者提供美好的书、美好的服务、美好的阅读体验，这才是我心目中最美的书店。"

"书店不仅是卖书的地方，也应该成为出版创意、文化潮流引领的地方。作为出版产业链的一个环节，未来书店不应该只是卖书的地方，应该在出版业中发挥更大的作用。"

"钟书阁是一种关于实体书店求生存的尝试，我希望我们的成功给予实体书店的发展以信心。我希望我们探索的这条'最美书店'之路，能够成为实体书店复兴、文化消费升级的一个版本。"

访谈嘉宾：金浩（以下简称金）

访谈人：马晓芸（以下简称马）

马：这些年来，钟书阁已经成为书业独特的文化现象，引起许多人的关注。我听说您不喜欢人家称呼您为金总，反而喜欢别人称您为金老师，是因为您曾经当过多年的老师吗？您为什么辞职创业，选择去开书店呢？

金：我在学校待了十六年，应该说做得也蛮好的。当了十年老师，后来做了校长，还被评为上海市的优秀青年校长。其实，我蛮喜欢教育的，早年的梦想是要做"中国的苏霍姆林斯基"，当个教育家。那时候我们教育局对我很看重，我二十几岁就评了中级职称，加了四级工资，这在上海地区几乎是没有的——虽然那时工资不高，才几块钱一级。我对教育工作很喜欢，看了很多这方面的书，凡是国内出版过的、翻译过来的，比如陶行知、苏霍姆林斯基等教育家的书我都看过。看过以后就感觉到我们的教

育有差距，很想把一些教育思想运用到自己的工作里面去，但是由于当时体制的问题，许多想法无法实现。虽然是校长，却没有办法改变现状，所以感到很迷茫。

　　我是"文革"后的第一届高考生。作为农村的孩子，好不容易考取了师范学院，跳出了农门，有了一个"铁饭碗"，但是我把自己的"铁饭碗"砸掉了，这需要下很大的决心。因为喜欢读书，我想开个小书店。开书店的时候我对自己说，这就是我下半生的事业。书店取名叫"钟书书店"，钟书是我女儿的名字，所以我要像对女儿一样地对这个书店。虽然书店很小，但就这么坚持下来了，坚持到现在已经二十五年。

　　1995年8月，我在上海松江开了第一家书店。刚开书店时肯定艰难，靠着用心服务，我们一点一点地做起来。慢慢地我们在上海金山、青浦等开了 21 家书店，当时主要还是销售教辅类的图书。但是到了 2010 年的时候，书店开始不景气，整个中国的书店走下坡路，到 2012 年的时候倒闭了许多书店，我们也从 21 家只剩了 13 家。到 2013 年的时候，公司因为投资失误几乎倒闭。那个时候真是度日如年，好在最后挺过来了。但是经营还是越来越难，主要是读者都不去书店了。

马：随着数字阅读的兴起和电子商务的发展，纸质图书受到的冲击很大，许多书店纷纷倒闭。像上海的季风书店，作为标志性的独立书店，当初关闭时还曾经在读书界引起轩然大波，被称为"实体书店走向衰落的标志"。在这种情况下，钟书阁是如何做到逆势上扬的？您是怎样把读者重新唤回到书店里来的呢？

金：网络书店对实体书店冲击确实很大，不仅购买方便，而且电商经常低价促销。那一时期传统的图书销售渠道大幅萎缩，加上高昂的房租，日子越来越难，关键是读者越来越不愿意走进书店了，因为他完全可以在网上买书。我整日想着，怎样才能让读者重新回到书店里面来？后来就想到了能不能开一家特别有意思或者现在所说的最美的书店，让读者能够进到书店里来，不要走到书店门口不愿意进来。

那时网上盛传"世界 20 家最美书店"，受到这个启发，我开始想着做这样一家书店——改变传统书店只是"卖书"这个概念，打造一家我心目中的最美书店。当读者走过的时候，他愿意进来看一看、坐一坐，要不要买书那是另外一回事情。这是最初的想法，我当时就是想把读者重新唤回到书店里，体会在网络上购书享受不到的书香和诗意，这是第一步。

第二步，我觉得书店能够生存下去，它的灵魂是它的图书品质。所以我们的书店里面，摆放的都是最顶尖的出版社出版的优质图书。最美书店的灵魂还是要有最美的书、最好的书，这是最重要的。我对书的选择很严格，严格控制出版社进入我们书店，出版社在我们这里开户也很难，一般的出版社是进不来的。

马：最美书店不仅要求图书的品质，还要对出版社进行筛选，选择出版社的品牌？

金：是的，第一就是出版社的品牌，当然，更重要的还是图书的品质。一般出版社若是有好书，我也会要求进货。当然还要做好服务。给读者提供美好的书、美好的服务、美好的阅读体验，这才是我心目中最美的书店。

马：钟书阁不仅获誉"中国最美书店"，还被视作中国实体书店转型的一个标杆。钟书阁在书店的设计上也独树一帜。听说您要让钟书阁每一家分店都成为所在城市的文化地标，是吗？怎样才能做到这一点？

金：我希望通过钟书阁探索一条实体书店经营模式的创新道路，从理念和形式上都实现对传统书店的转型发展。我也希望把钟书阁品牌推广到全国，成为民营实体书店成功生存与发展的示范。当然，打造最美书店，无论是设计还是经营都要独辟蹊径。钟书阁发展的一个特点，就是"连锁不复制"。泰晤士钟书阁是第一家最美书店，因为位于松江文化旅游区，从店面设计到图书品种选择都强调文化底蕴和品位。我们在各地开的每家钟书阁都努力具备当地的文化特色，都是"相似而不雷同"的。我们想尝试一种"连锁不复制"的创意品牌书店经营模式，我们的品牌是一致的，整体经营理念也是一致的，但每到一个城市，我要求能把当地城市的文化特色和底蕴融入书店空间设计中去，形成独有的气质。

这种"连锁不复制"的概念，首先是书店的空间设计不复制。在"最美"的前提下，通过和当地的文化尽可能地融合来设计书店的装修形式。比如扬州店突出水与桥的元素，成都店展示巴蜀古城的书香文脉，无锡店以文

人园林为主题，上海徐汇店重现了20世纪30年代老上海场景，西安店则是将十三朝古都与巴别塔做融合，等等。每一家钟书阁都绝不雷同，每一座城市的钟书阁都带着所在城市独特的印记，以不同的姿态展现出中华文明不同的侧面。

其次，图书选品也是不能复制的。虽然是连锁，但是每个分店的图书品种是不一样的，我们不像连锁店统一配货，每家店进的书都不一样，它必须与当地读者的阅读趣味结合起来。比如我们这里泰晤士店是文化旅游镇上的一个书店，就要根据读者群体来确定图书的品种，配送一些旅游类的文化图书；像芮欧店读者多半是白领、高端的人群；而闵行店就是社区书店，它是针对30万人口老社区的一个书店。所以每家钟书阁分店的选品不能统一，把芮欧店的书放在闵行店那里是卖不掉的。

马：显然，钟书阁不仅是以"装饰形式美"，也是以"经营内容活"取胜。每家店根据不同的读者来选择书品的模式，现在看来是非常成功的。

金：做书店除了有情怀，还要有商业理念。我们要生存下去，这是最基本的，不对读者胃口的书肯定卖不掉。像泰晤士小镇是旅游景点，早上没人，中午以后可能来很多游客，每个星期六、星期天下午游客更多。这些游客是哪里的？大多数是来自上海市区附近，一家人来旅游度假的。因为钟书阁的品牌影响力，它已经成为这个小镇的文化景点，很多游客听说了，会顺便来书店看看。按照常理来讲，游客是不太会买书的，那么为什么这个书店销售一直蛮好的呢？我觉得一方面是因为钟书阁的品牌魅力，更主要的还是因为我们店里的图书品质比较好，是用心选择的精品。假如游客是有目的性地买书的话，肯定是在手机上买书，想买哪一本书，网上一看、一找就找到了，今天下单，明天就送过来了。但是他到钟书阁来了，偶遇一本书，就像和一个人偶遇一样，突然间发现这本书很好，就带走了，很随意性地带走。来钟书阁的很多读者有这种文化情怀，看到这么美的书店，发自内心地喜欢，再发现一本好书，他就会购买，当作一次旅游的纪念品。让读者愿意来钟书阁看书、买书，让读者觉得在钟书阁买一本书有纪念意义，是一种文化体验，我觉得这也是钟书阁价值之所在吧。

读者去了这里的钟书阁，还会想去芮欧百货的钟书阁，想去徐汇区的钟书阁，或者想去扬州的钟书阁。因为钟书阁每一家分店都不一样，装饰风格不一样，图书品种也不一样，他去了这家还会想去另一家。像2019年1月25日开的重庆钟书阁，春节之前开业的，立刻就变成网红书店。读者想进钟书阁，要在外面排两个小时的队才能进入。很多媒体都来报道，把这称为"一个文化现象"，因为现在排队进书店买书的情况基本上很罕见了。7月份我们北京店开业的时候也是限流的，当时因为读者来得太多，不得不限流，确实也比较成功。越是限流人越是多，居然出现读者排一个小时、两个小时等着进店的现象，这也是钟书阁书店特有的现象吧。

马：钟书阁独具文化创意和经营特色，确实走出了一条实体书店转型和创新发展的成功路径。现在许多大的书店，都在尝试多种经营，向文化综合服务体方向发展，您是怎么看待这种情况的？钟书阁未来又会秉持一种什么样的经营发展理念？

金：现在许多新华书店都在尝试多元发展，做综合文化服务中心，一些实体书店则大都学习日本的茑屋书店和中国台湾的诚品书店，倡导复合经营模式，但我们只做纯粹的书店。前两年许多实体书店轰轰烈烈地做多元拓展，从实体书店1.0版到2.0版、2.5版、3.0版，有的书店感觉都要变成百货大楼了，图书的销售占比可能只有20%—30%，大多是销售其他的东西，独立书店越来越少。我不太赞成，我是坚持实体书店一定是以图书为核心、以阅读为基础的，这样的一个空间才叫书店，而不是变成百货商店，什么都卖。当然，这几年国家也在倡导书店一定要以图书为核心，支持实体书店发展的政策也越来越多了。

我始终认为书店应该以图书为核心，成为读者的文化休闲阅读空间，搭建读者与读者、读者与书籍、读者与作者交流相遇的平台，营造浓郁的文化气息。书店的一切经营活动都应该围绕图书这个主题来开展。我们现在开了 23 家钟书阁分店，每家都是以图书为核心的，没有想做其他的。当然，我们这里也有文化活动空间、阅读空间，就是让读者看看书、喝喝咖啡的，但主体还是围绕图书，主要是提供更好的阅读体验，让阅读成为人们美好生活的一种方式。我希望钟书阁能为读书人提供一个诗意栖居、阅读的空间。

马：钟书阁会经常邀请一些作者来和读者进行沟通交流吗？您认为未来书店在出版产业中应该占据什么位置？出版社应该如何与书店加强合作，共同促进和发展呢？

金：我们的读者活动很多，特别是芮欧店最多，每个星期好几场。作者和读者交流很多，还有读者和读者的交流，我们有读书会，会员很多。

书店一直在出版产业链中占据重要位置，是图书实现销售和传播的渠道和平台。我对自己的定位是卖书人，对出版谈不上有什么具体建议，但这么多年在市场做图书销售，也有些感受。我认为未来书店应该在出版业中发挥更大的作用。作为出版产业链的一个环节，未来书店不应该只是卖书的地方，应该在文化建设和引领阅读方面发挥更大的作用。我们是积极参与图书策划出版的。我们是 1995 年开书店，2002 年开始策划一些图书，主要是教育类和少儿类图书，后来又做公共版权图书，以及中华文化传统国学丛书。我们了解读者需求和市场需要，策划的选题基本上效果不错。2019 年我们和出版社共同策划了《安武林文集》，6 月份出的，我答应一年卖 20 万册，现在已经卖了 5 万册。我们也配合出版社做畅销书，这是我们的强项。我们本身就是做销售的，渠道很畅通。比如最近人民文学出版社出版《我爱你中国》，我是总发，就是包下这个书由我们独家发行。我们既做批发，又做零售，书店都是从我们这里进货的。这本书我们制定了精细的销售策略，我自己跑市场，既是老总，又是业务员。前期我在微信里做了不少宣传。一开始谈的是销售 5 万册，书还没出来我就到市场跑了一圈，又在微信上做了专题推广，5 万册书很快预售掉了。这给了我更大的信心，马上请出版社加印 5 万册，第一批没出来马上加印第二批，第二批差不多刚发到我们仓库，第三批又加印了。现在已经卖了 15 万册，很快就会 20 万册了，马上又要加印，一个月的时间。

我觉得未来书店可以和出版社更多合作，实施共同策划、出版、营销的战略。可以利用我们的销售数据库、书友会、作者群、渠道等资源，推动图书深度开发、内容增值运营，形成粉丝效应；还可以共同开发个性化定制图书、大客户专供等出版模式。我们可以做的事应该有很多。

书店不仅要给读者提供文化阅读休闲空间，还可以成为出版社进行选题开发、市场预判、畅销书打造的平台。书店不仅是卖书的地方，也应该成为出版创意、文化潮流引领的地方。当然，一切还是要以图书为核心。

马：有人认为不管怎么努力，实体书店都是一个夕阳产业。对此，您怎么看？实体书店还会有光明的未来吗？

金：互联网对实体书店的影响肯定很大，今后会越来越大，所以我也说书店是个夕阳产业。现在手机这么方便，谁愿意到书店去买书呢？这是一个现实情况，不可违背的。但书店不可能消亡，就像纸质图书不会消亡一样。读者有这个精神需求和阅读需要，关键是未来纸质图书和实体书店怎样去适应、去对接这种需要，建立我所说的关联：人和书的关联、人和店的感情。不是说夕阳产业就会消失没了，夕阳还是无限好的。

　　这些年书店经营更加开放自由，国家支持政策更多了，有很多创意空间，关键是看我们怎么做。钟书阁的发展也不是一帆风顺的。2013 年，我们经历了很大的危机，好在最终熬过来了。经历过初创的艰辛、书店业的寒冬和全新的时代，我们顶住了这些年书业整体下滑的不利局面，通过创新经营模式，适应了时代的发展和社会的进步。我们尝试对传统书店做重新定义，从理念和形式上实现了对传统书店的成功转型。钟书阁是一种关于实体书店求生存的尝试，我希望我们的成功给予实体书店的发展以信心。我希望我们探索的这条"最美书店"之路，能够成为实体书店复兴、文化消费升级的一个版本，为发展"小、特、精、专"的城市实体书店提供借鉴和启迪。

　　2015 年 11 月，我向国家新闻出版广电总局申报了《"钟书阁"连锁书店建设计划》，得到了政府的支持。按这个计划，我要把钟书阁连锁店开到全国更多的城市，目标是达到 28 家实体书店，为读者打造更多的城市文化地标和文化阅读空间。

　　我们遇到一个好的时代，现在国家对文化建设和图书阅读高度重视，出台了许多好的政策。我相信，我的"钟书阁全国连锁经营梦"一定会实现，书店的发展也会迎来更多的机遇。对此，我充满信心！

费维耀

◆ **嘉宾简介：**

费维耀，1989 年毕业于上海音乐学院，现任上海音乐出版社、上海文艺音像电子出版社社长、总编辑。第二批全国新闻出版行业领军人才、上海音乐家协会副主席、中国音像与数字出版协会副理事长。在他的带领下，上海音乐出版社坚持走"专、精、特、新"的市场化、国际化发展道路，从 2000 年的销售码洋 2800 万元、图书 199 种做起，经过二十年的发展，由小到大，由弱变强，2019 年销售码洋突破 2.8 亿元，利润突破 3000 万元，图书市场占有率连续多年名列全国同类出版社之首。费维耀因此被中国出版协会评选为"2019 年度中国十大出版人物"。

◆ **编辑代表作：**

"华乐大典"系列、"中国作品百年经典"系列、"中国当代作曲家创作精选"系列等。

打出音乐出版稳健发展的"组合拳"

◆ **精彩观点：**

"我们通过借鉴迈克·波顿'一般性竞争'的三大竞争法则，即目标集聚战略、差异化战略和总成本领先战略，打出了一套三个战略的'组合拳'。"

"我一直在以出版的视角，尝试对在 MBA 和 DBA 学到的商务管理通用法则进行全面梳理，并将其运用到出版工作实践中去。这对于我从事出版经营管理工作，非常重要。"

"出版是实践性很强的业务工作，'专、精、特、新'适合我们这个行业。除了积累经验，与时俱进地学习也是非常重要的。"

访谈嘉宾：费维耀（以下简称费）

访谈人：马晓芸（以下简称马）

马：您在 2000 年 10 月开始主持上海音乐出版社的工作，至今已二十年了。当时上海音乐出版社销售码洋只有 2800 万元，而到 2019 年底，已经突破 2.8 亿元。二十年增长了近十倍，这是一个非常了不起的数据。听说到 2020 年的经营目标是实现"三个三"？

费：对。我在 1989 年大学毕业后分到了上海音乐出版社。当时是上海文艺出版社里的一个音乐编辑部，虽然 1987 年挂了上海音乐出版社的牌子，但属于副牌社，编制仍然属于上海文艺出版社。2000 年 10 月我主持工作时，音乐社是上海文艺出版总社的建制。直到 2007 年，出版社正式转企改制，才开始独立出来。从 2001 年开始，我在主持音乐社工作的同时，还分管上海文艺音像电子出版社的工作。世纪之交的 2000 年，音

乐社的销售码洋只有 2800 万元，图书品种也只有 199 种，这个数字在我心中留下了深刻的印象。当时要做一本图书征订目录，我希望最好凑个整数，能有 200 种图书，但就是缺少 1 本，凑不齐 200 种。这二十年间，我为出版社制定了 4 个"五年规划"："十五"规划期间，销售码洋从 3000 万发展到 6000 万；"十一五"规划期间，从 6000 万发展到 1 个亿；"十二五"规划期间，从 1 个亿发展到 1.7 个亿；"十三五"规划期间，销售码洋目标是达到 2.2 个亿。我们在"十三五"规划的前两年，就顺利实现了五年的发展目标，图书和音像制品的动销品种也突破了 2000 种。

2017 年 6 月，世纪出版集团领导为了推进"三加一"改革，让音乐社和音像社从绍兴路整体搬迁到了打浦路。在提前三年完成"十三五"规划经营目标后，我提出了从小社向中社发展的"三个三"新目标，即用三年时间，力争到 2020 年实现销售码洋 3 亿元，利润达到 3000 万元。2019 年，我对"三个三"目标做了新定义，即在 2020 年实现销售码洋 3 亿元，创利 3000 万元，新加入了人均创利突破 30 万元的指标。因为全社员工共 95 人，实现 3000 万元利润就意味着人均创利突破了 30 万元。集团领导来调研时说，音乐社人均创利 30 万元，在集团层面也是相当少见的。这是对我们的褒扬和鼓励。

上海音乐出版社成立以来，在几代音乐出版人的努力下，取得了辉煌的业绩。如今，历史的接力棒在我们这代人手上薪火相传，应该说我们把握住了机遇，没有辜负前辈开创的事业！

马： 您提出实现"三个三"目标是需要实力和底气的，上海音乐出版社的底气从何而来？有什么战略性的策略和具体的举措？

费： 尽管专业出版社是小众出版社，但面对的市场压力却不小。全国有五百多家出版社，在激烈的市场竞争中，如何保持出版社的可持续发展，是我们十分关注的问题。这需要我们以市场为导向，不断地学习，更新传统经营理念，探索出版产业的市场化运作新模式。我们通过借鉴迈克·波顿"一般性竞争"的三大竞争法则，即目标集聚战略、差异化战略和总成本领先战略，打出了一套三个战略的"组合拳"。首先，在选题规划上，我们坚持"目标集聚战略"。在 2000 年到 2010 年的十年间，我们发现音乐出版市场中钢琴图书需求量大，就聚焦钢琴图书，将其作为核心产品线来打造，也就是"明确主攻方向，聚焦重点项目"。通过目标集聚，十年间出版了近 500 种钢琴类图书，在 2000 余种动销产品目录中占比 25%，收获了近 40% 的市场占有率，在全国钢琴类图书市场确立了品牌优势。其中的核心品牌，如"约翰·汤普森"系列教材、"巴斯蒂安"

系列教材等世界性钢琴普及启蒙教程都是由我们出版社引进出版的。由此，我们拥有了全球最好的钢琴入门教材和世界最大的市场。

在目前阶段，中国人在学习西方乐器的教程领域，比较认可西方人写的权威教材，无论是教学内容和教学方法，还是示范演奏配套音像制品，我国音乐出版物的整体水平均处于向西方学习和追赶阶段。我们引进这些优质的钢琴教材，目的就是通过引进吸收，进行多元化的组合创新和本土化改造，逐渐从引进走向自主创新，缩短与国际一流水准音乐教材的差距。所以说"目标集聚战略"是我们的市场竞争战略"组合拳"之一：聚焦钢琴图书板块。

第二个战略是"差异化战略"。"差异化战略"主要体现在产品的本质属性上。对音乐艺术的概念通常会有多种描述，有的说音乐是"时间的艺术"，有的称音乐是"声音的艺术"。我认为声音是音乐的本质属性。由于传统的纸质出版物天然缺少了声音的元素，所以我们出版局领导在2001年就把音乐出版社和文艺音像电子出版社这两块牌子整合在一起，确立了"两块牌子、一套班子"的经营模式。我认为这是符合市场发展规律的。因为音乐图书需要有声碟片来配套，整合两个社的版权资源，整体出版，能产生有别于无声版图书的差异化、特色化，使音乐图书回归到"音乐是声音的艺术"这一本质，让读者走进有声有色、丰富多彩的音乐世界。这种"碟配书"的探索在如今的互联网时代，已经成为融合出版的应有之义和广泛共识。

马：具体到音乐图书出版上，你们是如何实施这种"差异化战略"的呢？

费：所谓的差异化，就是当大家在做无声书的时候，我们就开始把图书和光盘捆绑在一起，把纸介质和光盘介质两个不同载体整合在一起，做成"碟配书"的创新型音乐图书产品。这些年来随着互联网的快速发展，音像制品正在逐渐退出市场，我们又开始了"去光盘化"行动，进而采用二维码技术，以"一书一码"的形式，让有声图书使用起来更加便捷。我们新近出版的有声图书都会用二维码来植入音视频，以手机扫码的方式把图书中的音视频内容转化到手机等移动终端，便于读者学习和使用。

马："人无我有，人有我优，人优我新"，从某种意义上看，"差异化战略"其实也是你们的创新战略。

费：可以这样说吧。现在业内都在用"扫码听"，但从音乐的视角看，我们的"扫码听"就做得更加齐全。我要求把无声版乐谱类、教程类图书都升级为有声版图书。这样一来，上音版图书的差异化优势就凸显出来了。"80后""90后"的母亲在培养孩子学习音乐时，对图书的定价并不敏感，但对图书的品质要求却非常高。与市场上的同质化产品相比，我们社的产品一般会贵5元至10元，但读者却都觉得物有所值。我们的有声版图书在市场上获得了较好的口碑，既能看得见乐谱，又能听得到声音，还能看得到演奏家的表演，内容丰富，附加值高。对启蒙和入门教材，我们大多推出视频版产品，目的就是让读者能够看到规范的演奏，使音乐图书从无声变成了有声，从平面走向了立体。

马：看得见乐谱，听得到声音，甚至还能看到示范演奏的视频，这样的融媒体出版物，制作成本应该不低吧？

费：是的。所以我们第三个市场竞争战略就是"总成本领先战略"。上海地区的人力资源成本比较高，我们在劳动力价格方面没有优势可言。因此，在给产品定价时，我们采用了适当偏高的定价战略，以确保出版社经营业绩持续增长。我的经营理念是，用适当偏高的定价，辅以较为高端的产品内容和装帧形态，给读者以物超所值的品质保障。换句话说，就是以高定价和高品质的同步呈现，让读者产生对上音社图书的品牌忠诚度。

当今社会，随着人们物质生活水平的日益提高，对图书品质的追求也在持续提升。我们的产品由于内容丰富，图、文、谱、音、像立体配套，再加上较高的重版率，较低的退货率，这些经营要素的正向组合为出版社的可持续发展带来了利润的保障。

马：高定价是因为高品质，高品质适应了高需求。那您是如何保证音乐图书品质的呢？相应的配套措施，包括产品优势又有哪些呢？

费：2017年底，我们把全社各个编辑部更名为全媒体出版中心。所谓的全媒体，就是要求把音乐图书做到图、文、谱、音、像"五位一体"立体化呈现。这种融媒体出版物投放市场后，由于增值内容丰富，所以销售量和竞争力持续上升，二维码的转化率也获得比预期更好的市场效应。

如何制定图书产品的定价？我们有三种定价战略：对那些在市场上没有竞争对手、独家经营的产品，按16%的成本定价，即产品的价格是物理成本的6倍左右；一般性走大众市场路线的产品，通常定价是成本的5倍左右；对于市场竞争激烈的同质化产品，通常定价是成本的4倍左右。当然，产品定价也要机动灵活。在开发市场竞争类产品时，我们的竞争战略是"兵家必争之地不能让"，你有我也要有，你好我要比你更好，真正做到"人无我有，人有我优，人优我新"。做此类产品的定价时通常要做大量的市场调研，通过比价系统确立新产品的价格，有时甚至也会比市场上最低的定价还做低一些。我认为定价战略的出发点和落脚点是，用什么样的价格进入市场可以超过竞争对手。我们从不担心同质化产品进入市场时会出现竞争劣势，倒是经常会遇到一些跟风模仿我们的出版物来参与市场竞争。

引进版图书是我们很有竞争力的图书板块，这类图书一般是高定价。我们很早就尝试在全球视野下拓展中国音乐类图书的出版，先后与八十多

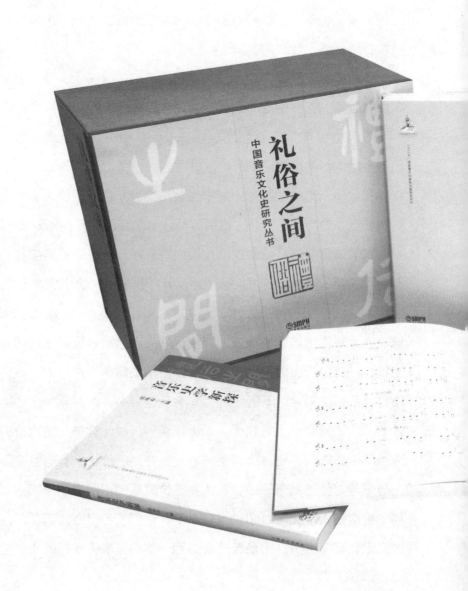

家海外出版商开展了版权合作。许多海外合作伙伴对我们很认可，认为上音社具有上海这个国际化大都市"海纳百川"的城市文化品格。海派文化的特色在于良好的商业声誉，履约好，守信用。我们的企业文化就是追求卓越、把握市场、服务大众、坚守诚信。我们信守这"十六字方针"，对标国际一流，服务海内外的音乐爱好者和专业音乐工作者，取得了良好的业绩。比如《巴斯蒂安钢琴教程》这套书，最初版权给了另外一家出版社，在中国市场经营了七年没有达到增长预期。后来海外出版社联系到我们，把书转给我社出版，图书销售业绩很快就稳健增长，版税的收益也持续上升。这些都为上海音乐出版社赢得了良好的市场口碑。

马：除了注重图书内容品质的打造，在市场营销方面，你们是怎么做的？上音社的图书大部分是市场书，在图书市场竞争激烈的今天，你们有什么独特的做法和方法呢？

费：2019 年我们的销售突破了 2.8 亿元，其中，中小学教材和各大高校的教材约 4000 万元。在走市场的 2.4 亿元图书销售码洋中，有 60% 的销售业绩是通过网店来实现的。在互联网时代，传统的销售渠道正在悄然发生转型，我们必须及时跟进，拓展多元的销售通道。兰州有一家知识书店，过去从来不做音乐图书，我们设法和它合作，开发音乐图书业务，在短短一年内，销售就达到了上百万码洋。

当然，经营管理和营销手段也要不断创新和发展，以适应市场的变化。2019 年初，我提出了"四个维度"的营销策略，对客户和产品各做了两个维度的分解，即对新产品、新客户和老产品、老客户进行精细化管理。通过线上"抓猫"（天猫店），线下"找美"（最美书店），积极开拓新客户，寻找到了许多新的经济增长点。另外，现在全国有许多商业中心都开了艺术书店，通过市场调研，我们发现别的出版社的音乐图书也在悄然跟进，这说明我们的图书营销服务还没有达到全覆盖。于是，在对图书发行业务员的绩效考核中，我们增加了有关开拓新客户的新指标。之后，新产品在市场上的能见度和占有率就有了明显的提升。同时，我们还对新产品的发货比例做了硬性规定，要求业务员在第一时间发货。对书店老客户的年销量也从年初就制定指标，按照业务员过去三年的平均销量，要求做到增量 12% 的新目标。另外，我们还制定了一些考核指标，包括月出差天数等等。"四个维度"考核刚推行了一年，现在看来效果不错。

我们社有一个自营天猫旗舰店。我认为出版社开天猫店并不是去和经销商抢市场，而是要做好服务，所以，我们自营店图书的销售折扣在一段时间里还高于我们的经销商。现在，我们对所有线上经销商全部做了最低限价，规定其销售折扣不得低于 7.0 折。我们对网店组织的各种促销活动也并不积极，因为音乐图书并不能靠降价来带动促销，音乐图书本来就是给特定人群使用的。

马：您毕业于音乐学院，是纯粹的音乐学人，而您刚才介绍的这些现代经营理念和商业运作模式，展现的却是高深的经营管理理念。从音乐学人到企业领导者，您是如何实现华丽转身的？

费：我从上海音乐学院音乐学系毕业后就到了出版社工作，至今已三十年了。从基层的编辑做起，做到编辑室主任、总编辑、社长，这种职业经历对我帮助很大，积累了很好的从业经验、资源和专业感觉，有利于我在这个行业里全方位地开展内容研发和产品经营工作。编辑、出版工作就像医生、老师这些职业，需要时间和经验的积累。出版是实践性很强的业务工作，"专、精、特、新"适合我们这个行业。除了积累经验，与时俱进地学习也是非常重要的。2007 年我被评上第二届上海领军人才和第二批全国新闻出版行业领军人才，国家奖励了我不少经费，这给了我进一步深入学习的机会。2007 年正是出版社转企改制、市场化蓬勃发展之际，我觉得有很多商业知识方面的缺口和不足。作为独立面向市场的经营实体，企业的运作方式与过去传统意义上的做图书、做选题是完全不一样的。所以，我在上海交大安泰管理学院学了三年的 MBA 课程，都是利用双休日的业余时间去上课和学习。后来，我又读了上海交大与荷兰商学院合作的 DBA 课程。在五年的时间里，我一边工作，一边学习；一边把出版实践提升到理论层面去思索，一边按照国际商务法则做实践；努力做到学以致用，把创新的内容转化到出版工作的实践之中。这段经历成为我职业生涯中的宝贵财富。我还记得当时去报 DBA 课程的时候，是一个只有 26 位学生的小班。招收博士班的导师是华东政法学院的老师，他说在报名的学生中，就你一个国企领导，其他全是民营企业家，你为什么来读这个班？我说转型改制以后，作为出版企业的一把手，职务上我已经是社长、总编辑了，但我觉得自己还不具备社长的经营思维，现代企业经营管理的理念还很不够，我需要学习和充电。这些年来，我一直在以出版的视角，尝试对在 MBA 和 DBA 学到的商务管理通用法则进行全面梳理，并将其运用到出版工作实践中去。这对我从事出版经营管理工作，非常重要。

时代在高速发展，领导者必须不断学习才能带领团队与时俱进。二十年来，上海音乐出版社从 30 多个人发展到现在的近 100 人的企业，经营业绩持续稳健上升，社会影响力也在不断提高，这与我们倡导的不断学习的风气很有关联。我不但要求自己学，也要求中层干部学、青年员工学。我们出版社的学习氛围很浓厚，经常会把专家请到社里，有针对性地开展员工业务知识培训。我们每年都会制定青年员工的学习成长计划，还设置了总编辑接待日。在一年中，大型学习培训活动一般不少于 2 次，专题学习培训不少于 5 次。这样做有助于全社员工不断激活思维，转变观念，提高能力。学习培训对一个员工平均年龄为 36.9 岁、以新人为主的出版社的发展具有很大的促进作用。

马：上海音乐出版社转企改制的十多年来，您几乎完全依托市场，逐步实现了从跟跑到并跑、再到领跑的跨越式发展。您是如何发挥优势，整合资源，最终实现社会和经济效益"双效"统一的呢？

费：上海音乐出版社的核心定位是面向社会大众的音乐教育类出版机构。首先，我们依托了国家音乐产业的大市场，这是一个需求量持续上升的专业化市场。我国音乐出版板块在整个国家音乐产业中所占的比例并不高，其发展空间和增长潜力还很大。其次，由于历史的原因，中国读者习惯于阅读中文版母语图书，而上海译文出版社几乎很少引进各类外版音乐图书，所以上音社作为音乐类专业出版社就担负起了原创和引进这两大出版任务。第三，由于全国地方性出版集团中不是每个省都设有音乐出版社，从市场竞争的角度来看，我们确实具有得天独厚的专业优势。在中国的音乐出版产业大军里，目前基本上保持了人民音乐出版社、上海音乐出版社和湖南文艺出版社"三驾马车"的出版格局。人民音乐出版社是央企，长期以来拥有出版全国中小学音乐教材的垄断地位；湖南文艺出版社主要依靠流行音乐图书板块，拓展大众读物市场；上海音乐出版社没有全国性中小学教材，唯有发挥自己的优势，走市场化、国际化的发展道路，在全球视野下组织生产各类中外优秀出版物，针对大众市场推出各种普及类图书。我们把"打造一生的音乐学习计划"作为满足人民群众音乐文化需求的主体工作，从胎教开始，一直做到成人、甚至中老年人这么庞大的音乐市场。我们每年要做的项目实在是太多了。这些年来，我们把"既富有文化品位，又符合市场需求"作为产品研发的目标，一手抓社会效益，一手抓经济效益，初步实现了社会效益和经济效益的统一。在起始阶段，我们以经济效益为主，把市场这块蛋糕做大，到了"十二五""十三五"这十年来，我们推出的高品质学术图书逐渐多起来了。2019 年，我们还做了一个主题出版物的"委约"作品，把电影《上甘岭》插曲《我的祖国》改编创作成一首单乐章的钢琴协奏曲，以钢琴独奏和乐队协奏的形式，通过钢琴在各个音域音区的不同音色，表现了对祖国大好河山的赞美和对华夏人文情怀的讴歌。这是中国音乐出版历史上第一部"委约"作品，也算是 2019 年的一个创举了。过去出版人的主体工作是对作者写出来的内容进行编辑加工和出版，现在出版人要主动作为，根据时代需要、社会需求来策划选题，组织相关的作者来做相关图书。

马：音乐是文化的艺术，据我所知，你们在传统文化传承这一块也做得非常好，出版了几个"大典"。做"大典"是出于哪方面的考量？

费：这些年，我们逐步积累做了几个中国传统文化的大项目，一套《华乐大典》，主要是对民族器乐独奏乐器进行全面梳理，包括二胡卷、笛子卷、琵琶卷、古筝卷、扬琴卷和打击乐卷等 6 种乐器卷，2020 年还要完成二期项目 5 种乐器卷。这个项目首次以五线谱形式出版中国民族器乐乐谱，每种乐器分文论篇和乐曲篇，形成了中国传统民族器乐文化国际化交流的标准语境和生态大观，是中国传统文化当代传承的精品化建构。

在西洋音乐领域，我们推出了一个"中国作品百年经典"系列。上海这座城市在一百多年前是中国近现代音乐教育的摇篮，几乎所有近现代音乐形态都是在上海发端并从上海传播到全国其他地区的。在 2019 年 4 月份举办的"上海之春"国际音乐节上，我们推出了七卷本《中国小提琴作品百年经典》，6 月份又推出了六卷本《中国合唱歌曲百年经典》。我们希望通过出版这套系列化产品，全方位梳理百年来西学东渐后本土化发展的名家名作，为打造上海城市文化的经典品牌做出我们的贡献。

2019年7月份，我们还推了一套十三卷本的国家"十三五"重点项目"礼俗之间——中国音乐文化史研究" 丛书，并在北京中国音乐研究所举行新书发布会，引起理论界的广泛关注与好评。

马： 从一位音乐学人到出版人，这些年来，您最大的感触是什么？

费： 2019年是我从事音乐出版工作三十年，从事出版社的领导工作也有十九年了。我觉得做音乐出版人是我人生中最有意义的职业选择，是我实现个人价值的最好平台。尽管音乐出版是一个非常小众的板块，但却承担了不断提高人民群众音乐文化素养这一崇高而神圣的文化使命。

改革开放四十多年来，我们国家的现代化建设取得了巨大的进步，在文化传播领域也在努力构建和打造新时代的文化新品牌。"十年树木，百年树人"，人的现代化需要几个代际的发展才能有较大的进步。我们要不忘初心，牢记使命，以出版人的文化自信去打造与人民群众日益增长的精神文化需求相匹配的时代精品。既然我们是文化产品的策划者、组织者和生产者，我们就要努力做一代又一代中国人的文化脊梁！